21世纪普通高等院校系列规划教材

财务管理实训教程

Caiwu Guanli Shixun Jiaocheng

主　编　朱盈盈
副主编　冯文龙　明仪皓

西南财经大学出版社

图书在版编目(CIP)数据

财务管理实训教程/朱盈盈主编 .—成都:西南财经大学出版社,2016.8
(2020.8 重印)
ISBN 978-7-5504-1986-5

Ⅰ.①财… Ⅱ.①朱… Ⅲ.①财务管理—教材 Ⅳ.①F275

中国版本图书馆 CIP 数据核字(2016)第 133533 号

财务管理实训教程

主　编:朱盈盈
副主编:冯文龙　明仪皓

责任编辑:植　苗
责任校对:涂洪波
封面设计:杨红鹰　张姗姗
责任印制:朱曼丽

出版发行	西南财经大学出版社(四川省成都市光华村街 55 号)
网　　址	http://www.bookcj.com
电子邮件	bookcj@foxmail.com
邮政编码	610074
电　　话	028-87353785
照　　排	四川胜翔数码印务设计有限公司
印　　刷	四川五洲彩印有限责任公司
成品尺寸	185mm×260mm
印　　张	16.25
字　　数	345 千字
版　　次	2016 年 8 月第 1 版
印　　次	2020 年 8 月第 2 次印刷
印　　数	3001— 4000 册
书　　号	ISBN 978-7-5504-1986-5
定　　价	33.80 元

Foreword 前言

实践教学是本科教学体系的重要组成部分，也是高等院校培养高素质应用型人才的重要手段，对于锻炼和提高学生的实践能力、创新能力和综合素质具有不可替代的作用。

财务管理是一门专业技能性很强的应用型学科，研究的都是企业实际面临的财务问题，因此，在财务管理的教学过程中，实践教学环节的地位显得尤为突出。基于这一认识，依据应用型财务管理人才培养目标，结合现代企业财务管理工作的流程及特点，我们编写了这本《财务管理实训教程》。

全书共分八章，围绕财务管理基础、财务管理的价值观念、筹资管理、投资管理、营运资金管理、收益分配管理、财务预算、财务分析等财务管理的主要内容设计和安排实训项目，强调理论与实践结合，在实践中培养学生独立分析、判断和解决财务问题的能力。

本书具有以下主要特点：

1. 强化应用性

每个实训项目的设计均以相关的实务操作技能为主线，重点针对企业实际发生的具体业务，通过情景模拟、情景再现、案例分析等多种手段，引导学生运用财务管理理论和方法完成相应的项目任务，强化训练学生财务管理专业技能和技巧。让学生在“做”中学，激发其学习能动性；让老师在“做”中教，提高教学效率。

2. 凸显创新性

为了提升学生的专业素质，拓宽学生的专业视野，本书汇集国际国内最新资料，在各章专门开设了“拓展阅读”板块，以反映财务管理理论的新前沿和财务管理实务的新变化。该部分主要向学生介绍现代财务管理理论的新发展、新动向、新方法（如行为财务理论、实物期权方法等），以及我国财务管理实务出现的新问题、新挑战和新业务（如中国的多层次资本市场、应收账款保理等）。

3. 注重灵活性

在实训项目的安排上，本书既充分考虑了各章之间知识体系的内在联系，又注意保持了各个实训项目的相互独立，同时每个章节的实训项目设置均体现了循序渐进、由易到难的原则，从而保证了教材使用的灵活性。教师可以根据学时要求和学生特点自主选择合适的实训项目，以适应不同层次、不同专业学生的教学需要。

本书具有较强的系统性、实用性和可操作性，既适用于高等院校经济管理类专业的财务管理实践教学，也可作为广大财务工作者和企业管理人员的学习、实训用书。

本书由朱盈盈教授担任主编，冯文龙副教授、明仪皓副教授担任副主编。具体分工如下：朱盈盈拟定编写大纲并编写第一章，朱盈盈与明仪皓共同编写第二章、第四章、第六章、第八章，冯文龙编写第三章、第五章、第七章。最后由朱盈盈对全书进行修改和总纂。

受学识所限，书中难免有疏漏和不当之处，恳请广大读者批评指正。

朱盈盈

2016 年 6 月

目录 Contents

第一章　财务管理基础

第一节　主要知识点回顾

一、财务管理内涵

（一）财务管理的概念

1. 企业财务的含义

企业财务是财务活动和财务关系的统一。前者指企业生产经营过程中涉及资金的活动，表明财务的形式特征；后者指财务活动中企业与各方面的经济关系，揭示财务的内容本质。

（1）企业财务活动

企业财务活动是企业生产经营过程中以现金收支为主的资金运动的总称，可以分为四个方面：第一，企业筹资引起的财务活动；第二，企业投资引起的财务活动；第三，企业经营引起的财务活动；第四，企业分配引起的财务活动。

（2）企业财务关系

企业财务关系是指企业在筹资、投资、经营和分配等财务活动过程中，与利益相关者发生的经济关系。

2. 企业财务管理的含义

企业财务管理是企业以特定的财务管理目标为导向，组织财务活动、处理财务关系的一种价值管理活动。企业财务管理是企业管理不可或缺的重要组成部分，在整个企业经营管理中处于核心地位。

（二）企业财务管理的内容

企业财务管理的基本内容包括筹资管理、投资管理、财务运营管理和收益分配管理四个部分。

筹资管理是企业财务管理的起点。投资活动是筹资活动的目的和归属，并反过来决定企业需要筹资的规模和时间。筹资和投资的成果都需要依赖财务运营管理才能实现。收益分配管理则影响着筹资、投资、资金运营的各个方面。

（三）企业财务管理的特点

1. 综合性

财务管理运用价值形态对经营活动进行管理，所使用的价值指标能够全面系统地反映企业各种财产物资的运行情况，反映企业投入和产出的对比关系，并最终反映企业的经营成果。

2. 广泛性

财务管理与企业各方面都有着广泛的联系，是企业各项管理工作的纽带。

3. 敏感性

财务指标是企业生产经营的“晴雨表”。在企业管理中，决策是否得当，经营是否合理，技术是否先进，产销是否顺畅，都可以迅速地在企业财务指标中得到反映。

二、财务管理目标

（一）企业的目标

企业是以营利为目的从事生产经营活动的经济组织。作为市场主体，企业的目标可以概括为生存、发展和获利。其中，生存是获利与发展的基础，获利是生存与发展的动力，而发展又是获利与生存得以持续的保障。

（二）企业财务管理目标的代表性观点

企业的财务管理目标是企业生产经营活动的出发点和归宿，是财务决策的评价依据和判定理财活动是否合理的准绳，决定着企业财务管理的基本方向。随着财务管理环境的变化，以及人们对企业和社会的认识有所不同，企业的财务管理目标也在不断变化。

关于企业财务管理目标最具代表性的观点是：利润最大化、股东财富最大化、企业价值最大化和相关者利益最大化。每种观点都有其合理性，同时也存在着某些方面的不足。

财务管理目标的确定取决于企业价值导向。从财务管理目标的历史演进过程来看，随着企业价值导向的发展，财务管理目标主体也经历了从股东到股东和债权人再到利益相关者的转化。

三、财务管理循环

财务管理循环是指财务管理工作从起点到终点的全过程。

（一）财务预测

财务预测是指根据企业财务活动的历史资料，依据现实条件，采用特定的预测方法，对企业未来的财务活动和财务成果做出科学的预计与测算的过程。财务预测环节是财务管理循环的起点。

财务预测的方法主要有定性预测和定量预测两类。

（二）财务决策

财务决策是指在财务预测的基础上，按照财务管理目标的总体要求，采用一系列科学的决策方法，对各种备选方案进行比较和分析并从中选出最佳方案的过程。财务决策环节是财务管理循环的战略选择。

财务决策的方法主要有经验判断法和定量分析法。

（三）财务预算

财务预算是指根据财务预测和财务决策的结果，采用适当的预算方法，确定企业未来一定时期内各种预算指标的过程。财务预算环节是财务管理循环的行动指南。

财务预算的编制方法主要包括固定预算法与弹性预算法、增量预算法与零基预算法、定期预算法与滚动预算法等。

（四）财务控制

财务控制是指根据企业制定的财务预算，利用有关信息，采取特定的控制手段和措施，对企业的财务活动施加影响或调节，以实现财务预算目标的过程。财务控制环节是财务管理循环的执行要素。

财务控制的方法主要有前馈控制、过程控制、反馈控制。

（五）财务分析

财务分析是指根据企业财务预算标准和财务报表等信息资料，采用专门的分析方法，系统分析和评价企业的财务状况、经营成果以及未来趋势的过程。财务分析环节是财务管理循环承上启下的评价总结。

财务分析的方法主要有比较分析、比率分析和综合分析。

四、财务管理环境

财务管理环境又称理财环境，是对企业财务活动和财务管理产生影响和作用的企业内外各种条件或因素的统称。

对企业财务活动产生重要影响的宏观环境主要有以下几种：

（一）技术环境

财务管理的技术环境是指财务管理得以实现的技术手段和技术条件，它决定着财务管理的效率和效果。

（二）经济环境

财务管理的经济环境是指影响企业财务管理的各种经济因素，如经济体制、经济周期、经济发展水平、宏观经济政策、通货膨胀状况等。在影响财务管理的各种外部环境中，经济环境是最为重要的。

（三）法律环境

财务管理的法律环境是指企业和外部发生经济关系时所应遵守的有关法律法规和规章制度。影响企业财务管理的法律环境主要有企业组织法规、财务法规以及税务法规等。

（四）金融环境

财务管理的金融环境是指为企业资金融通提供场所的金融市场、参与交易的金融机构、作为交易手段的金融工具以及对金融市场起调控作用的利率所组成的金融体系。

（五）社会文化环境

财务管理的社会文化环境是指企业所处社会的社会结构、社会风俗与习惯、信仰与价值观念、行为规范、生活方式、文化传统、人口规模与地理分布等因素的形成和变动。社会文化环境的不同方面对企业财务管理的影响程度是不尽相同的，有的影响比较明显，有的影响则微乎其微。

五、财务管理体制

财务管理体制是指企业处理财务活动中的组织框架和管理体制，是财务关系的具体表现形式。建立财务管理体制的根本目的是明确企业内部各层级的财务管理权限、责任和利益。

企业财务管理体制的一般模式包括：

（一）集权型财务管理体制

集权型财务管理体制是指企业对各所属单位的所有财务管理决策都进行集中统一，各所属单位没有财务决策权，企业总部财务部门不但参与决策和执行决策，在特定情况下还直接参与各所属单位的执行过程。

（二）分权型财务管理体制

分权型财务管理体制是指企业将财务决策权与管理权完全下放到各所属单位，各所属单位只需对一些决策结果报请企业总部备案即可。

（三）集权与分权相结合型财务管理体制

集权与分权相结合型财务管理体制实质就是集权下的分权，企业对各所属单位在所有重大问题的决策与处理上实行高度集权，各所属单位则对日常经营活动具有较大的自主权。

第二节 拓展阅读——绿色财务管理[①]

20世纪90年代以来，伴随着全球范围内环境问题的日益突显，可持续发展理念深入人心并受到社会各界的高度重视，关于环境保护与企业管理如何密切结合的问题在发达国家受到普遍关注，联合国及各国政府相继推出环境保护倡议和环境会计准则，在全球兴起了一股绿色思潮。在此背景下，低碳经济（Low-Carbon Economy）、循环经济（Circular Economy）、绿色管理（Green Management）的经营思想逐渐深入企业管理的各个层面，绿色管理模式应运而生。

为顺应时代发展的需要，企业的管理思想与运作方式必须做出相应的变革与调整。作为企业管理的核心，财务管理必须从资金运动的角度将资源的有限性（要充分利用有限的自然资源）、社会的效益性（有利于人类的生存和发展）、环境的保护性（使环境不受破坏，保持生态环境平衡）以及企业的盈利性加以综合考虑，这就形成了面向低碳经济的一种新的财务管理模式——绿色财务管理。与传统财务管理相比，绿色财务管理模式有其独特的理念与内容。

一、绿色财务管理的概念与本质

我国学者对于绿色财务管理的研究始于20世纪90年代末，目前还处于起步探索阶段。因此，关于绿色财务管理的内涵，学者们尚未达成一致认识。

现有研究从不同角度对绿色财务管理的概念进行了界定。刘淑华（2005）指出，绿色财务管理是在保护环境和资源可持续利用的基础上，合理组织资金运动和协调企业与有关方面的财务关系。吴金波（2007）认为，绿色财务管理是在原财务管理的基础上，融入生态效益及社会效益的原则，遵循有关生态环境的法律法规约束，以寻求经济效益、社会效益及生态效益相协调的一种财务管理活动。郭海芳（2011）则认为，绿色财务管理是以循环经济理论为基础，以低消耗、低排放、高效率为基本特征，以财务资源的有效配置和财务关系的合理协调为抓手，从而实现经济效益、社会效益和环境效益的相互统一，是企业作为“社会人”履行社会契约实现社会效益的重要途径。

虽然上述定义的表述不尽相同，但本质却是一致的：第一，绿色财务管理是基于资源与环境保护导向的财务管理；第二，绿色财务管理是基于循环经济与低碳经济为指导原则的财务管理；第三，绿色财务管理是基于“社会人”而非“经济人”假设的财务管理；第四，绿色财务管理是基于可持续发展、突出社会责任、追求多重效益目标的财务管理。

---

① 参考肖侠（2011）、卿文洁（2011）、吴金波（2007）和刘淑华（2005）。

二、绿色财务管理的基本理念

管理理念是管理模式的导向器，不同的管理理念决定着不同的管理模式。绿色财务管理的理念根植于绿色管理的思想，在传统财务管理的基本价值理念的基础上，绿色财务管理有其特殊的核心理念：

（一）环境保护的理念

人类只有一个地球，保护生态环境不仅是每个公民的责任，也是企业法人的责任。因此，绿色财务管理倡导企业财务活动在追求经济效益的同时应注重对生态环境的保护与改善，要求企业日常经营采取绿色经营模式，在风险分析中需要对环境风险进行评价，在财务决策时需要考虑环境因素。

（二）循环经济的理念

绿色财务管理遵循循环经济的“3R”原则，即减量化（Reduce）原则、再利用（Reuse）原则以及再循环（Recycle）原则。要求企业用较少的原料和能源投入来达到既定的生产目的，从源头上节约资源和减少污染；要求企业制造产品和包装容器能够以初始的形式被反复使用；要求企业生产出来的物品在完成其使用功能后能重新变成可以利用的资源，而不是不可回收的垃圾。

（三）社会责任的理念

传统财务管理基于“经济人”假设，企业的核心被界定为“盈利性经济组织”。而绿色财务管理凸显了企业作为“社会人”的管理价值观，认为企业不仅有经济性的需求，也有社会性的需求。它不再将企业视为一个唯利是图的经济组织，而是将企业视为具有高度社会责任感的社会经济组织；不再将企业视为环境与资源的索取者，而是将企业视为环境与资源的建设者与维护者。

（四）相关者利益最大化理念

传统的财务管理目标只考虑单一的经济利益，不论是利润最大化、股东财富最大化，还是企业价值最大化，均未脱离经济利益的局限性。然而在今天这个时代，企业的生存和发展越来越依靠利益相关者(包括股东、债权人、员工、顾客、供应商、政府、社区等)的协调配合，这就使得单一的财务目标已经不能满足要求。绿色财务管理是以相关者利益最大化作为自己的理财目标，在财务管理过程中追求经济效益、社会效益与生态效益的协调统一。

（五）可持续发展理念

传统的财务管理只注重企业自身的经济利益，容易导致企业的短期行为，甚至有时不惜以牺牲生态环境为代价。这不仅会影响企业和社会的可持续发展，也会损害企业投资者的利益。而绿色财务管理则注重自然再生产和经济再生产的协调统一，要求企业在追求自身发展的过程中，既要考虑近期的利润和市场的扩大，又要考虑持久的利润增长，还要防止环境污染、维护生态平衡，使经济、社会、资源、环境协调发展，造福子孙后代。

三、绿色财务管理的内容

与传统财务管理相似，绿色财务管理也包括绿色筹资管理、绿色投资管理、绿色营运管理、绿色分配管理四个方面的基本内容。但是与传统财务管理相比，绿色财务管理的内容有其自身的要求。

（一）绿色筹资管理

由于绿色财务管理要求企业的经济活动必须考虑资源环境因素，因此就必须筹集特定的资金用于资源环境建设以及特定的绿色成本支出。绿色筹资按照筹资方式可以分为绿色负债和绿色权益两种，其具体筹资渠道主要有国家财政的扶持性拨款、企业自筹资金、银行贷款、利用外资发行证券等方式。与传统筹资不同的是，绿色筹资是企业为了进行“清洁生产”而筹集资金，其服务对象是企业特定的绿色建设项目；绿色筹资的动机不是为了项目的经济效益，而是为了项目的环境效益。与传统的企业债券、股票相比，企业发行绿色股票、绿色债券不仅能够充分利用社会资金解决绿色支出的需求，而且可以帮助企业树立起重视环境保护的良好形象，提高企业的声誉。

（二）绿色投资管理

实施绿色财务管理的企业在投资决策时，除了要考虑盈利这一根本目标之外，还要考虑资源与环境这类“绿色因素”。具体而言，第一，企业在分析投资方案的可行性时，除了以经济利益为主要评价尺度外，还应分析投资方案对资源环境所造成的影响；第二，企业在进行投资方案的成本分析时，不能只进行经营成本的一般分析，还需要考虑因环境支出或环境损失产生的绿色成本；第三，企业在进行投资方案的收益分析时，不能只进行经营收益的一般分析，还需要考虑从资源再利用中获得的收益；第四，企业在进行投资方案的风险分析时，不能只进行经济风险的分析，还需要进行投资方案是否给资源环境带来破坏的绿色风险以及由此导致的法律风险的分析。

（三）绿色营运管理

所谓绿色营运，就是指企业在营运过程中要保证不发生生态环境问题，不产生额外的绿色成本。这就要求实施绿色财务管理的企业在采购、生产、销售等日常经营过程中导入绿色管理的思想。例如，企业在原材料采购时要进行绿色采购，鼓励使用替代资源、可再生资源，减少对稀缺资源的依赖，降低企业的采购成本。再如，企业在进行产品设计时要遵循循环经济的“3R”原则，从产品生命周期的全过程来开展产品设计，确保产品在其生命周期内制造成本、流通成本与使用成本之和最小。

（四）绿色分配管理

传统的利润分配没有将生态环境作为企业财富分配的主体，而绿色财务管理则注意在遵守相关法律法规的基础上，形成一定的绿色积累以及对绿色投资者进行额外分配。绿色分配的形式主要有两种：第一，提取绿色公益金。在股利分配之前，提取公益金之后，按照一定的比例提取绿色公益金，以备企业未来绿色筹资、绿色投资活动的资金短缺时所用。绿色公益金的提取相当于内部融资，是从内部筹集绿色支出不足部分的资金。第二，支付绿色股利。在分配传统普通股利之前，让绿色股优先分享绿色股利。在某些特殊情况下，还可以用绿色公益金支付绿色股利，借以维护企业在资源环境方面的声望。

第三节　实训项目

项目一　财务管理目标选择实训

实验名称：财务管理目标选择

实验类型：综合型

实验目的与要求：

1. 掌握财务管理目标的代表性观点。
2. 理解各种财务管理目标的优点和局限性。
3. 能够分析不同利益主体对企业财务管理目标选择的影响。

实验内容：

【实训资料】

国美电器大股东与董事会权力之争①

国美电器成立于1987年，在创始人黄光裕的带领下，由一家小公司发展成为我国内地最大的家电零售连锁企业之一。2004年，国美电器在香港上市，黄光裕持有国美电器60%以上的股份，成为国美电器的大股东。从2006年开始，黄光裕大幅减持其持有的国美电器股份。截至2008年年末，黄光裕持股比例下降为35.55%，他对国美董事会的控制也由绝对控制转为相对控制。

2008年11月，国美电器原董事局主席黄光裕涉嫌经济犯罪被拘留调查；一个月后，黄光裕辞去董事职务，并终止董事会主席的身份，陈晓接替黄光裕出任国美电器董事局主席，并兼任国美电器行政总裁。随后的一段时间里，以陈晓为首的董事会通过引入贝恩资本、发放管理层股权激励等一系列手段逐渐消除黄光裕入狱对国美电器的影响。在此过程中，黄光裕对董事会逐渐失去控制力和影响力，这最终

① 参考陆正飞等（2013）、国美电器控股有限公司相关公告及其他公开资料，由作者整理改编。

导致大股东黄光裕和董事会的矛盾公开并激烈。2010 年 5 月，国美电器控制权争夺战公开引爆，双方围绕董事会构成、股东大会给予董事会的一般授权等关键问题展开了激烈的斗争。

（一）国美电器简介

国美电器（股票代码：HK. 0493；股票名称：GOME）是中国大陆最大的家电零售连锁企业之一，由黄光裕一手创办。国美电器于 1987 年设立第一间电器零售门店，1992 年第一次采用“国美”这一品牌，1999 年开始跨地域经营，在全国各地通过新开门店和并购两种方式大规模扩张。

2003 年国美电器在中国香港开业，迈出国际化第一步。2004 年国美电器通过将其 65%的股权注入一家香港上市公司，随后将该上市公司正式更名为国美电器控股有限公司，从而在香港成功上市。2010 年，国美完成了新的五年战略规划并开始了全方位的实施与推进。目前国美电器在中国大中型城市拥有直营门店 1 700 多家，年销售能力千亿元以上。

在此需要特别说明的是国美电器的法律适用问题。从某种程度上讲，正是由于国美电器复杂的法律适用结构，才导致了这场争权大战。首先，国美电器的登记注册地在百慕大群岛，因此是一家境外公司。其次，国美电器在中国香港地区的联交所上市，是一家上市公司。最后，国美电器的主要营业地在中国内地。国美的注册地百慕大和上市地香港均属于英美法系地区，百慕大公司法奉行的是董事会中心主义，根据“法不禁止皆自由”的原则和董事会中心主义的传统；国美电器的权力机构在于董事会，董事会拥有法律没有禁止的一切权力，其具体权力可以由公司章程加以具体规定。而我国内地属于大陆法系地区，按照我国《公司法》的规定，股东大会是公司的最高权力机构，董事会执行股东大会的决议。

（二）国美控制权之争：起因

1. 黄光裕控制下的国美

2004—2007 年是黄光裕的“权力鼎盛”时期，其持股比例最高曾达到 75. 67%。在这一时期，黄光裕完成了国美电器的进一步扩张，国美电器的店面遍布全国各大主要城市。同时，作为控股股东的黄光裕实际控制着公司董事会及公司经营管理层，并且多次修改了公司章程。如在 2006 年 5 月的国美电器股东周年大会上，黄光裕通过特别决议案对公司章程进行了一次前所未有的重大修改：国美电器董事会可以随时任命董事，而不必受制于股东大会设置的董事人数的限制；国美电器董事会可以以各种方式增发、回购股份，包括供股发行可转债、实施对管理层和员工的期权、股权激励，以及回购已发行股份；董事会可以订立各种重大合同，包括与董事会成员“有重大利益相关”的合同等。这一系列的重大修改最终形成了国美电器董事会凌驾于股东大会之上的格局，在方便了黄光裕资本运作的同时，也为后来的控制权之争埋下了伏笔。

黄光裕 2006 年 3 月开始大幅度减持手中的国美电器股份。2008 年 1~2 月，黄光裕就通过国美电器的大量回购成功套现约22.3亿港元，持股比例下降到35%左右，但仍然保持着第一大股东的身份。

2. 陈晓入局国美

2006年7月，国美电器宣布以52.68亿港元“股票+现金”的形式收购永乐（中国）电器90%的股权。7月25日，香港联交所发布公告，国美电器（HK.0493）与中国永乐（HK.0503）正式启动合并。交易完成后，永乐（中国）电器成为国美电器的全资子公司，在合并后的新公司中，黄光裕持有51%的股份，陈晓通过合并公司和管理层持有12.5%的股份，陈晓出任国美电器董事兼总裁。

2008年11月17日晚，黄光裕因涉嫌经济犯罪被警方带走调查；11月28日，国美电器发布公告证实黄光裕接受公安局调查，陈晓出任代理董事局主席；12月24日，国美电器发布公告称黄光裕已不能行使董事职权，暂停其职务；2009年1月18日，黄光裕正式辞职，陈晓出任董事局主席，并初步完成权力过渡。

3. 贝恩资本注资，国美董事会重组

黄光裕入狱对国美产生了重大的负面影响，国美电器的股价一路直跌，融资能力也受到严重的限制。2009年4月27日，国美电器2008年财务报告显示，公司净利润为10.48亿元人民币，比2007年同比下降约7%。这是自国美在香港上市以来，第一次净利润下降。此外，国美曾发行的46亿港元的可换股债券即将到期，这将对国美电器的现金流带来巨大的压力。

为解决资金短缺问题，在陈晓的大力推动下，2009年6月22日，国美电器召开董事会，全票通过了贝恩资本注资国美电器的方案：贝恩资本及国美电器现有股东都有权认购新增发的18%的股权，同时，贝恩资本出资认购国美电器发行的于2016年到期的5%息票可换股债券（具体条款见表1-1）。

表1-1　　国美电器2016年可换股债券条款

主要条款	条款内容
投资者	贝恩资本（Bain Capital Glory Limited）
本金总额	人民币15.9亿元，将以约2.33亿美元（相当于约18.04亿港元）结算
到期日	2016年可换股债券发行日起计第七周年
债券持有人认沽权	各债券持有人有权要求本公司于2016年可换股债券发行日期届满第五周年后任何时间赎回任何2016年可换股债券
利息	按年利率5%计息，利息将由本公司于每半年期末支付
转换期	2016年可换股债券发行日期起计30个日历日后至到期日（包括该日）止任何时间
转换价	初步转换价为1.180港元，倘公开发售完成，转换价将调整为每股转换股份1.108港元
转换股份之地位	转换股份与转换日期已发行之股份在各方面享有同等权益

表1-1(续)

主要条款	条款内容
到期时赎回或按债券持有人认沽权	每份2016年可换股债券将于到期时或按债券持有人认沽权按本金12%之内部收益率减去已付之利息以美元赎回
投资者选择赎回	投资者或其任何联属公司有权于发生特定事件时要求本公司赎回任何2016年可换股债券，金额相等于本金（1）1.5倍或（2）本金25%之内部收益率（以两者之较高者为准）减去所支付之利息金额
特定事件	（1）因本公司发行新股份或其他证券，导致任何人士或集团（投资者及本公司现有控股股东除外）拥有25%或以上之已发行股份或收购本集团之全部或绝大部分资产； （2）本公司未能遵守「委任董事」一节第（i）及（iii）所载之契诺：（i）委任三名由投资者提名之人士为非执行董事，并促使投资者董事于细则准许之最长期限届满前不被罢免其董事职务；（iii）尽力于下届股东周年大会上促使获委任之投资者董事被提名选举为董事，并不得提名任何其他人士为董事以取代该等投资者董事

资料来源：作者根据国美电器控股有限公司于2009年6月22日刊发的公告整理。

2009年7月，国美推出对全国总监级以上核心骨干团队的期权激励方案，宣布将占现有已发行股本约3%的股权授予105名高管，激励方案的总金额将近7.3亿港元，这在中国家电行业是史无前例的。其中，授予本公司及其附属公司董事之购股权合计达12 550万份，具体为陈晓2 200万股、王俊洲2 000万股、李俊涛1 800万股、魏秋立1 800万股、孙一丁1 300万股、伍建华1 000万股。此前，除陈晓外，其他高管无人享有国美电器股权。通过这种方式，国美成功地将职业经理人的利益与国美公司的利益紧紧地绑在了一起，受到了高管们的普遍欢迎。但在同时，股权结构的变化也削弱了黄光裕的发言权。黄光裕得知该方案后，再次表现出了对董事会的不满，并要求董事会采取措施，取消期权激励，但他的意见没有被采纳。

2009年8月3日，国美电器董事会宣布委任竺稼先生、Ian Andrew Reynolds先生以及王励弘女士为非执行董事（三人均来自贝恩资本）。至此，国美电器的董事会结构发生了明显的变化，由原来的5名执行董事和3名独立非执行董事的组合改变为5名执行董事、3名独立非执行董事和3名非执行董事（来自贝恩资本的董事）的组合。

4. 大股东与董事会的矛盾激化

在引入贝恩资本的问题上，黄光裕一直持反对意见。他认为陈晓与贝恩资本签订了一些损害大股东利益的极为苛刻的绑定条款和索赔条款：根据国美电器与贝恩资本签订的可转债条款，只要在银行出现1亿元的不良贷款就属于违约事件，贝恩资本可因此获得1.5倍赔偿，国美电器则损失24亿元（此前，陈晓以个人名义为国美电器做了数亿元的贷款担保，如果离职将会解除担保，所以陈晓被免的结果可能触及违约条款）。委任3名贝恩资本的人选担任非执行董事，如果国美电器违约，贝恩资本有权要求国美电器付出1.5倍的代价即24亿元。

2010年5月11日，国美电器召开股东大会，在会上，黄光裕家族利用手中的表决权，连续对12项决议中的5项投出否决票。由于其持有33.98%的股份，因此成功地阻止了贝恩投资董事总经理竺稼等3人进入国美董事会。此外，大股东也否决了向董事会增发授权的普通决议，这显示出大股东对国美电器董事会的不满。现任国美电器管理层也不甘示弱，当晚，在董事局主席陈晓带领下，国美电器迅速召开董事会会议，执行董事一致否决了股东投票，重新选举贝恩资本提名的三名投资人续任非执行董事。董事会罕见地推翻了股东大会决议，大股东与董事会的矛盾激化。

（三）国美控制权之争：激战“9.28”

2010年7月，国美电器欲增发20%的新股，黄光裕所持股权面临被稀释的风险。

8月，一心想夺回控制权的黄光裕家族再次出招。

8月4日，黄光裕致信国美董事会，要求于9月28日召开临时股东大会，投票表决包括“撤销董事局主席陈晓、撤销执行董事孙一丁”等在内的五项动议。至此，国美控制权之争进入白热化阶段。

对于黄光裕的信函，国美电器管理层做出了反击。8月5日，国美电器发布公告，称已对黄光裕进行法律起诉，就其于2008年1~2月前后回购公司股份中被指称的违反公司董事的信托责任及信任的行为，要求赔偿。双方关系彻底决裂。

8月6日，黄光裕通过独资公司向媒体发出“关于国美起诉黄光裕”及“重组董事局”的声明。

8月8日，国美电器紧急召开内部视频会议，曾经追随黄光裕创业的核心管理层，被要求在大股东和董事会之间做出选择。

8月12日，国美四位副总裁孙一丁、李俊涛、牟贵先、何阳青和首席财务官方巍5名高管集体公开表态，与董事局共进退。贝恩资本也明确表态支持陈晓。

8月17日，由黄光裕控制的Shinning Crown发布《致国美全体员工的公开信》，对陈晓进行了公开谴责，并揭露陈晓夺权的三步棋。

8月19日，国美董事局再发致员工的公开信，对大股东的指责进行了逐一反驳。

8月23日，国美电器在香港联交所发布通告，宣布将于9月28日在香港召开股东特别大会，并提出届时将就八项提议进行表决：①重选竺稼先生为本公司非执行董事；②重选Ian Andrew Reynolds先生为本公司非执行董事；③重选王励弘女士为本公司非执行董事；④撤销公司2010年5月11日股东周年大会通过的配发、发行及买卖本公司股份之一般授权；⑤撤销陈晓的公司执行董事兼董事局主席职务；⑥撤销孙一丁的公司执行董事职务；⑦委任邹晓春为本公司执行董事；⑧委任黄燕虹为本公司执行董事。

于是，控制权争夺的双方开始努力增加自己的筹码，为9月28日的股东特别大会做准备。

8月24、25日，黄光裕方面通过公开市场增持国美电器股票1.2亿多股，占国美电器股份总额的0.8%，增持均价约为2.42港元，共计耗资2.904亿港元。黄光裕夫妇持股比例上升至35.98%。

8月27日黄光裕连发两函，以终止上市集团与非上市集团之间就若干采购和管理安排订立的集团间协议为筹码发出威胁，并要求认购新股。如果终止协议，国美电器将失去上亿元的管理费，这来自于黄光裕家族拥有的350多家非上市门店，而上市公司国美电器旗下拥有740多家门店。另外，黄光裕家族可能收回其私人拥有的国美品牌，这将使作为上市公司的国美电器面临更大的竞争压力。

8月30日，北京高院对黄光裕系列案做出二审宣判，黄光裕维持原判，其妻杜鹃改判三年缓刑。这对于黄光裕家族来说是一个机会，但是，无论是根据《中华人民共和国公司法》还是香港地方的《公司条例》，杜鹃都不能直接进入国美电器的董事会。

8月30、31日，黄光裕家族再度斥资4亿港元，增持国美电器1.770 5亿股。

9月3日，国美电器向全体股东致函，解释股东大会召开原因，并请求股东能够投票支持现任董事会。

9月7日，国美高调宣布向全球数百厂家发出300亿元采购招标函。

9月12日，权威机构、股东投票顾问Glass Lewis建议股东于每项议案投票都支持现任管理层。黄光裕方面回应：对此一家之言感到遗憾。

9月14日，专门向基金大户提供投票指引的顾问公司ISS建议股东支持以陈晓为首的国美管理层。

9月15日，国美电器发布公告，称已经收到贝恩资本的转换通知，贝恩资本将以每股1.108港元的转换价，全数将15.9亿元人民币的2016年可换股债券转换为股份，占国美股份9.98%，成为国美第二大股东。黄光裕家族发布《致国美股东同仁公开函》，向全体股东拉票。

9月23日，大股东黄光裕率先投票，对撤销陈晓董事局主席职务、取消增发股份授权等五项决议投赞成票。

9月26日，黄光裕再发公开信，呼吁股东对创始股东的5项投以赞成票，同时可能推出新的期权激励计划。

9月27日，国美管理层27日晚间最后发文拉票：希望股东现身股东特别大会，对1~3项决议案投支持票，对4~8项决议案投反对票。

9月28日，国美电器特别股东大会如期召开，黄光裕方面提出的5项议案中，除第四项议案，即撤销一般授权得以通过之外，罢免陈晓等其他4项议案均未获通过。具体表决结果见表1-2。

表 1-2　　2010 年 9 月 28 日国美电器特别股东大会的表决结果

编号	议案	赞成	反对
1	重选竺稼先生为本公司非执行董事	94.76%	5.24%
2	重选 Ian Andrew Reynolds 先生为本公司非执行董事	54.65%	45.35%
3	重选王励弘女士为本公司非执行董事	54.66%	45.34%
4	及时撤销本公司于 2010 年 5 月 11 日召开的股东周年大会上通过的配发、发行及买卖本公司股份之一般授权	54.62%	45.38%
5	即时撤销陈晓先生作为本公司执行董事兼董事会主席之职务	48.11%	51.89%
6	即时撤销孙一丁先生作为本公司执行董事之职务	48.12%	51.88%
7	即时委任邹晓春先生作为本公司执行董事	48.13%	51.87%
8	即时委任黄燕虹女士作为本公司执行董事	48.17%	51.83%

资料来源：作者根据国美电器控股有限公司于 2010 年 9 月 28 日刊发的公告整理。

（四）国美控制权之争：峰回路转的结局

2010 年 11 月 10 日，国美电器公告表示，国美电器已经与黄光裕的控股公司 Shinning Crown 订立了具有法律约束力的谅解备忘录。根据备忘录，双方约定将许可的董事会最高人数从 11 人增加到 13 人。新增加的两名董事人选均是大股东方面的提议人员，其中邹晓春被任命为执行董事，黄光裕胞妹黄燕虹被任命为非执行董事。

2011 年 3 月 9 日，国美电器发布公告称，陈晓辞任董事会主席、执行董事、执行委员会成员兼主席及授权代表职务，孙一丁辞任执行董事。公告同时还宣布，董事会委任张大中先生为国美电器非执行董事及董事会主席。上述事项均从次日起生效。至此，黄光裕在 2010 年 9 月 28 日股东大会上提出的五项提案基本实现。

【实训要求】

根据上述资料，回答以下问题：

1. 企业的财务管理目标主要有哪些？各有什么优点和不足？

2. 请评价陈晓引入贝恩资本作为战略投资者的决策是否符合公司的财务管理目标。

3. 在不同阶段，国美电器的财务管理目标是什么？请分析影响国美电器财务管理目标变化的因素。

【思路指导】

1. 企业财务管理目标最具代表性的观点是：利润最大化、股东财富最大化、企业价值最大化和相关者利益最大化。

2. 可以将贝恩资本入股国美电器的保护条款与其他资本入股其他公司的保护条款相比较，分析其是否过于苛刻。

3. 国美电器的财务管理目标经历了从控股股东利益最大化到相关者利益最大化的转变。企业的利益相关者会对其财务管理目标产生影响，其中影响最大的几个利益主体是所有者、债权人、员工和政府。

项目二 财务管理的环境分析实训

实验名称：财务管理的环境分析

实验类型：综合型

实验目的与要求：

1. 熟悉财务管理环境。

2. 能够分析财务管理环境变化对企业财务管理的影响。

实验内容：

（一）经济新常态与企业财务管理

【实训资料】

资料1

表1-3 2010—2015年国内生产总值及其增长速度

	2010年	2011年	2012年	2013年	2014年	2015年
GDP（亿元）	408 903	484 123.5	534 123	588 018.8	635 910	676 708
GDP增长率（%）	10.6	9.5	7.7	7.7	7.3	6.9

资料来源：国家统计局官方网站。

资料2

2014年5月，中共中央总书记习近平在河南考察时说，中国发展仍处于重要战略机遇期，要增强信心，从当前中国经济发展的阶段性特征出发，适应新常态，保持战略上的平常心态。这是中央领导人首次以“新常态”描述新周期中的中国经济。

2014年11月9日，习近平在亚太经合组织（APEC）工商领导人峰会上表示：“新常态将给中国带来新的发展机遇。”这包括：

——经济增速虽然放缓，实际增量依然可观。习近平说，即使是7%左右的增长，无论是速度还是体量，在全球也是名列前茅的。

——经济增长更趋平稳，增长动力更为多元。习近平说，以目前确定的战略和所拥有的政策储备，我们有信心、有能力应对各种可能出现的风险。我们正在协同推进新型工业化、信息化、城镇化、农业现代化，这有利于化解各种“成长的烦恼”。中国经济更多依赖国内消费需求拉动，避免依赖出口的外部风险。

——经济结构优化升级，发展前景更加稳定。习近平以前三季消费对经济增长的贡献率超过投资、服务业增加值占比超过第二产业、高新技术产业和装备制造业增速高于工业平均增速、单位 GDP 能耗下降等数据指出，中国经济结构“质量更好，结构更优”。

——政府大力简政放权，市场活力进一步释放。习近平举例说，由于改革了企业登记制度，前 3 个季度新增企业数量较去年增长 60%以上。

【实训要求】

根据上述资料，回答以下问题：

1. 在经济周期的不同阶段，企业分别应采取什么样的财务管理战略？

2. 你怎样认识中国现在的宏观经济形势？分析当前国内经济环境对企业财务管理的影响。

【思路指导】

1. 在市场经济条件下，经济发展与运行通常带有一定的波动性，大体上经历复苏、繁荣、衰退和萧条几个阶段的循环，这种循环叫做经济周期。

经济周期性对企业财务管理有重要影响，企业在经济周期的不同阶段应采取不同的财务管理战略。一般而言，在萧条阶段，企业产量和销售量下降，现金流入量减少，资金紧张，筹资成本加大。此时，如何灵活地调度资金、保持现金流转顺畅就成为这个时期财务管理的重点。

2. 中国经济当前正处于增长速度换挡期、结构调整阵痛期和前期刺激政策消化期的“三期叠加”阶段。新常态给企业的财务管理工作带来了新挑战，企业财务管理必须主动适应新常态的要求，寻找新视角，创造新思路。

（二）低碳经济背景下的企业财务管理战略

【实训资料】

资料 1

国家统计局在《中华人民共和国 2010 年国民经济和社会发展统计公报》中指出，目前六大高能耗行业分别为化学原料及化学制品制造业、非金属矿物制品业、黑色金属冶炼及压延加工业、有色金属冶炼及压延加工业、石油加工炼焦及核燃料加工业、电力热力的生产和供应业。

山西省作为国内最为典型的资源型经济省份之一，在发展过程中面临的最大问题就是资源和环境之间的矛盾问题。山西省经济发展“高碳”特征明显，全省三大产业中第二产业占到近 60%，而煤焦冶电四大高能耗支柱行业又占到工业的 80%多。

资料 2

公司代码：600740　公司简称：山西焦化

山西焦化 2015 年年度报告（节选）

第二节　公司简介和主要财务指标

七、近三年主要会计数据和财务指标

（一）主要会计数据

单位：元 币种：人民币

主要会计数据	2015 年	2014 年	本期比上年同期增减（%）	2013 年
营业收入	3 365 841 040. 08	4 965 151 232. 67	-32. 21	5 874 481 647. 40
归属于上市公司股东的净利润	-830 206 780. 21	19 767 350. 66	-4 299. 89	17 348 901. 83
归属于上市公司股东的扣除非经常性损益的净利润	-799 082 868. 16	31 583 704. 38	-2 630. 05	-21 067 322. 17
经营活动产生的现金流量净额	-719 122 947. 40	319 937 473. 49	-324. 77	-1 011 261 277. 41
归属于上市公司股东的净资产	1 996 368 209. 22	2 826 378 945. 68	-29. 37	2 805 793 882. 98
总资产	10 601 336 566. 90	10 724 147 472. 82	-1. 15	8 583 292 782. 13

（二）主要财务指标

主要财务指标	2015 年	2014 年	本期比上年同期增减（%）	2013 年
基本每股收益（元/股）	-1. 084 2	0. 025 8	-4，302. 33	0. 023 7
稀释每股收益（元/股）	-1. 084 2	0. 025 8	-4，302. 33	0. 023 7
扣除非经常性损益后的基本每股收益（元/股）	-1. 043 6	0. 041 2	-2，633. 01	-0. 028 8
加权平均净资产收益率（%）	-34. 43	0. 70	减少 35. 13 个百分点	0. 68
扣除非经常性损益后的加权平均净资产收益率（%）	-33. 14	1. 12	减少 34. 26 个百分点	-0. 83

第三节　公司业务概要

报告期内公司所从事的主要业务、经营模式及行业情况说明：

公司从事的主要业务有焦炭及相关化工产品的生产和销售。报告期内，公司的主营业务未发生重大变化。

经营模式：本公司主要从事焦炭及相关化工产品的生产和销售，主导产品为冶金焦炭，副产品有甲醇、炭黑、硫酸铵、工业萘、蒽油、改制沥青、纯苯等。

行业情况说明：2015 年，中国经济增速呈现放缓的态势，焦炭行业产能过剩情况严重，焦炭市场受到钢铁行业较严重的打压，国内焦炭价格屡破新低。焦炭下游化工产品价格受石油、化工行业影响下跌明显，焦化行业利润受到严重挤压，产业亏损面加剧。

钢厂需求减少，焦炭产量下降。根据国家统计局的数据，2015 年 1~12 月中国焦炭产量 4.48 亿吨，同比降低 6.67%；2015 年 1~12 月中国生铁产量为 5.69 亿吨，同比降低 3.13%。鉴于 2016 年钢铁形势并无好改转，生铁产量继续下降的可能性更大，2016 年焦化行业形势将更加严峻，焦炭产量下降幅度还将加大，预测退出产量在 3 000 万至 4 000 万吨之间，总产量为 4.1 亿~4.2 亿吨，同比降幅在 6.7% 和 8.9%之间。

2015 年国家先后出台了《中华人民共和国环境保护法》《工业领域煤炭清洁领域高效行动计划（2015—2020）》《2015 年工业绿色发展专项行动实施方案》《关于加强节能标准化工作的意见》《节能减排补助资金管理暂行办法》等一系列节能减排法规及实施方案，煤化工企业的环保门槛更高了，未来煤化工生产必须依靠科技创新，进行节能环保技改，应对国家要求降低产能消耗和污染排放，实现转型发展。

第四节　管理层讨论与分析

一、管理层讨论与分析

2015 年，受国内宏观经济增速放缓、产业结构调整、行业产能过剩等因素影响，焦炭和化工产品市场整体呈弱势运行，多数加工企业限产停产。加上国家对安全环保管控进一步加强，使下游行业需求持续萎缩，负荷降低。受焦化企业限产减产和加工企业抢占市场等因素影响，市场竞争激烈。面对严峻的市场形势，公司多次召开专题会议，在煤炭采购、产品销售等方面采取了多项有效措施，但由于煤焦钢市场持续走低，产品价格持续低迷，整个行业巨额亏损，公司未能扭转亏损局面。

二、报告期内主要经营情况

2015 年是“十二五”的最后一年，在世界经济复苏持续乏力、国内经济进入增速放缓的“新常态”下，公司所处的焦化行业经历着较为严峻的形势及挑战。行业总体产能过剩问题依然突出，下游需求增长率趋缓，装置开工率不足，多数产品价格持续低迷，焦化企业经营压力巨大。面对不利的市场形势，公司虽采取多种应对措施，仍未能扭转亏损局面。

报告期内，公司实现营业收入 336 584.10 万元，同比下降 32.21%；实现归属于母公司净利润 -83 020.68 万元，同比下降 4 299.89%。

三、公司关于公司未来发展的讨论与分析

（一）行业竞争格局和发展趋势

2015 年，中国经济增速呈现放缓的态势，焦炭行业产能过剩情况严重，焦炭市场受到钢厂较严重的打压，国内焦炭价格屡破新低。焦炭下游化工产品价格下跌明显，焦化行业利润受到严重挤压，产业亏损面加剧。

2016年，钢铁行业亏损局面仍难以扭转，钢厂停产还将增多，焦炭需求减少、供大于求的状况也将会持续；钢厂对焦炭价格打压态势不减，焦炭价格探底的步伐将会加快；企业亏损加剧，部分企业将会因为经营困难倒闭，部分产能将会被淘汰，产量仍将会出现一定幅度的下跌。

（二）公司发展战略

贯彻落实科学的发展观，以转型发展、跨越发展为主线、建立循环经济体系为核心，围绕煤、焦、化、贸易、新产业、投融资六大产业板块，优化提升煤-焦-化和煤-气-化产业链，就近延伸煤矿开采及煤炭洗选深加工，做大做强焦化主业，做精新型煤化工和精细化工产业，着力拓展多元新产业，努力壮大物流贸易，探索拓宽投融资新途径，构建煤焦化循环经济一体化集团，打造新型煤化工基地。

资料3①

财务环境起点论认为，企业理财环境决定企业理财模式。企业要想取得长远发展，必须对所处环境的变化有清醒的认识和把握，并根据环境的变化适时调整企业的财务管理模式。20世纪90年代，以低能耗、低排放、低污染为基础的低碳经济作为一种新的经济发展模式方式登上历史舞台，受到各国政府的普遍重视和推崇。低碳经济时代的来临，将在不同程度上导致企业的宏观理财环境产生变化，从而对企业的理财活动产生影响。因此，企业必须对自身的财务管理战略做出调整，以适应新的经济发展方式。

低碳经济在全球范围内的蓬勃兴起，对企业理财环境的影响主要体现在以下四个方面：

（1）经济环境的变化

当前各国政府正在酝酿和制定一系列政策性工具来推动低碳经济的发展。这些工具包括减排目标的制定和减排指令向企业的下达、碳税的开征、碳交易市场的建立、资金支持计划等。

在减排任务方面，一些西方国家已确定了行业的具体减排目标。我国也积极响应全球号召，采取多种措施转变经济增长方式，做好节能减排工作。中国政府在2009年的哥本哈根全球气候大会上郑重承诺，到2020年，单位GDP的二氧化碳排放量要比2005年下降40%~46%。为此，政府相关部门相继制定和出台了一些优惠政策，鼓励企业向低碳、环保产业发展。由于节能减排的最终承担者和落实者实际上是各个企业，这就使得企业在制定财务管理目标时必须重视环境因素，需要引入碳排放、节能减排等指标数据进行业绩评价。

就国家层面而言，为顺应低碳经济的要求，中国未来需要在三个方面做出调整：一是提高高碳产业准入的门槛，控制高能耗高排放行业的过快增长。二是改变“高

① 参考梁浩（2010）、郭海芳（2010）。

碳”发展模式，调整以煤为主的能源结构，大力开发利用太阳能、风能、地热能、生物质能等新能源和可再生能源。三是调整产业和产品结构，推进产业和产品向利润曲线两端延伸。向前端延伸，从生态设计入手形成自主知识产权；向后端延伸，形成品牌与销售网络，提高核心竞争力。

（2）法律环境的变化

为促进低碳经济的发展，许多国家出台了相关的法律法规，以保障低碳经济的有序推行，其中“碳关税”是重要手段之一。我国为切实推行低碳经济的发展，先后制定和修订了《中华人民共和国环境保护法》《中华人民共和国大气污染防治法》《中华人民共和国矿产资源法》《中华人民共和国煤炭法》《中华人民共和国电力法》《中华人民共和国节约能源法》《中华人民共和国可再生能源法》《中华人民共和国清洁生产促进法》等，从气候治理、资源保护、清洁能源等各方面为低碳经济的发展提供法律保障。此外，我国还先后发布了旨在减缓气候变化的《节能中长期规划》《可再生能源中长期发展规划》《节能减排综合性工作方案》等。

这些政策和法律法规的完善，将会对企业的财务管理产生如下影响：一是影响企业的税收筹划。碳税的开征会增加出口企业的税负，降低企业产品的竞争力，企业需重新考虑如何获得较大的税收优惠。二是增加企业的资源使用成本和碳排放成本。随着相关法律法规的出台，企业可使用的原材料将会减少，使用成本将会增加，若碳排放超标，碳税和罚款的双重压力将会使排放成本显著增加。三是影响企业的资本投资和现金流。企业会倾向于往节能环保产业靠拢，而现有设备的更新升级和低碳设备的购买也会影响企业的现金流向。

（3）金融环境的变化

在低碳经济条件下，“碳金融”应运而生。“碳金融”泛指服务于旨在减少温室气体排放的各种金融活动，主要包括碳排放权及其衍生品的交易和投资、低碳项目开发的投融资以及其他相关的金融中介活动。

目前，碳金融在我国正处于起步初期。中国作为国际碳排放资源大国，碳减排量占全球市场的1/3以上，存在着巨大的碳交易市场。据全球知名的碳咨询公司预测，未来全球碳交易市场有望超过石油市场，成为全球第一大市场。因此，国内金融机构纷纷抢滩碳金融市场。

此外，从全球来看，银行、证券交易所以及战略投资者已经逐步将金融资源向发展低碳经济的企业倾斜，以英国为例，绿色金融项目已成为金融机构产品开发的重点之一。

金融环境的变化给企业财务管理带来的影响是多方面的。一是由于资金投入倾向于低碳项目，传统项目的筹融资难度将会加大，风险增高；二是碳交易市场的迅速发展将会丰富企业的筹融资方式和投资方式，也会使超额排放的企业大幅增加经营成本；三是企业的资本结构和资产组合会因为碳金融的引入而有所调整；四是企业的资金营运范围、利润分配激励方式等也需适应低碳经济的发展。

（4）社会环境的变化

社会环境的变化主要表现为人们消费观念的转变。低碳经济影响着人们的价值取向和行为方式。随着社会公众的节能环保意识逐步增强，低碳生活方式和消费方式越来越受到人们的推崇，越来越多的消费者在消费过程中开始考虑如何避免生态破坏和环境污染，这体现了消费者的一种价值观。在消费者选择消费品的过程中，将把低碳消费的指标作为重要的考量依据和影响因子，在实际购买活动中更青睐低碳环保产品。

社会环境的变化对企业财务管理的影响是潜移默化的，具有内在促进作用。一是低碳消费的价值观要求企业财务管理文化必须做出改变，适应低碳大趋势；二是企业要想取得较高的销售收入，就必须关注消费者的低碳需求，调整产品策略；三是企业在产品开发、生产、运输等过程中为了控制好能耗和碳排放可能会增加产品总成本，就必须考虑如何降本增效；四是企业在经营中应树立节能环保的品牌形象，重视对环境的贡献。

【实训要求】

根据上述资料，回答以下问题：

1. 结合山西焦化的具体案例，分析低碳经济对企业的财务管理环境产生了哪些影响。

2. 试分析在低碳经济背景下高能耗企业的财务管理应对策略。

【思路指导】

1. 从资料可见，低碳经济给山西焦化财务管理的经济环境和法律环境带来了严重的负面影响。

2. 在低碳经济背景下，高能耗企业的财务活动要迅速地适应理财环境的变化，加快推进低碳财务管理。

项目三　财务管理体制选择实训

实验名称：财务管理体制选择

实验类型：综合型

实验目的与要求：

1. 理解财务管理体制。

2. 了解企业财务管理体制选择的影响因素。

实验内容：

【实训资料】

中国企业最成功的分权：美的集团分权体系[①]

美的集团是中国最大的白色家电企业，截至2010年，美的集团总体销售收入已经超过1 000亿元人民币，旗下有三家上市公司，在空调、电风扇、电饭煲、饮水机、微波炉以及家电上游产品如空调压缩机、电机等各类相关多元化产品领域均占有行业前三名的位置。事实上，在1997年的美的集团只不过是一家销售规模为30亿元的企业，为什么在短短的13年时间能够取得三十几倍的增长？美的电器董事局主席兼CEO、职业经理人方洪波曾说过这样一句话："与同行业内的其他公司相比，美的电器拥有完整的空调产业链、千万产能、东芝技术、完整的配套产业、成本控制等比较优势，但这些还不能算美的电器的核心竞争力，美的的核心竞争力是内部经营管理机制。"

美的集团的经营管理机制内容包括很多方面，如公司治理机制、创新机制、激励机制、变革机制等，但其中更为核心、最具影响力的是其分权机制。美的集团形成了自上而下非常完整的分权制度体系并且运作良好，正是这样的一套完整的分权体系，一方面最大化地激发了美的各层级职业经理人团队的活力，另一方面有力地保障了美的集团庞大体系的高效运转。

美的集团早期是顺德北滘镇的乡镇企业，是由美的集团现大股东何享健先生带领农村一班人通过集资5 000元创办的集体企业。在当时还没有私营企业的计划经济年代，美的集团的前身被挂上乡镇集体企业的"红帽子"，因此在何享健带领美的集团从汽车零部件转向电风扇生产制造、进入空调生产制造并以"敢为天下先"的创新精神成为中国第一家上市的乡镇企业时，当地北滘镇政府所属的经济发展公司也就顺理成章成为第一大股东。

在经历了上市之后的几年高速发展期，随着所经营的产品领域拓宽，企业规模扩大，原先"大一统"的经营管理体制越来越不适应企业正常的发展要求，加之原有创业团队的能力素质也越来越成为阻碍经营发展的瓶颈，美的集团在1996年、1997年两年里遇到了前所未有的困难，销售急剧下滑、回款难、员工工资发不出成为这一两年里常有的事情。而何享健作为一家之主事事亲力亲为中，感到了极大的压力。在这样的背景下，经营管理体制的改革如箭在弦上，不得不发。

1996年下半年开始，美的集团总部开始研究和筹划经营体制改革的问题，实施事业部管理这时被提到集团董事局的决策日程上来。1997年，美的完成了事业部的组织改革，成立了空调事业部、风扇事业部、电饭煲事业部、小家电事业部以及房产公司等几大事业部，这几个事业部组成各自独立的经营管理班子，负责整个事业

---

① 佚名．中国企业最成功的分权：美的集团分权体系［N］．联合电讯社，2010-04-28.

部的研发、采购、生产、销售等经营活动。经营权下放后，如何保证各事业部不至于偏离集团总的发展轨道？如何对事业部进行有效的监控，总部更好地为经营单位服务？如何更好地为各事业部创造良好的经营环境？各经营单位具体的各项权力又怎么分配？事业部制改革后的各种管理问题蜂拥而来。

在新的经营体制下，到底怎么来权衡集团总部与各事业部以及事业部与各经营单位之间的权责关系？在完成事业部制改革后的 1997 年 12 月，美的集团总裁办组织制定了第一版的《美的集团主要业务分权规范手册》，经过半年多的运行，在收集各方面的意见与建议的基础上，1998 年 7～9 月，由当时的美的集团总裁办副主任、现美的集团下属二级日电集团首席执行官黄健领衔，组织对《分权手册》进行详细的修订，并于 1998 年 9 月 29 日以“广美集（1998）062 号”文下发执行。

美的集团《分权手册》分为集团战略与目标管理，规章制度、公文、会议及新闻宣传，人力资源管理，工资、奖金、员工福利，财务管理，资金管理，资本管理，投资管理，生产制造与技术，市场营销，总务，研究开发及科技与知识产权管理，审计监察、其他等 14 大类共 217 次分类，对涉及经营、管理的各项工作决策权限分提议、提案、审核、裁决、备案等进行了详细的规定。

随着美的集团事业的迅猛发展，美的集团又派生出了二级集团，包括制冷集团、日电集团、机电集团及房产集团等，美的集团的分权规范随着集团组织的发展而不断修订、扩展、细化，从而形成了极为完善、丰富的分权体系。

无论美的集团的规模如何扩大，其分权体系总的指导思想可以归纳为 1998 年所提出的“16 字方针”，即“集权有道，分权有序，授权有章，用权有度”；而对《分权规范手册》的内容又可归纳为以下“一个结合，十个放开，四个强化，七个管住”，即：①一个结合：与责权利相统一的集权与分权相结合。②十个放开：在机构设置权、基层干部的考核任免权、劳动用工权、专业技术人员聘用权、员工分配权、预算内和标准内费用开支权、计划内生产性投资项目实施权、生产组织权、采购供应权、销售权 10 项基础权力下放。③四个强化：强化预算管理、强化考核、强化审计监督、强化服务。④七个管住：管住目标、管住资金、管住资产、管住投资、管住发展战略、管住政策、管住事业部正副总经理和财务负责人。

在这样的分权体系下，美的集团的职业经理人拥有高度的经营管理权，如一个事业部的总经理可以拥有几千万元乃至上亿元资金的审批权，这在中国民营企业的发展史上可谓是绝无仅有的。

【实训要求】

根据上述资料，回答以下问题：

1. 美的集团的财务管理体制有什么特点？

2. 为什么美的集团选择了这种模式？结合美的集团的具体案例分析这种财务管理体制的优点。

【思路指导】

1. 美的集团采用了高度分权的财务管理体制，其特点是："集权有道，分权有序，授权有章，用权有度。"

2. 企业财务管理体制的选择一般应考虑以下因素：企业的发展战略、企业的成长阶段、企业的组织结构、企业的管理文化、市场竞争状况等。

分权制的主要优点有：①子公司拥有充分的决策权，有利于调动各子公司的积极性和创造性；②财务决策周期短，效率高；③有利于信息的横向沟通和纵向传递。

第二章　财务管理的价值观念

第一节　主要知识点回顾

一、货币的时间价值

（一）货币的时间价值基本知识

1. 货币时间价值概念

货币时间价值又叫资金时间价值，是指当前所持有的一定量货币比未来获得的等量货币具有更高的价值。货币的时间价值来源于货币进入社会再生产过程后的价值增值。

2. 终值和现值的计算

（1）复利现值和复利终值

①复利现值。复利现值是指未来某期一定量的货币，按复利计算的现在价值。复利现值的计算公式如下：

$$PV = \frac{FV}{(1+i)^n}$$

其中：$1/(1+i)^n$ 为复利现值系数，记作（P/F，i，n），可直接查阅“复利现值系数表”；n 为计息期。

②复利终值。复利终值是指一定量的货币按复利计算的若干期后的本利总和。复利终值的计算公式如下：

$$FV = PV(1+i)^n$$

其中：$(1+i)^n$ 为复利终值系数，记作（F/P，i，n），可直接查阅“复利终值系数表”；n 为计息期。

（2）年金终值

①普通年金终值。普通年金终值是指一定时期内每期期末等额收付的系列款项的复利终值之和。其计算公式为：

$$FVA = A \times \frac{(1+i)^{n}-1}{i}$$

$$= A \times (F/A, i, n)$$

其中：$\frac{(1+i)^{n}-1}{i}$ 称为“年金终值系数”，记作（F/A，i，n），可直接查阅“年金终值系数表”；n 为年金期数。

②预付年金终值。预付年金终值是指一定时期内每期期初等额收付的系列款项的复利终值之和。预付年金终值的计算公式为：

$$FVA = A[(F/A, i, n+1) - 1]$$

③递延年金终值。递延年金是指间隔一定时期后每期期末或期初收入或付出的系列等额款项，递延年金的终值计算与普通年金的终值计算一样。其计算公式如下：

$$FVA = A \times (F/A, i, n)$$

注意式中“n”表示的是“A”的个数，与递延期无关。

（3）年金现值

①普通年金现值。普通年金现值是指在一定时期内按相同时间间隔在每期期末等额收付的系列款项折算到第一期期初的现值之和。其计算公式为：

$$PVA = A \times \frac{1-(1+i)^{-n}}{i}$$

$$= A \times (P/A, i, n)$$

其中：$\frac{1-(1+i)^{-n}}{i}$ 称为“年金现值系数”，记作（P/A，i，n），可直接查阅“年金现值系数表”；n 为年金期数。

②预付年金现值。预付年金现值是指在一定时期内按相同时间间隔在每期期初等额收付的系列款项折算到第一期期初的现值之和。预付年金现值的计算公式为：

$$PVA = A \times [(P/A, i, n-1) + 1]$$

③递延年金现值。递延年金现值是指间隔一定时期后每期期末或期初等额收付款项的复利现值之和。其计算方法有两种：

计算方法一：先将递延年金视为 n 期普通年金，求出在递延期期末的普通年金现值，然后再折算到现在，即第 0 期价值：

$$PVA = A \times (P/A, i, n) \times (P/F, i, m)$$

其中，m 为递延期，n 为连续收支期数，即年金期。

计算方法二：先计算 m+n 期年金现值，再减去 m 期年金现值：

$PVA = A \times [(P/A, i, n+m) - (P/A, i, m)]$

④永续年金现值。永续年金的现值可以看成一个 n 无穷大时普通年金的现值。永续年金现值的计算公式如下：

$$PVA(n \to \infty) = A\left[1 - \frac{1}{(1+i)^{n}}\right] = A/i$$

当 n 趋向无穷大时，由于 A、i 都是有界量，$1/(1+i)^{-n}$ 趋向无穷小，因此 PVA $(n\to\infty) = A[1-(1+i)^{-n}]$ 趋向 $\frac{A}{i}$。

（二）常用 Excel 函数功能及使用介绍

1. FV（rate，nper，pmt，pv，type）

基于固定利率及等额分期付款方式，返回某项投资的未来值。函数中各参数的含义如下：

（1）rate 为各期利率。

（2）nper 为总投资期，即该项投资的付款期总数。

（3）pmt 为各期所应支付的金额，其数值在整个年金期间保持不变。通常，pmt 包括本金和利息，但不包括其他费用或税款。如果省略 pmt，则必须包括 pv 参数。

（4）pv 为现值，或一系列未来付款的当前值的累积和。如果省略 pv，则假设其值为零，并且必须包括 pmt 参数。

（5）type 数字 0 或 1，用以指定各期的付款时间是在期初还是期末。如果省略 type，则假设其值为零。

2. PV（rate，nper，pmt，fv，type）

返回投资的现值。函数中各参数的含义如下：

（1）rate 为各期利率。例如，如果按 10% 的年利率借入一笔贷款来购买汽车，并按月偿还贷款，则月利率为 10%/12（即 0.83%）。可以在公式中输入 10%/12、0.83% 或 0.008 3 作为 rate 的值。

（2）nper 为总投资期，即该项投资的付款期总数。例如，对于一笔 4 年期按月偿还的汽车贷款，共有 4×12（即 48）个偿款期数。可以在公式中输入 48 作为 nper 的值。

（3）pmt 为各期所应支付的金额，其数值在整个年金期间保持不变。通常，pmt 包括本金和利息，但不包括其他费用或税款。例如，￥10 000 的年利率为 12% 的四年期汽车贷款的月偿还额为￥263.33。可以在公式中输入 −263.33 作为 pmt 的值。如果忽略 pmt，则必须包含 fv 参数。

（4）fv 为未来值，或在最后一次支付后希望得到的现金余额，如果省略 fv，则假设其值为零（例如，一笔贷款的未来值即为零）。例如，如果需要在 18 年后支付￥50 000，则￥50 000 就是未来值。可以根据保守估计的利率来决定每月的存款额。如果忽略 fv，则必须包含 pmt 参数。

（5）type 数字 0 或 1，用以指定各期的付款时间是在期初还是期末。

3. PMT（rate，nper，pv，fv，type）

基于固定利率及等额分期付款方式，返回贷款的每期付款额。函数中各参数的含义如下：

（1）rate 贷款利率。

（2）nper 该项贷款的付款总数。

（3）pv 现值，或一系列未来付款的当前值的累积和，也称为本金。

（4）fv 为未来值，或在最后一次付款后希望得到的现金余额，如果省略 fv，则假设其值为零，也就是一笔贷款的未来值为零。

（5）type 数字 0 或 1，用以指定各期的付款时间是在期初还是期末。

4. NPER（rate，pmt，pv，fv，type）

基于固定利率及等额分期付款方式，返回某项投资的总期数。函数中各参数的含义如下：

（1）rate 为各期利率。

（2）pmt 为各期所应支付的金额，其数值在整个年金期间保持不变。通常，pmt 包括本金和利息，但不包括其他费用或税款。

（3）pv 为现值，或一系列未来付款的当前值的累积和。

（4）fv 为未来值，或在最后一次付款后希望得到的现金余额。如果省略 fv，则假设其值为零（例如，一笔贷款的未来值即为零）。

（5）type 数字 0 或 1，用以指定各期的付款时间是在期初还是期末。

5. RATE（nper，pmt，pv，fv，type，guess）

返回年金的各期利率。函数 RATE 通过迭代法计算得出，并且可能无解或有多个解。函数中各参数的含义如下：

（1）nper 为总投资期，即该项投资的付款期总数。

（2）pmt 为各期所应支付的金额，其数值在整个年金期间保持不变。通常，pmt 包括本金和利息，但不包括其他费用或税款。如果忽略 pmt，则必须包含 fv 参数。

（3）pv 为现值，即从该项投资开始计算时已经入账的款项，或一系列未来付款当前值的累积和，也称为本金。

（4）fv 为未来值，或在最后一次付款后希望得到的现金余额。如果省略 fv，则假设其值为零（例如，一笔贷款的未来值即为零）。

（5）type 数字 0 或 1，用以指定各期的付款时间是在期初还是期末。

二、资产的风险及衡量

（一）风险的概念及分类

1. 风险的概念

风险是指在某一特定环境下，在某一特定时间段内，预期结果的不确定性。

2. 风险的分类

（1）市场风险和公司特有风险

①市场风险。市场风险是指由某种全局性的因素变动引起的，对市场上所有的公司都会产生不利影响的风险。这类风险涉及所有的投资对象，不能通过多元化投资来减少或消除，故又称为不可分散风险或系统风险。

②公司特有风险。公司特有风险是指由某一特殊的因素引起的，只对某个或某些公司产生不利影响的风险。

（2）经营风险和财务风险

①经营风险。经营风险是指在企业的生产经营过程中，供、产、销各个环节不确定性因素的影响所导致企业资金运动的迟滞，产生企业价值的变动。经营风险时刻影响着企业的经营活动和财务活动，使企业的报酬变得不确定。

②财务风险。财务风险是指因借款而增加的风险，是筹资决策带来的风险，也叫筹资风险。

（二）单项资产的风险和收益风险的衡量

1. 单项资产的收益

期望收益率反映的就是预期收益的平均化，在各种不确定因素影响下，它代表着投资者的合理预期。期望收益率的计算公式为：

$$E(R) = \sum_{i=1}^{n} R_i \times P_i$$

其中：$E(R)$ 表示期望收益率；P_i 表示第 i 种可能结果出现的概率；R_i 表示第 i 种可能结果的收益率；n 表示所有可能结果的数目。

2. 单项资产的风险衡量

资产的风险，是指资产收益率的不确定性，其大小可以用资产收益率的离散程度来衡量。资产收益率的离散程度，是指资产收益率的各种可能结果与期望收益率的偏差。其主要指标有收益率的方差、标准差和标准离差率等。

（1）方差

方差是用来表示随机变量的各种可能值与其期望值之间的离散程度的一个数值。资产收益率的方差表示实际收益率与期望收益率之间的偏离程度，是量化风险的重要指标之一。资产收益率方差的计算公式如下：

$$\sigma^2 = \sum_{i=1}^{n} [R_i - E(R)]^2 \times P_i$$

其中：σ^2 表示收益率的方差；E（R）表示期望收益率；P_i 表示第 i 种可能结果出现的概率；R_i 表示第 i 种可能结果的收益率。

（2）标准差

标准差也是反映随机变量的各种可能值与其期望值之间的离散程度的指标，等于方差的平方根。资产收益率标准差的计算公式为：

$$\sigma = \sqrt{\sum_{i=1}^{n} [R_i - E(R)]^2 \times P_i}$$

(3) 标准离差率

标准离差率是指标准差对期望值的比例。其计算公式如下：

$$标准离差率 = \frac{标准差值}{期望值} \times 100\%$$

标准离差率是一个相对指标，它表示某资产每单位期望收益中所包含的风险的大小。一般情况下，标准离差率越大，资产的相对风险越大；相反，标准离差率越小，资产的相对风险越小。标准离差率指标可以用来比较期望收益率不同的资产之间的风险大小。因此，在比较不同方案的风险程度时，应该通过他们的标准离差率来比较分析。

（三）资产组合的风险和收益

1. 资产组合的收益

资产组合的期望收益率，就是组成资产组合的各种资产的期望收益率的加权平均数，其权数等于各种资产在整个组合中所占的价值比例。即：

$$E(R_P) = \sum_{i=1}^{n} W_i \times E(R_i)$$

其中：$E(R_P)$ 表示资产组合的预期收益率；$E(R_i)$ 表示组合内第 i 项资产的预期收益率；W_i 表示第 i 项资产在整个组合中所占的价值比例。

2. 资产组合的风险衡量

(1) 两项资产组合的风险

两项资产组合的收益率的方差满足以下关系式：

$$\sigma_P^2 = \omega_1^2 \sigma_1^2 + \omega_2^2 \sigma_2^2 + 2\omega_1 \omega_2 \rho_{1,2} \sigma_1 \sigma_2$$

其中：σ_p 表示资产组合的标准差，衡量资产组合的风险；σ_1 和 σ_2 分别表示组合中两项资产的标准差；ω_1 和 ω_2 分别表示组合中两项资产所占的价值比例；$\rho_{1,2}$ 反映两项资产收益率的相关程度，即两项资产收益率之间相对运动的状态，称为相关系数。理论上，相关系数处于区间［-1，1］内。

(2) 资产组合的 β 系数

对于资产组合来说，其系统风险的大小也可以用 β 系数来衡量。资产组合的 β 系数是所有单项资产 β 系数的加权平均数，权数为各种资产在资产组合中所占的价值比例。其计算公式为：

$$\beta_p = \sum_{i=1}^{n} (W_i \times \beta_i)$$

其中：β_p 表示资产组合的风险系数；W_i 表示第 i 项资产在组合中所占的价值比重。

三、资本资产定价模型

（一）资本资产定价模型基本原理

1. 资本资产定价模型的假设条件

（1）市场是完备的

这一假设表明：首先，市场是完全竞争的。市场上有大量的投资者，与所有投资者的总财富相比，每个投资者的财富都微不足道。因此，每个投资者都是价格接受者，没有人能影响市场价格。其次，市场是无摩擦的。所谓摩擦，是指对市场上的资本和信息自由流动的阻碍。

（2）投资者都是理性的

所有投资者都是理性人，他们通过考察证券的期望报酬率和风险对证券进行估价，并且每一个投资者都是风险厌恶者，在风险相同时，他将选择期望收益率较高的投资组合，而在期望收益率相同时，他将选择风险较小的投资组合。

（3）所有投资者都有一致的预期

所有的投资者对于每一种证券收益率概率分布的看法一致，对期望报酬率、方差和协方差都有完全相同的估计。这就意味着市场上的效率边界只有一条，所有的投资者都有相同的无差异曲线，均值和标准差包含着现存的与该种证券相关的所有信息。

（4）存在无风险资产

资本资产定价模型假设存在无风险资产，投资者可以在无风险利率 R 的水平下无限制地自由借入或贷出资金。

（5）单一的投资期限

单一的投资期限是指所有投资者都在相同的单一时期中计划他们的投资。所谓单一时期，是指资本市场上投资的机会成本未发生变化的一段时间。在单一时期期初，投资者计划实施投资，在期末，获得红利与资本收益。这一假设排除了连续时间投资行为。

2. 资本资产定价模型的基本原理

$$E_i = R_f + \beta_i(R_m - R_f)$$

其中：E_i 表示资产 i 的必要收益率；R_f 表示无风险收益率，通常以短期国债的利率来挖替代；β_i 表示资产 i 的 β 系数；R_m 表示市场预期收益率，通常用股票价格指数收益率的平均值或所有股票的平均收益率来替代。

（二）证券市场线

证券市场线说明了证券的必要收益率与不可分散风险 β 系数之间的关系。风险资产的收益由两部分构成：一是无风险资产的收益 R_f；二是风险收益率 $\beta_i(R_m - R_f)$ 。它表明：①风险资产的收益高于无风险资产的收益率；②只有系统性风险需要补偿，非系统性风险可以通过投资多样化减少甚至消除，因而不需要补偿；③风险资产实际获得的风险溢价收益取决于β_i的大小，β_i值越大，则风险收益率就越大，反之，β_i越小，风险收益率就愈小。

依据β_i大于或小于1，可以将证券或证券组合分为防御性（Defensive Securities）和进取性（Aggressive Securities）两类。β_i系数值小于1的证券或证券组合称为防御性证券或证券组合；β_i系数值大于1的证券称为进取性证券或证券组合。

第二节　拓展阅读——行为财务理论[①]

一、行为财务理论的产生

行为财务理论是20世纪50年代由美国人Burrell和Bauman最先提出的，由财务学吸收心理学、历史学和社会学等知识发展的一个新研究理论。到了70年代末和80年代初，行为财务理论研究开始兴起，并取得突破性进展。心理学家Kahneman和Tversky的前景理论为行为财务学的兴起奠定了坚实的理论基础，成为行为财务研究史上的一个里程碑。此后，Shiller，Thaler，Shleifer，Statman和Shefrin等学者陆续发表了一些行为财务的研究成果，推动了行为财务理论研究的发展。90年代以来，行为财务研究更是迅速发展，席卷了整个理论界和实务界，并对传统财务理论构成了威胁。我国对行为财务的研究起步于20世纪80年代，晚于西方国家，而且停留在对已有研究成果的一般性介绍阶段。我国学者们从对投资者心理偏差导致的市场异象进行实证研究着手，但至今为止我国还没能形成关于行为财务的逻辑严密的体系。行为财务理论研究人们在投资决策过程中认知、态度和感情等心理特征，以及由此而引起的市场非有效性，在此基础上对人的行为和市场的效率做出更符合实际的解释，并提出了更富有成效的指导。行为财务理论是对传统财务理论的一种变革和创新。

二、行为财务理论对传统财务理论的冲击

一般认为，传统财务理论是以理性人假设和有效市场假说为基础发展起来的，关于投资者最优投资组合决策和资本市场均衡状态下各种证券价格如何确定的理论体系。传统财务理论的贡献主要有以下几方面：①有效市场假说（EMH）；②投资组合理论（MPT）；③资本资产定价模型（CAPM）；④套利定价理论（APT）；⑤期权定价理论（OPT）；⑥资本结构的MM理论。随着经济的发展，越来越多的市场异象出现，而这些现象不能用传统的财务理论解释。大量的心理学和行为学研究，结

① 参考夏明（2010），颜节礼、朱和平（2011），王闵等（2010）。

合了人们的认知和感情等心理因素后，逐渐形成了一套完整的体系，行为财务理论也在这时发展起来了。行为财务理论对传统财务理论构成了挑战。首先，“理性人假设”受到了挑战。传统财务理论认为，投资者是理性人，他们的投资心理具有理性预期、风险回避和效用最大化三个特点。但是实际情况并非如此。1972 年，西蒙发表《有限理性论》一文，正式提出了“有限理性学说”。该学说认为，投资者是有限理性的，投资者也会犯错误，而且在绝大多数情况下，市场中理性和有限理性的投资者都是起作用的，不会被赶出市场。行为财务理论认为，由于决策者受主观认识能力、知识、价值观等方面的限制，同时又受到客观上的时间、经费和情报来源等因素的影响，任何人和组织都无法以理性人的方式对市场做出无偏估计，从而拉近了理性选择的预设条件与现实生活的距离。其次，“有效市场假设”受到了挑战。美国股市投资奇才 Buffett 曾说“如果市场是有效的，那我只能是街上一个拿着破碗的乞丐了”。行为财务理论通过大量实证研究，发现投资者的投资行为并非都是理性的，“损失回避”“过度自信”“倾向于确认偏差”等心理特征会影响他们的决策。非理性投资者的交易行为不是随机的，而是表现为明显的趋同性，不会相互抵消。套利者因为噪声交易者的存在，也不能纠正市场偏差。投资者的实际决策会偏离传统财务理论所设定的最优决策模型，并且最终通过资产定价反应出这种偏离，这说明市场并非是有效的。最后，“理性人假设”和“有效市场假说”的理论基础受到了置疑。因此，建立在两者基础上的传统财务目标、财务理论模型等其他理论也就受到了相应的挑战。

三、行为财务理论的理论基础

行为财务理论放松了新古典财务学的研究假设，从人的心理视角来理解市场行为，“实质理性”走向“过程理性”，较好地解释了异常现象，投资者理性和有限套利理论构成了行为财务的心理学和经济学基础。

（一）心理学基础——投资者理性

有效资本市场理论对投资者完全理性的假设很难成立，新古典经济学的理性假设认为人具有完备信息、有序偏好和无懈可击的计算能力，会选择最能满足自己偏好的行为。但行为决策者由于情绪、智力、信息、能力甚至外界环境等各种因素造成了行为和心理的不协调或不一致，形成了行为心理的偏误，无法达到经济学在完备性、传动性等假设的完全理性。Scharfstein 和 Stein（1990）认为连续决策过程中，精明的管理者接收到有关项目盈利性的高质量信息，接收的信号通常正向相关，因而投资决策相似；愚笨的管理者则只能接收到较差信息，为掩饰自身能力低下，便跟从前者行动，伪装成有能力人士。行为取向的心理学家通常不愿意使用心理测验对行为活动来做出判断，Cords（1994）认为在实际工作中由于真分数和观察者的观测分数之间的差异，行为观测技术经常是不可信的，需要估计观察者的可信度。库珀统计量（Kappa Statistic）是最好的用于评估不同观察者之间一致性的方法。行为财务理论认为人受信息处理能力的限制、依赖直觉及由此导致系统认知偏差和错误。Herbert Simon（1973）的有限理性概念认为决策者并非是全知的，其决策时会存在不完全信息、有限知识和计算能力。

如果有效市场理论完全依赖个人投资者的理性，而投资者的有限理性（bounded rationality）将对有效资本市场形成致命的质疑。

（二）经济学基础——有限套利

传统金融理论构架中的EMH理论认为在市场中理性交易者能正确判断证券价格，若存在非理性交易者，则非理性行为间可以相互抵消，即使不能完全抵消，由于套利的存在仍可以使偏离价格纠正，市场恢复效率。但EMH理论中由理性投资者进行的套利有一个前提假设：套利是无风险无成本的。而行为财务学的观点是，实际市场中的套利有成本、有风险，作用有限，所以不能纠正噪音投资者对证券价格的扭曲，从而导致市场无效，所以有效市场假说不成立，市场必然存在误价。Shleifer把此称为"有限套利"。其风险包括基本面风险、噪音风险、执行成本和其他风险等。

1. 基本面风险

套利行为的实施需要存在两种定价差异的完美替代物，如果替代物只是近似替代，套利者就会面临风险，这就是基本面风险。套利行为受到套利者风险厌恶的本性、系统风险和异质性风险的约束，限制了套利行为的完全发生。

2. 噪音风险

噪音风险是指套利者利用错误定价在短期进一步恶化的风险。资本市场上的噪声是指在信息不对称情况下，导致股票均衡价格与内在价值偏离的非理性信息。

3. 执行成本

证券交易中的佣金、交易税等的成本存在使利用错误定价获利没有诱惑力。佣金和融资融券的费用是显而易见的。借入证券的费用通常会很高，但在某些情况下套利者出价再高也无法借入证券。除了上述费用之外，套利还有制度成本。

4. 其他风险

金融市场中除佣金、税费等成本外，相关法律限制、委托代理关系及套利者间观点等也会限制套利的有效进行。

四、行为财务理论的主要内容

（一）行为资产定价理论（BAMP）

Shefrin和Statman（1994）在行为财务理论的框架内提出"行为资产定价模型"。相对于资本资产定价模型，行为资产定价模型不仅包括了理性趋利特征，还包括了价值感受特征等诸多因素。传统财务理论的资本资产定价模型是基于投资者是理性人的假设上的。但是在金融市场中常常会出现非理性的交易者，他们信息不充分，容易犯错误，其投资行为无法用传统的财务理论来解释，行为财务上将这些人称为"噪声交易者"。"噪声交易者"与理性的"信息交易者"一起决定着金融资产的价格。将信息交易者和噪声交易者以及两者在市场上的交互作用同时纳入资产定价框架是行为资产定价模型的一个创举。当理性交易者起主导作用时，市场是有效的，当"噪声交易者"起主导作用时，市场是非有效的。在行为资产定价模型中，金融资产的预期收益率取决于"行为β"，β是均值方差有效组合的切线斜率。由于噪声交易者的存在影响了金融资产的价格，正切均方差有效资产组合不同于资本资产定价模型中的市场组合。

（二）行为投资组合理论（BPT）

Shefrin 和 Statman（2000）在期望理论和安全、潜力和渴望理论（SP/A 理论）的基础上，提出了行为投资组合理论。由于现代投资组合理论的发展受到理性人假设、投资者对待风险态度假设和风险度量假设的局限，无法有效地指导实践。现实中大部分投资者构建的资产组合是一种金字塔状态的行为资产组合，位于金字塔各层的资产都与特定的目标和特定的风险态度相联系，而各层之间的相关性被忽略了。行为投资组合理论认为，投资者将通过综合考虑期望财富、对投资安全性与增值潜力的欲望、期望水平以及达到期望值的概率等因素来选择符合个人意愿的最优组合。行为投资组合理论有两种分析模型：单一账户行为投资组合理论（BPT-SA）和多重账户行为投资组合理论（BPT-MA）。前者是指投资者通过考虑协方差而将所有证券组合放入一个心理账户；后者是指投资者将证券组合归入不同的心理账户，并忽视账户之间的相关性。心理核算时两者的基础是不同的。

（三）行为财务理论模型

随着证券市场的发展，有关证券市场的理论和实证研究也日渐增多，但是仍有许多市场异象无法解释。行为财务研究者基于投资者心理偏好的预期和投资者的风险偏好，并结合前景理论，提出了一些行为理论模型，较为有效地解释了这些市场异象。比较突出的有 DSSW 模型、BSV 模型、DHS 模型、HS 模型和羊群效应模型。

DSSW 模型是 Delong，Shleifer，Summers 和 Waldman 于 1990 提出的。该模型是建立在市场中存在噪声交易者和理性套利者、交易者一般是风险厌恶者等一系列假设的基础上的。模型的支持者认为，噪声交易者的行为具有随机性和不可预测性，由此而产生的风险必然在一定程度上降低理性套利者进行讨论的积极性，从而导致金融资产的价格与其价值的明显偏离。同时噪声交易者还可能通过"噪声"扭曲金融资产的价格，从而有可能因承担自己创造的风险而获得比理性套利者更高的回报。

BSV 模型是由 Barberis，shleifer 和 Vishny 于 1998 提出的。该模型的提出者假定，投资者在投资决策时存在两种心理偏差：一种是有代表性的启发式偏差，即投资者认为近期股票价格的同方向变化反映了公司收益的变化，并依据这一趋势进行外推，导致对新信息的反应过度；另一种是保守主义偏差，即投资者认为收益变化是一种暂时现象，因而未能及时调整自身对未来收益的预期，结果导致对新信息的反应不足。该模型主要用于解释金融资产的价格是如何偏离有效市场假说的。

DHS 模型是由 Daniel，Hirshleifer 和 Subramanyam 于 1998 年提出的。该模型将投资者分为信息闭塞的投资者和信息灵通的投资者两类。前者不存在心理上的偏差，后者表现出过度自信和自我归因偏差。过度自信导致投资者夸大在股票投资价值判断中私人信息的准确性，最终促成投资者对私人信息反应过度和对公共信息反应不足。自我归因使得投资者过分高估自己的能力，而将与自己不一致的行为归因于外在“噪声”的影响。该模型在一定程度上给出了关于股票回报的短期连续性和为何会出现长期回归修正的合理解释。

HS 模型由 Hong 和 Stein 于 1999 年提出的，又称为“统一理论模型”（Unified theory model）。该模型将投资者分为消息关注者和动量交易者。消息关注者在对股票价格进行预测时，基于自己所获得的企业未来的“私有信息”，不考虑当前或过去的价格。动量交易者在对股票价格进行价格预测时，基于过去历史价格的简单函数上，不考虑企业基本方面的信息。该模型将证券投资中的中期反应不足和长期价格反应过度统一起来了。

羊群效应模型解释了投资者在市场中的群体行为及其后果。羊群效应指在信息不确定的情况下，投资者受市场中压倒多数的观念的影响，忽略自己有价值的私有信息，从而盲目模仿他人决策的行为。羊群行为涉及多个投资主体的相关性行为，对于市场的稳定性和效率有很大影响，会导致金融资产的价格偏离其基本价值。

五、行为财务理论展望

行为财务理论是以实证实验为主要的研究手段，结合心理学的研究成果发展起来的新兴学科，对大量冲击传统财务学的市场异象有很强的解释能力，其将财务学研究向人性化推进，前景理论、噪音交易、有限套利等理论正在财务学应用，行为财务理论需更深地探讨。首先，行为财务的研究对象是个性化、具有易变性的人，理性的行为准则是唯一的，而非理性的行为方式则千差万别，因而使认知偏差的总结归纳显得纷乱与零碎。其次，行为财务理论的研究应摆脱纯技术、制度及文化等的割裂分析，结合社会学、哲学、经济学、计算科学、民族学甚至宗教学等学科进行，以融合角度揭示行为人的表现。最后，中国特定的经济环境、文化环境、理财环境及人性特点为行为财务理论体系的发展提供了丰富的研究素材。

第三节　实训项目

项目一　货币时间价值实训

实验名称：货币时间价值

实验类型：验证型

实验目的与要求：

1. 掌握货币资金时间价值的概念及计算方法。
2. 掌握 Excel 基本财务函数在货币时间价值计算中的应用。
3. 了解如何使用 Excel 函数的帮助。

实验内容：

（一）Excel 基本财务函数

【实训资料】

在 Excel 软件中，新建一个文档，在单元格中插入函数，找到函数列表中的"财务"选项，找到以下函数：FV，PV，PMT，NPER，RATE。

【实训要求】

通过"有关该函数的帮助"，了解函数各参数的含义及使用。

【思路指导】

有关以上函数各参数的详细说明，请参阅 Excel 软件中的函数帮助。

（二）复利终值和复利现值的计算

【实训资料】

资料 1

蓉汇公司管理层决定将 600 万元存入银行，准备 8 年后用于更新设备。假定银行的存款利率为 10%，每年复利一次。

资料 2

蓉汇公司期望 10 年后收到 1 000 万元用来更新设备，假定银行的年利率为 10%。

【实训要求】

1. 根据实训资料 1，计算蓉汇公司 8 年后可以取得多少资金来更新设备。请在 Excel 文档中使用函数完成以上计算。

2. 根据实训资料 2，计算蓉汇公司现在需要存入多少钱。请在 Excel 文档中使用函数完成以上计算。

【思路指导】

1. 复利终值的计算公式如下：

$FV = PV(1+i)^{n}$

2. 复利现值的计算公式如下：

$$PV = \frac{FV}{(1+i)^{n}}$$

用 Excel 函数计算复利终值和现值时应注意两个问题：

一是符号问题。站在不同角度，现金流量的符号应该有所不同。例如，公司向银行存入一笔款 PV，10 年后收回 FV。站在公司角度来看，PV 是支出所以是负数，FV 是收入所以是正数；站在银行角度看，PV 是收入所以正数，FV 是支出所以是负数。

二是区分现金流入的时间。普通年金现金流发生在期末，“Type”项为 0 或者忽略不输；如果是现金流发生在期初的先付年金，“Type”项为 1。

（三）年金问题的计算

【实训资料 1】

蓉汇公司有一个项目，分 5 年投资，每年投入 4 万元，预计连续投资 5 年，假设年利率为 10%。

【实训要求】

1. 如果该项年金在每年年末投入，该项目总投资的终值和现值分别是多少？请在 Excel 文档中使用函数完成以上计算。

2. 如果该项年金在每年年初投入，该项目总投资的终值和现值分别是多少？请在 Excel 文档中使用函数完成以上计算。

【思路指导】

1. 每期期末投入，为普通年金。

（1）普通年金终值的计算公式为：

$$FVA = A \times \frac{(1+i)^{n}-1}{i}$$
$$= A \times (F/A,\ i,\ n)$$

（2）普通年金现值的计算公式为：

$$PVA = A \times \frac{1-(1+i)^{-n}}{i}$$

$$= A \times (P/A, i, n)$$

2. 每期期初投入，为预付年金。

（1）预付年金终值的计算公式为：

$FVA = A[(F/A, i, n+1) - 1]$

（2）预付年金现值的计算公式为：

$PVA = A \times [(P/A, i, n-1) + 1]$

【实训资料 2】

蓉汇公司准备买一个仓库，总计房款为 1 000 万元。首付 20%，年利率为 8%，按月计息，银行提供 20 年按揭贷款。

【实训要求】

蓉汇公司每月应该还款多少？请在 Excel 文档中使用函数完成以上计算。

【思路指导】

PMT（rate，nper，pv，fv，type）。基于固定利率及等额分期付款方式，返回贷款的每期付款额。

（四）贴现率与期数的计算

【实训资料 1】

假定蓉汇公司决定将 140 万元存入银行以备将来作为新建办公大楼的经费，预计需要 300 万元的修建费用，银行年利率为 8%，每年复利一次。

【实训要求】

请问蓉汇公司几年后可以修建新大楼？

【思路指导】

NPER（rate，pmt，pv，fv，type）。基于固定利率及等额分期付款方式，返回某项投资的总期数。

【实训资料 2】

蓉汇公司买入一种理财产品，现在投入 5 万元，今后 10 年每年年末可以拿到 0.75 万元。

【实训要求】

请问这种理财产品的年利率是多少？

【思路指导】

RATE（nper，pmt，pv，fv，type，guess）。返回年金的各期利率。

项目二　风险与收益分析实训

实验名称：风险与收益分析

实验类型：综合型

实验目的与要求：

1. 掌握风险与收益的概念。
2. 掌握 Excel 基本函数在风险与收益计算中的应用。
3. 掌握单项资产的风险与收益的计算方法。
4. 掌握资产组合的风险与收益的计算方法。

实验内容：

（一）Excel 中计算风险和收益的相关函数

【实训资料】

在 Excel 软件中，新建一个文档，在单元格中插入函数，并在函数列表中找到以下函数：SUMPRODUCT，POWER。

【实训要求】

通过“有关该函数的帮助”，了解函数各参数的含义及使用。

【思路指导】

有关以上函数各参数的详细说明，请参阅 Excel 软件中的函数帮助。

（二）单项资产风险与收益的计算

【实训资料】

蓉汇公司有 3 个备选投资项目，其收益和概率分布如表 2-1 所示。

表 2-1　　蓉汇公司投资备选项目收益和概率分布情况

活动情况	概率	A 项目报酬率	B 项目报酬率	C 项目报酬率
繁荣	30%	90%	20%	38%
正常	40%	15%	15%	30%

表2-1(续)

活动情况	概率	A 项目报酬率	B 项目报酬率	C 项目报酬率
衰退	30%	-60%	10%	26%
合计	100%			

【实训要求】

利用 Excel 的相关函数计算并分析各个项目的预期收益率、方差、标准差和标准离差，请判断哪个项目的风险最低。

【思路指导】

1. 期望收益率的计算公式为：

$$E(R) = \sum_{i=1}^{n} R_i \times P_i$$

2. 资产收益率方差的计算公式为：

$$\sigma^2 = \sum_{i=1}^{n} [R_i - E(R)]^2 \times P_i$$

3. 资产收益率标准差的计算公式为：

$$\sigma = \sqrt{\sum_{i=1}^{n} [R_i - E(R)]^2 \times P_i}$$

4. 标准离差率的计算公式为：

$$标准离差率 = \frac{标准差值}{期望值} \times 100\%$$

（三）资产组合的风险与收益的计算

【实训资料】

蓉汇公司的股票投资包含以下几种股票，请利用 Excel 相关函数计算组合的 β 系数和收益率。见表 2-2。

表 2-2　　蓉汇公司投资备选项目收益和概率分布情况

股票	β 值	持股比率
A	0.8	10%
B	1.2	35%
C	1.5	20%
D	1.7	15%
E	2.1	20%

【实训要求】

利用 Excel 相关函数计算组合的 β 系数和收益率。

【思路指导】

1. 资产组合的 β 系数计算公式为：

$$\beta_p = \sum_{i=1}^{n} (W_i \times \beta_i)$$

2. 资产组合的收益计算公式为：

$$E(R_P) = \sum_{i=1}^{n} W_i \times E(R_i)$$

项目三　资本资产定价模型实训

实验名称：资本资产定价模型

实验类型：综合型

实验目的与要求：

1. 掌握资本资产定价模型

2. 掌握证券市场线的绘制

实验内容：

（一）资本资产定价模型实验

【实训资料 1】

已知无风险收益率为 5%，市场预期收益率为 17%，现在有 A、B、C、D 四种股票，其 β 系数分别为 0.75、0.9、1.4 和 1.8。

【实训要求】

利用资本资产定价模型计算各股票的收益率。如果你预期市场收益率将会上升，你将优先配置哪种股票？

【思路指导】

资本资产定价模型的计算公式为：

$$E_i = R_f + \beta_i(R_m - R_f)$$

【实训资料 2】

假设蓉汇公司投资 300 万元于 A、B、C、D 四种股票，投资金额分别为 50 万元、100 万元、80 万元和 70 万元，四种股票的 β 系数分别为 0.75、1.1、1.36 和

1.88。已知无风险利率为4%，市场组合的期望收益率为15%。

【实训要求】

上述投资组合的期望收益率和β系数是多少？

【思路指导】

请参考资产组合的期望收益率和β系数的计算公式。

（二）证券市场线实验

【实训资料】

假定蓉汇公司持有的证券组合由A、B、C、D、E五种股票构成，在组合中的比例分别为10%、25%、15%、30%和20%，β系数分别为1、0.75、1.3、0.6和1.2，预期收益率分别为12%、11%、15%、9%和14%。如果无风险利率为8%，市场要求收益率为11.6%。

【实训要求】

1. 计算该组合的期望收益率。
2. 计算该组合的β系数。
3. 画出证券市场线，并标出组合投资中各股票相对于证券市场线的位置。
4. 在你所画的图中找出哪种股票会使该组合的投资者盈利，哪种股票会使其亏损。

【思路指导】

证券市场线说明了证券的必要收益率与不可分散风险β系数之间的关系。风险资产的收益由两部分构成：一是无风险资产的收益 R_f；二是风险收益率 $\beta_i(R_m - R_f)$ 。

第三章　筹资管理

第一节　主要知识点回顾

一、企业筹资动机与方式

（一）企业筹资动机

筹资管理是现代财务管理的主要内容之一，企业筹资的动机源于：

1. 新建性筹资动机

这是指企业在设立时，为取得资本金并形成开展经营活动的基本条件而产生的筹资动机。

2. 支付性筹资动机

这是指企业为了满足经营业务活动的正常波动所形成的支付需要而产生的筹资动机。

3. 扩张性筹资动机

这是指企业因扩大生产经营规模或对外投资需要而产生的筹资动机。

4. 调整性筹资动机

这是指企业因为未来财务战略的要求对资本结构进行优化从而形成的筹资动机。

5. 混合筹资动机

这是指企业基于多种目的而形成的筹资动机。

（二）企业筹资方式

筹资方式是指企业筹集资金时所采取的具体形式和工具。我国企业的筹资方式主要有吸收直接投资、发行股票、发行债券、向金融机构借款、融资租赁、商业信用和留存收益等几种。

（三）企业筹资的分类

企业筹资可以按不同的标准进行分类，具体分类如下：

（1）按企业所取得资金的权益特性不同，可分为股权筹资、债务筹资及混合筹资；

（2）按是否以金融机构为媒介来获取社会资金，可分为直接筹资和间接筹资；

（3）按资金的来源范围不同，可分为内部筹资和外部筹资；

（4）按所筹集资金的使用期限不同，可分为长期筹资和短期筹资。

二、资金需要量预测方法

科学准确地预测企业的资金需求量是筹资管理的主要内容之一，企业管理者应根据企业的日常经营活动、投资活动等对资金的需要量进行较为准确的判断、估计和分析。在财务管理实践中，预测资金需求主要有下列方法：

（一）因素分析法

因素分析法又称分析调整法。其基本计算模型如下：

资金需要量=（基期资金平均占用额-不合理资金占用额）×（1±预测期销售增减率）×（1±预测期资金周转速度变动率）

（二）销售百分比法

销售百分比法是将反映生产经营规模的销售因素与反映资金占用的资产因素连接起来，假设资产负债表和利润表的某些项目与销售额之间存在稳定的比例关系，据此预测未来资金需要量的方法。

利用销售百分比法预测企业资金需求的基本步骤如下：

1. 确定敏感性资产和敏感性负债项目

不是所有的资产负债表中的项目都会随销售收入的变化而变化，只有敏感性资产和敏感性负债项目才会随之而变化。因此，在应用这种方法进行资金需求量的预测时，首先要确定敏感性资产和敏感性负债项目。

2. 确定有关项目与销售额的稳定比例关系

根据基期资产负债表中的敏感性资产和敏感性负债项目的金额占基期销售额的百分比，预测年度销售收入的增加所带来的敏感性资产和敏感性负债项目的相应增加。

3. 计算留存收益的增加

企业销售收入的增加通常会带来企业利润以及税后利润的增加，公司按照股利政策在扣除一定的股利后形成企业的留存收益，可以为企业提供部分资金来源。其计算公式如下：

预计留存收益的增加 = 预计销售额 × 销售净利率 ×（1 - 股利支付率）

4. 根据会计恒等式“资产=负债+所有者权益”确定需要增加的筹资数量

根据会计恒等式的原理，因销售增长而需要的资金需求增长额，一部分是由负债的增长提供，另一部分是由留存收益所提供，在扣除这两部分后即为所需要的外部筹资额。因此，采用总额法：

外部筹资额=预计总资产-预计总负债-预计所有者权益

或者采用增加额法：

外部筹资额=预计资产的增加额-预计负债的增加额-留存收益的增加额

（三）高低点法

高低点法是利用代数式 $y = a + bx$ ，选用一定历史资料中的最高业务量与最低业务量的资金占用（需要）量 Δy ，与两者产销量之差 Δx 进行对比，求出 b，然后再求出 a 的方法。其基本模型为：

$$y = a + bx$$

式中：y 表示资金占用（需要）量；a 表示不变资金总额；b 表示单位产销量所需变动资金；x 表示产销量。

其中，

$$a = 最高业务量期的资金占用 - b \times 最高业务量$$

$$= 最低业务量期的资金占用 - b \times 最低业务量$$

$$b = \frac{最高业务量期的资金占用 - 最低业务量期的资金占用}{最高业务量 - 最低业务量}$$

（四）回归直线法

回归直线法是假定资金需要量与销售额之间存在线性关系，根据历史资料，运用最小二乘法原理确定回归直线方程的参数，利用直线方程预测资金需要量的方法。其基本模型为：

$$y = a + bx$$

式中：y 表示资金需要量；a 表示不变资金总额；b 表示单位产销量所需变动资金；x 表示产销量。

其中，

$$a = \frac{\sum y - b\sum x}{n}$$

$$b = \frac{n\sum xy - \sum x\sum y}{n\sum x^2 - \left(\sum x\right)^2}$$

（五）逐项分析法

这种方法是根据各资金占用项目（如现金、存货、应收账款、固定资产）和资金来源项目与产销量之间的关系，把各项目的资金都分成变动和不变两部分，然后汇总在一起，求出企业变动资金总额和不变资金总额，进而预测资金需求量的方法。其步骤如下：

（1）根据各个资金占用项目（如现金、存货、应收账款、固定资产）以及各个资金来源项目（如应付账款及应付费用等经营性负债）同产销量之间的关系，分别确定各个项目的资金习性模型，然后汇总在一起，得出资金总额习性模型。

（2）某项目的资金习性关系式为：$Y = a + bX$。

（3）资金总额习性模型为：$\sum Y = \sum a + \sum bX$。

①不变资金总额（$\sum a$）= $\sum$ 各项资产的不变资金占用额－$\sum$ 各项经营负债的不变资金来源额

②单位变动资金（$\sum b$）= $\sum$ 各项资产的单位变动资金占用额－$\sum$ 各项经营负债的单位变动资金来源额

③预计资金需要总量（$\sum Y$）= 预计资产总额－预计经营负债

预测需要增加的筹资额（资金需求增长额）

= 预计资金需要量－（基期筹资性负债+基期股东权益）

外部融资需求量 = 预计资金需求增长额－预计利润留存额

三、债务筹资

（一）银行借款

银行借款是指企业向银行或其他非银行金融机构借入的、需要还本付息的款项。它是企业筹资的主要来源。

1. 银行借款的种类

（1）按借款期限长短可分为短期借款和长期借款；

（2）按借款用途可分为基本建设借款、专项借款和流动资金借款；

（3）按贷款的提供者可分为政策性银行贷款、商业银行贷款和其他金融机构贷款；

（4）按有无担保要求可分为信用贷款和担保贷款。

2. 银行借款的信用条件

（1）信贷额度

信贷额度是借款企业与银行在协议中规定的借款最高限额，在信贷额度内企业可以随时按需要申请借款。

（2）周转授信协议

周转信贷协议是银行具有法律义务地承诺提供不超过某一最高限额的贷款协议。在协议有效期内，只要企业借款总额不超过最高限额，银行必须满足企业任何时候提出的借款要求。企业享用周转信贷协议时，要对贷款限额中的未使用部分付给银行一笔承诺费。

（3）补偿性余额

补偿性余额是银行要求借款企业按借款限额或实际借用额的一定百分比（一般为10%~20%）在银行中保留一定数量的存款余额。

$$企业实际借款利率=\frac{名义利率}{1-补偿性余额比例}$$

3. 银行借款的筹资特点

银行借款筹资的优点在于：①筹资速度快。银行借款的程序相对简单，与发行有价证券、融资租赁等筹资方式相比，从提出贷款申请到取得贷款所花时间较短，可以迅速获得所需资金。②资本成本较低。借款利息可在税前支付，具有抵税作用；同时利用银行借款筹资也无须支付证券发行费用、租赁手续费用等。③筹资弹性较大。企业可以根据自身的资金需求与银行商谈借款时间、金额等，在借款期间还可以与银行协调变更借款时间和条件。

银行借款筹资的缺点在于：①限制条款较多。债权人为保障自己资金的安全，通常会附加一些保护性条款，从而影响企业的生产经营活动和财务决策。②财务风险较大。借款需要向债权人按期支付利息，在企业经营状况不佳的情况下，可能带来财务风险。③筹资数额有限。银行借款不可能像发行债券、股票那样一次筹集到较多资金，无法满足公司大规模筹资的需要。

（二）发行债券

债券是企业依照法定程序发行的，约定在一定期限内还本付息的有价证券，代表持有人与发债公司的债权债务关系。

1. 债券的种类

（1）按是否记名可分为记名债券和无记名债券；

（2）按有无抵押担保可分为信用债券、抵押债券和担保债券；

（3）按能否转换成普通股可分为可转换债券和不可转换债券；

（4）按公司能否提前赎回可分为可赎回债券和不可赎回债券；

（5）按利率是否变动可分为固定利率债券和浮动利率债券。

2. 发行债券的筹资特点

发行债券筹资的优点在于：①一次筹资数额大。与银行借款、融资租贷等方式相比，利用发行债券的方式筹资，能够一次性筹集大额资金。②募集资金的使用限制条件少。与银行借款相比，发行债券募集的资金在使用上具有相对灵活性和自主性，能够用于流动性较差的公司长期资产上。③提高公司的社会声誉。公司债券的发行主体，有严格的资格限制，发行公司债券往往是股份有限公司和有实力的有限责任公司所为。④能够锁定资本成本。公司债券的期限长、利率相对固定，在预计市场利率持续上升的金融市场环境下，发行公司债券筹资，能够锁定资本成本。

发行债券的缺点在于：①资本成本负担较高。相对于银行借款筹资，发行债券的利息负担和筹资费用都比较高，而且债券不能进行债务展期。②发行资格要求高，手续复杂。

（三）融资租赁

1. 融资租赁的形式

（1）直接租赁

直接租赁是融资租赁的主要形式，是指承租人直接向生产厂商或有关租赁机构租赁生产经营中所需要的机器、设备，以取得资产使用权的租赁形式。

（2）售后回租

售后回租也称返回租赁、回租租赁，是指承租人把现有资产出售给出租人，然后再以租赁的方式把它租回来以重新获取资产的使用权。

（3）杠杆租赁

杠杆租赁是涉及承租人、出租人、资金出借人三方的一种融资租赁业务。在杠杆租赁交易中，出租人只需投资租赁设备购置款项的部分资金（通常为资产价值的20%~40%）的金额，即可在法律上拥有该设备的完整所有权，其余资金由银行等第三方提供的贷款解决，但需出租人以租赁设备作抵押。

2. 融资租赁的筹资特点

融资租赁筹资的优点在于：①筹资速度快。融资租赁的手续相对简单，并且集“融资”和“融物”于一体，直接取得形成生产能力的设备。②筹资限制少。企业运用股票筹资、债券筹资等形式有较多的限制和规定，而融资租赁形式的限制条件较少。③财务风险小。租金可以通过项目本身产生的收益在未来分期支付，避免了一次性的大额支出。

融资租赁筹资的缺点在于：①资本成本较高。租金总额通常要比设备价值高出30%。②存在固定的财务负担。融资租赁需要在租赁期按期支付固定的租金，给当期的经营带来一定的财务负担。

（四）商业信用

1. 商业信用的形式

商业信用的形式包括：①应付账款；②商业汇票贴现；③预收货款；④其他应付款项。

2. 商业信用的筹资特点

商业信用筹资的优点在于：①筹资便利。由于商业信用一般与商品买卖同时进行，无须另作安排，也无须另外办理正式筹资手续。②筹资成本低。在某些情况下，如使用不带息应付票据和采用预收货款，企业采用商业信用筹资甚至没有实际成本。③限制条件少。与其他筹资方式相比，商业信用筹资的限制条件较少，选择余地较大。

商业信用筹资的缺点在于：①期限较短。②筹资数额较小。一般只能筹集小额资金，不能筹集大量的资金。③容易恶化企业的信用水平。如若使用不当，会导致企业信用的降低和缺失。

四、股权筹资

（一）吸收直接投资

吸收直接投资是指企业按照“共同投资、共同经营、共担风险、共享收益”的原则，直接吸收国家、法人、个人和外商等投入资金一种筹资方式，它是非股份制企业筹集权益资本的基本方式。

1. 吸收直接投资的出资方式

吸收直接投资的出资方式有：①以货币资金出资；②以实物资产出资；③以土地使用权出资；④以无形资产出资；⑤以特定债权出资。

2. 吸收直接投资的筹资特点

吸收直接投资的优点在于：①有利于增强企业信誉；②有利于企业尽快形成生产能力；③公司与投资者容易沟通。

吸收直接投资的缺点在于：①资本成本较高；②不利于产权交易；③企业控制权集中，不利于公司治理。

（二）发行普通股股票

股票是股份有限公司为筹措股权资本而发行的，用以证明股东所持股份的一种有价证券。股票代表着对公司净资产的要求权，是一种所有权凭证。

1. 股票的特点

（1）不可偿还性。股权筹措的资金具有永久性、无到期日、不需归还的特点，属于公司的长期自有资金。

（2）参与性。股东作为公司所有者，拥有经营者选择权、重大决策权等。

（3）风险性。股票价格的波动性、红利的不确定性等导致股票的风险远远大于债券。

（4）流通性。股票作为一种有价证券，在资本市场上可以自由转让、买卖和流通，特别是随着我国多层次资本市场的建立和完善使得股票的流通性增强。

2. 股票发行的条件

上市公司在证券市场上发行股票包括公开发行和非公开发行（定向发行）两类。公开发行股票又分为首次上市公开发行股票（IPO）和上市公开发行股票（增发和配股）。针对不同的发行类型，相关法律法规对发行条件做出了不同的要求和规定。

（1）首次上市公开发行股票（Initial Public Offering，IPO）

IPO 是指股份有限公司首次对社会公开发行股票并上市流通和交易。实施 IPO 的公司，应当是依法设立且持续经营 3 年以上（经国务院批准的除外）的股份有限公司，应当符合《中华人民共和国公司法》《中华人民共和国证券法》和中国证监会发布的《首次公开发行股票并上市管理办法》规定的发行条件。

（2）上市公开发行股票

上市公开发行股票是指股份有限公司已经上市后，通过证券交易所在证券市场上对社会公开发行股票。上市公司为了扩大公司规模和进一步扩大融资数量，都会在资本市场上通过增发和配股再次实现公司的融资。其中，增发是上市公司向社会公众发售股票的再融资方式，而配股是上市公司向原有股东配售发行股票的再融资方式。

上市公司发行股票应当符合中国证监会发布的《上市公司证券发行管理办法》的规定，其一般条件是：①公司组织机构健全、运行良好；②公司的盈利能力具有可持续性；③公司的财务状况良好；④公司最近36个月内财务会计文件无虚假记载，且不存在重大违法行为；⑤募集资金的数额和使用应当符合相关规定。

此外，配股还需要符合以下特定条件：①拟配售股份数量不超过本次配售股份前股本总额的30%；②控股股东应当在股东大会召开前公开承诺认配股份的数量；③采用证券法规定的代销方式发行。

增发则需要符合以下特定条件：①最近3个会计年度加权平均净资产收益率平均不低于6%；扣除非经常性损益后的净利润与扣除前的净利润相比，以低者作为加权平均净资产收益率的计算依据。②除金融类企业外，最近一期末不存在持有金额较大的交易性金融资产和可供出售的金融资产、借予他人款项、委托理财等财务性投资的情形。③发行价格应不低于公告招股意向书前20个交易日公司股票均价或前1个交易日的均价。

（3）非公开发行股票

上市公司非公开发行股票，是指上市公司采用非公开方式，向特定对象发行股票的行为，也叫定向募集增发。对此，《上市公司证券发行管理办法》中明确规定：

①非公开发行的特定对象符合股东大会决议规定的条件；发行对象不超过十名；发行对象为境外战略投资者的，应当经国务院相关部门事先批准。

②发行价格不低于定价基准日前20个交易日公司股票均价的90%。

③本次发行的股份自发行结束之日起，12个月内不得转让；控股股东、实际控制人及其控制的企业认购的股份，36个月内不得转让。

④本次发行将导致上市公司控制权发生变化的，还应当符合中国证监会的其他规定。

3. 发行普通股的筹资特点

发行普通股筹资的优点在于：①两权分离，有利于公司自主经营管理；②既无到期日，又无固定的股利负担，能在一定程度上减少股份公司的风险；③能增强股份公司的信誉，促进股权流通和转让。

发行普通股筹资的缺点在于：①资本成本较高；②可能导致控制权分散；③审批手续复杂，所需时间长。

（三）留存收益

1. 留存收益的筹资途径

留存收益是企业资金的一项重要来源，它主要的形成渠道是通过：①提取盈余公积金；②未分配利润。

2. 留存收益的筹资特点

留存收益筹资的优点在于：①可保持企业的举债能力；②不会影响企业的股权结构和原股东的控制权；③不发生筹资费用，资本成本较低。

留存收益筹资的缺点在于：①受期间限制和筹资数额限制；②需权衡与股利政策的关系。

五、混合筹资

（一）发行可转换债券

可转换公司债券是指发行公司依法发行、在一定期间内依据约定的条件可以转换成股份的公司债券。

1. 可转换债券的基本特点

（1）期权性

可转换债券的投资者拥有在未来将债券转换为股票的选择权，因此可转换债券实质上是一种买入期权。

（2）债权性

在正常持有期，可转换债券与其他债券一样，也有规定的利率和期限，属于债权性质。

（3）股权性

可转换债券在转换成股票之后以普通股的形式存在，属于股权性质。

（4）可转换性

可转换性是可转换债券的重要标志，债券持有人可以按约定的条件将债券转换成股票。资本双重性的转换，取决于投资者是否行权。

2. 可转换债券的基本要素

（1）标的股票

所谓标的股票，即可转换债券可以转换成的公司的股票。标的股票一般是发行公司自己的普通股票。

（2）存续期限和转股期限

可转换债券的存续期限与普通债券相同，指债券从发行之日起至偿清本息之日止的存续时间。

转股期限是指可转换债券持有人能够行使转换权的有效期限。

我国《上市公司证券发行管理办法》规定，可转换公司债券的期限最短为1

年，最长为 6 年，自发行结束之日起 6 个月后方可转换为公司股票。

（3）票面利率

可转换债券的票面利率一般低于相同条件的不可转换债券。

（4）转换价格和转换比例

转换价格是指募集说明书事先约定的可转换公司债券转换为每股股份所支付的价格。我国《上市公司证券发行管理办法》规定，转股价格应不低于募集说明书公告日前 20 个交易日该公司股票交易均价和前 1 个交易日的均价。

转换比例是指一定面额可转换债券可以转换成普通股票的股数。

转换比例＝可转换债券面值/转换价格

（5）赎回条款与回售条款

赎回是指发债公司按事先约定的条件和价格赎回尚未转股的可转换公司债券。赎回一般发生在公司股票价格在一段时间内连续高于转换价格达到一定幅度时。

回售是指债券持有人按事先约定的条件和价格将所持债券回售给发债公司。回售一般发生在公司股票价格在一段时间内连续低于转换价格达到某一幅度时。

3. 可转换债券的筹资特点

可转换债券筹资的优点在于：①筹资成本低。可转换债券的利率低于同一条件下不可转换的普通债券的利率。②获取股票溢价收益。由于可转换债券规定的转换价格要高于发行时的公司普通股股价，因此它实际上为公司提供了一种以高于当期股价发行新普通股的可能。③筹资灵活性。可转换债券将债务筹资和股票筹资相结合，筹资性质和时间上具有灵活性。

可转换债券筹资的缺点在于：①可能导致控制权旁落。如果可转换债券持有者不是公司原有股东，在转股后，公司的控制权可能会改变。②存在一定的财务压力。如果无法吸引债券持有者将债券转换为公司普通股股票，则公司将因集中兑付本金面临严峻的财务压力。③低票面利率优势会丧失。采用附有认股权证的债券或优先股筹资时，其低息优势可以始终保持；而可转换债券的低票面利率会在转换为公司股票时消失。

（二）发行认股权证

认股权证是一种由上市公司发行的证明文件，持有人有权在一定时间内以约定价格认购该公司发行的一定数量的股票。

1. 认股权证的基本性质

（1）认股权证的期权性

认股权证本质上是一种股票期权，具有实现融资和股票期权激励的双重功能。

（2）认股权证是一种投资工具

投资者可以通过购买认股权证获得市场价与认购价之间的股票差价收益，它是一种具有内在价值的投资工具。

2. 认股权证的筹资特点

认股权证筹资的优点在于：①是一种融资促进工具。上市公司通过把认股权证与其他证券搭售发行，能够提升融资成功率、降低融资成本。②有助于改善上市公司的治理结构。由于认股权证的融资是缓期分批实现的，这将有效约束上市公司管理层及其大股东的败德行为，并激励他们努力提升公司的市场价值。③有利于推进上市公司的股权激励机制。通过给予管理者和重要员工一定的认股权证，可以把管理者和员工的利益与企业价值成长紧密联系在一起。

认股权证筹资的缺点在于：①灵活性较差；②扩股将稀释公司每股收益，可能引发股价下跌。

（三）发行优先股股票

1. 优先股股票的特点

（1）优先权

优先股在股利支付和分配公司剩余资产方面比普通股股票具有优先权。

（2）混合性

一方面，优先股的股息率是固定的，一般不参与公司剩余利润的分配，具有债券的特点；另一方面，优先股既无到期日、不需要还本，又具有普通股票的特点。

（3）无表决权

优先股在发行时一般规定无表决权，无权干涉企业的生产经营等事项，仅在涉及其权益时可以行使有限的表决权。

2. 优先股的筹资特点

优先股筹资的优点在于：①与债券相比，不支付优先股股利不会导致公司破产；②与普通股相比，发行优先股一般不会稀释股东权益；③无期限的优先股没有到期期限，不需要偿还本金。

优先股筹资的缺点在于：①优先股股利不可以税前扣除，其税后成本高于债券筹资；②会增加公司的财务风险和普通股的成本。优先股的股利支付虽然没有法律约束，但是经济上的约束使公司倾向于按时支付其股利。

第二节　拓展阅读——中国的多层次资本市场①

建立和完善多层次资本市场是当前我国深化经济体制改革的一个重要方面。党的十八大报告提出："深化金融体制改革，健全促进宏观经济稳定、支持实体经济发展的现代金融体系，加快发展多层次资本市场。"这不仅是完善现代市场体系的

① 参考肖钢（2014）、戴天柱（2006），刘岩、丁宁（2007）。

重要内容，也是促进我国经济转型升级的一项战略任务。

日前，国家发展和改革委员会《关于2016年深化经济体制改革重点工作的意见》，提出了10个领域共50项重点工作，其中第二十四条集中阐述了“深化资本市场改革”。该条明确指出“推进股票、债券市场改革和法治化建设，促进多层次资本市场健康发展，提高直接融资比重。”

一、多层次资本市场的含义及特点

市场是指商品交换关系的总和。资本市场是提供中长期资金供需的场所，为适应各种不同性质的资金需求，应采用各种不同性质的中长期筹资工具，投资者和融资者在资本市场可根据各自的需要进行运作。

多层次资本市场是对现代资本市场复杂形态的一种表述，是资本市场有机联系的各要素总和，具有丰富的内涵。从交易场所来看，多层次资本市场可以分为交易所市场和场外市场；根据发行和资金募集方式，可以分为公募市场和私募市场；根据交易品种，可以分为以股票债券为主的基础产品市场和期货及衍生品市场；同一个市场内部也包含不同的层次。同时，多层次资本市场的各个层次并不是简单平行、彼此隔离的，而是既相互区分又相互交错并不断演进的结构。因此，多层次资本市场是指在资本市场上，为满足不同的投资者与融资者不同的规模大小与主体特征和金融服务的不同需求市场体系结构的总和，它能够为满足不同投融资市场主体的资本要求而建立起来的有层次性的配置资本性资源的市场。

它具有下列特点：

（一）市场构成的多层次性

企业的融资包括债务融资、股权融资以及混合型融资，而每种融资形式下又分为各种具体的形式。市场构成的多层次性则意味着资本市场的构成应涵盖各种融资形式及其相应的有机组合，它是衡量一个市场的完善程度的指标。

（二）发行方式的多层次性

多层次资本市场对发行方式的选择具有多层次性，以满足不同发行主体的要求。例如，股权市场的多层次特性，表现在交易所挂牌交易的股份制企业，既有增资配股发行企业，也有股份代办转让系统发行企业，也可以私募筹集股份，它应该是多种方式并存的市场体系。

（三）投资者的分层次性

从投资者角度来看，投资者也是可以分层次的。偏好于高风险的投资者来说，他们希望资本市场上能提供带来高风险、高收益的金融工具；而对于保守型的投资者来说，则需求低风险、低收益的金融工具。不同投资主体的投资偏好不同，因此他们对投资产品的需求也就不一样。需求产生供给，对不同类型的产品需求要求市场提供多元化的产品，因此，多层次资本市场是应满足投资者不同层次需求的市场。

（四）交易机制的分层次性

从交易机制看，资本市场应由交易所市场、场外市场、区域性市场、无形市场等多个层次的市场构成，企业能够在不同的发展阶段都能够找到适合自己的资本需求的资本市场的结构安排。

二、我国目前资本市场的缺陷

虽然我国已初步建立了包含主板、中小板和创业板、新三板和地方股权交易中心的多层次资本市场体系，但在其系统内部仍存在许多问题。

（一）市场内部结构不合理

目前股票市场发展缓慢，规模很小，企业债券市场规模更小，很难发挥调配企业资源和社会资源的作用。从中国融资规模和融资效果来看，仍然以间接融资、银行融资为主，资本市场的融资规模也很小。从融资占比看，企业债券占比为10.4%，非金融企业境内股票融资占比只为1.3%。近几年，我国每年的股票融资占整个社会的融资基本是5%左右，在这种情况下，我们很难通过资本市场调配企业和社会资源。

美国多层次市场体系包括纽交所、纳斯达克、场外电子柜台交易市（OTCBB）、粉单市场和灰色市场，统计显示不同的市场中企业家数目依次增加，呈现典型的“正三角”分布结构。我国资本市场截至2014年4月底，主板有1 431家，中小板有706家，创业板有379家，呈明显的“倒三角”分布结构，场外市场还处于发展初步阶段，交易冷淡。此外，我国的股份制公司有10万多家，存在着巨大的融资需求，目前的市场体系也远不能满足。

（二）证券发行和交易行政化、计划化、审批化

长期以来，我国证券发行和交易是行政化、计划化和审批化，这是制约中国资本市场发展最大的一个障碍。发股票、债券首先要报计划、等审批。我国《证券法》虽然规定证券发行实行核准制，实质上还是审批制。到现在为止，还积压着600多家拟上市公司等待审核。

目前，虽然不控制额度和规模，但对拟上市公司还实行严格审核制度，而且主要审核企业赢利能力，导致企业长时间无法上市。当股票市场不好的时候，为了稳定市场来停发新股，不仅没有起到稳定市场的作用，反而使拟上市公司数量越积越多。我国债券市场尤其是企业债券和公司债券市场的问题更多，可谓层层审批，多头管理，导致债券市场发展缓慢，在这种情况下很难发挥资本市场的效率和作用。

（三）众多中小企业未能从资本市场上获得股权和债权融资

目前，主板以大型企业为主，且大多是国有企业改制的股份制企业，而最初市场上民营上市公司非常少。为了使众多中小企业、自主创新企业能够发行和上市，2004年开设了中小板市场，2009年又开设了创业板市场，两个市场在近几年有了较

快发展，但仍无法满足众多中小企业融资需求。我国现有 4 000 多万家中小企业，登记在册的达 1 280 万家，只靠中小板市场、创业板市场目前的发行速度，很难解决中小企业融资难的问题。

（四）广大中小投资者的权益未能得到很好的保护

健康的多层次资本市场需要合理分布的投资者群体。在我国，投资者目前主要集中在由主板和创业板组成的股票交易所市场，对其他层次的资本市场关注度较少。且股票市场投机氛围重，欺诈发行、内幕交易、操纵市场等违法犯罪行为多发，严重挫伤了投资者投资资本市场的积极性。

中国资本市场投资者到目前为止 90%是散户，中国资本市场是一个典型的融资市场、典型的投机市场。要使资本市场进一步发展和扩大，核心问题是把融资市场变成真正的投资市场，把投机市场变成长期投资市场。只有把市场建成能够保护投资者，尤其是广大中小投资者合法权益的市场，并且是一个能投资、有回报、可赚钱的市场，资本市场才能健康发展。

（五）资本市场产品结构“重债轻股”，资金难以向资本转化

2002 年，社会融资规模中债券融资与股票融资的比值为 0. 58，即股票融资多于债券融资；而到 2014 年，这一比值变化为 5. 59（最高的 2012 年为 8. 97），债券融资规模已经远远超越股票融资产品结构呈现“重债轻股”的趋势。除了债券市场规模迅速扩大外，在股票市场中也存在股权融资占比较低的情况，上交所 2013—2014 年融资中，在包含优先股的情况下，股权融资占比为 55%。在区域性股权市场层面，股权融资仅占到 15%。“重债轻股”的不合理发展模式，使得资金难以转化为资本，难以有效降低企业负债率。

（六）资本市场缺乏有效的转板机制

不同层次的资本市场对应着企业不同的发展阶段，各层次市场之间应有合理的进入与退出机制，从而形成一个完整有效的市场结构。而我国目前的主板、中小企业板、创业板及场外市场仍相互独立，在上市条件、交易规则上尚无有效的衔接制度安排。

三、中国多层次资本市场建设的目的和意义

（一）满足不同发展阶段差异化的企业金融需求

企业金融成长周期理论将企业成长周期划分为六个阶段：创立期、成长阶段Ⅰ、成长阶段Ⅱ、成长阶段Ⅲ、成熟期、衰退期。企业在成长的不同时期对外部资本的数量和性质有着不同需求。

处于成长阶段Ⅲ和成熟期的企业倾向于债权融资，常选择银行或银团贷款，并在企业债券市场或主板市场融资；而处于创立期、成长阶段Ⅰ、成长阶段Ⅱ的企业倾向于股权融资，引进金融机构或风险投资基金作为战略投资者，并在创业板市场

或场外市场融资等。

显然，单一的资本市场结构会减少企业的融资选择权，不能满足企业不同阶段的融资需求。而多层次资本市场体系可为不同阶段的企业提供各类融资支持。同一企业在不同发展阶段，也可以在不同层次资本市场中进行切换融资。

（二）推动融资结构的调整和创新

20 世纪 90 年代中期以后，在中国的金融体系中出现资金相对过剩和相对短缺相并存的格局。其中的一个重要原因，就是缺乏一个多层次的资本市场，使得金融体系过于依赖银行体系、过于倾向大型企业，而忽视了直接融资、忽视了中小企业。从资本市场自身建设看，多层次资本市场的建设可以促进公司治理结构改善、加快现代企业制度建立，也能够避免由上市公司风险特征加大、风险揭示能力下降而造成的市场风险，更能满足各个层次的融资者和投资者的需求。

（三）满足资金供求双方多层次化的要求

从企业发展角度出发，多层次资本市场是活力的源泉。中国经济呈二元经济状态：一方面是存在一批大中型国有企业；另一方面是茁壮成长的个人创业企业。不同企业对资本市场需求不一样，上市门槛也不一样。

结构合理的多层次资本市场可以满足不同企业包括中小企业、高科技创新企业的融资需求，而这些企业正是中国经济增长中最为活跃的因素。为这些活跃的市场群体提供有力的金融支持，也即为中国经济可持续增长提供了新的动力。同时，多层次资本市场的发展有利于改变金融领域的二元结构，推动落后地区的金融发展。

（四）优化准入机制和退市机制，提高上市公司的质量

从非证券资本市场到证券资本市场，从场外市场到创业板市场、主板市场，入市标准逐步严格，企业素质也呈阶梯式上升，这实际上提供了一个市场筛选机制。一方面，在下一级市场上挂牌交易的企业经过培育，将会有优秀企业脱颖而出，从而进入上一级市场交易；另一方面，对于长期经营不善，已不符合某一层次挂牌标准的企业，则通过退出机制，退出到下一级市场交易。这样形成一种优胜劣汰机制，既有利于保证挂牌公司的质量与其所在市场层次相对应，又能促进上市公司努力改善经营管理水平，提高上市公司质量。

（五）防范和化解金融风险

直接融资有利于分散融资风险，能有效地避免风险向金融系统集中，从而降低金融系统性风险。从国外经验看，在间接融资为主的金融体系中，一旦经济实体发生严重问题，就会导致大量银行坏账，金融体系的脆弱性往往将经济拖入长期不振的境地。

因此，多层次的资本市场通过改善上市公司质量、满足多元化的投资需求，吸引资金进入资本市场，扩大直接融资额度，从而降低金融风险。而且随着多层次资本市场体系规模的扩大，直接融资比重的提高，会逐步形成风险程度存在明显差异的子市场，风险承担主体呈现多元化，有利于实现金融市场的稳定，分散和化解金

融风险。

四、国外多层次资本市场简介

（一）美国资本市场体系的结构特点

美国资本市场体系规模最大，体系最复杂也最合理，主要包括三个层次：

1. 主板市场

美国证券市场的主板市场是以纽约证券交易所为核心的全国性证券交易市场，该市场对上市公司的要求比较高，主要表现为交易国家级的上市公司的股票、债券，在该交易所上市的企业一般是知名度高的大企业，公司的成熟性好，有良好的业绩记录和完善的公司治理机制，公司有较长的历史存续性和较好的回报。从投资者的角度看，该市场的投资人一般都是风险规避或风险中立者。

2. 以纳斯达克（NASDAQ）为核心的二板市场

纳斯达克市场对上市公司的要求与纽约证券交易所截然不同，它主要注重公司的成长性和长期盈利性，在纳斯达克上市的公司普遍具有高科技含量、高风险、高回报、规模小的特征。纳斯达克虽然历史较短，但发展速度很快，按交易额排列，它已成为仅次于纽约证交所的全球第二大交易市场，而上市数量、成交量、市场表现、流动性比率等方面已经超过了纽约证交所。

3. 遍布各地区的全国性和区域性市场及场外交易市场

美国证券交易所也是全国性的交易所，但该交易所上市的企业较纽约证交所略逊一筹，该交易所挂牌交易的企业发展到一定程度可以转到纽约交易所上市。遍布全国各地的区域性证券交易所有 11 家，主要分布于全国各大工商业和金融中心城市，他们成为区域性企业的上市交易场所，可谓是美国的三板市场。

美国资本市场体系庞大、条块结合、功能完备、层次多样。既有统一、集中的全国性市场，又有区域性的、小型地方交易市场，使得不同规模、不同需求的企业都可以利用资本市场进行股权融资，这无疑有力地推动了美国经济的创新与增长。

就美国的资本市场体系而言，全国性集中市场主要是为大型企业融资服务的；二板市场的服务对象主要是中小型企业和高科技企业，二板市场的上市标准要比集中市场低，同时还设计出几套不同的标准，由不同规模的企业自己选择适宜的标准进行上市融资；新兴市场（三板）则基本取消了上市的规模、盈利等条件，把市场监管的重点从企业上市控制转移到以充分信息、披露为核心，以管理从业券商为主要手段，以会员制为主要形式，以券商自律为基础的监管模式。多个证券交易所或证券交易系统同时存在，有利于资本市场的竞争和提高资本市场效率。

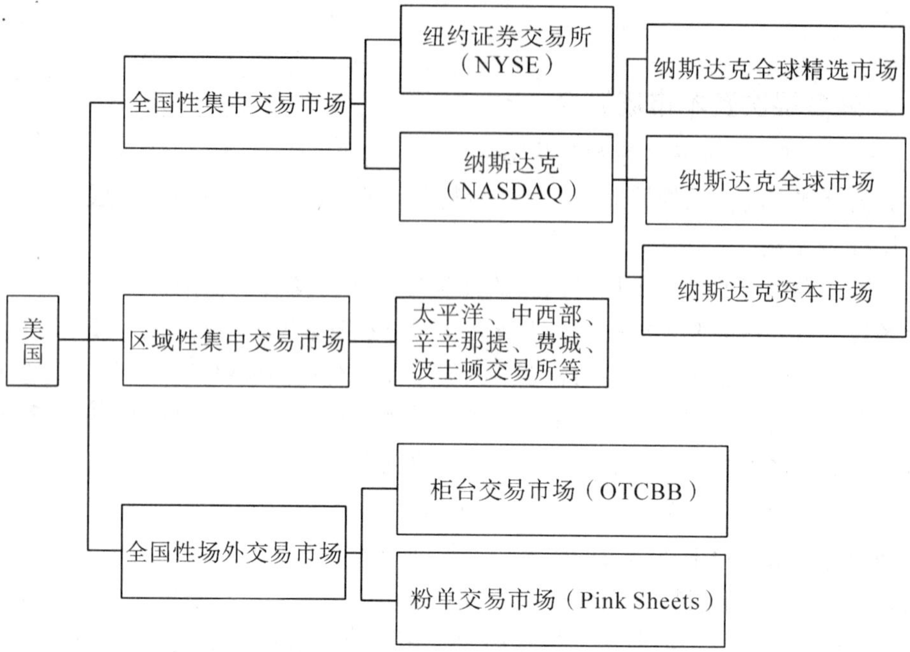

图 3-1　美国资本市场体系结构

（二）英国资本市场体系的结构特点

1. 主板市场

伦敦证券交易所是英国全国性的集中市场，它有着 200 多年的历史，是吸收欧洲资金的主要渠道。

2. 全国性的二板市场 AIM（Alternative Investment Market）

与美国不同，英国的二板市场 AIM 是由伦敦交易所主办，是伦敦证交所的一部分，属于正式的市场。其运行相对独立，是为英国及海外初创的、高成长性公司提供的一个全国性市场。

3. 全国性的三板市场 OFEX（Off-Exchange）

它是由伦敦证券交易所承担做市商职能的 JP Jenkins 公司创办的，属于非正式市场。主要是为中小型高成长企业进行股权融资服务的市场。

（三）日本资本市场体系的结构特点

日本的交易所也是分为三个层次：全国性交易中心、地区性证券交易中心和场外交易市场。

1. 主板市场

东京证券交易所是日本证券市场的主板市场，具有全国中心市场的性质，在此上市的都是著名的大公司。

2. 二板市场

大阪、名古屋等其他 7 家交易所构成地区性证券交易中心，主要交易那些尚不

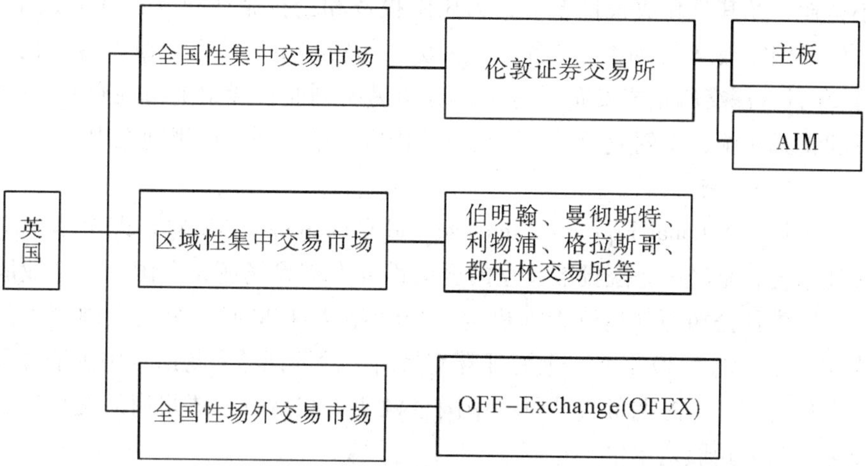

图 3-2　英国资本市场体系结构

具备条件到东京交易所上市交易的证券，这 7 家地区性市场构成日本的二板市场。

3. 场外交易市场

场外交易市场包括店头证券市场和店头股票市场，在此交易的公司规模不大但很有发展前途，其中店头市场的债券交易市场占了日本证券交易的绝大部分。

五、中国多层次资本市场的发展现状

我国资本市场从 20 世纪 90 年代发展至今，现由场内市场和场外市场两部分构成。场内市场的主板（含中小板）、创业板（俗称二板）和场外市场的全国中小企业股份转让系统（俗称新三板）、区域性股权交易市场、证券公司主导的柜台市场共同组成了我国多层次资本市场体系。

（一）主板市场

主板市场也称为一板市场，是一个国家或地区证券发行、上市及交易的主要场所。主板市场对发行人的营业期限、股本大小、盈利水平、最低市值等方面的要求标准较高，上市企业多为大型成熟企业，具有较大的资本规模以及稳定的盈利能力。

中国大陆主板市场的公司在上交所和深交所两个市场上市。主板市场是资本市场中最重要的组成部分，很大程度上能够反映经济发展状况，有国民经济“晴雨表”之称。

2004 年 5 月，经国务院批准，中国证监会批复同意深圳证券交易所在主板市场内设立中小企业板块。从资本市场架构上也从属于一板市场。

（二）二板市场

二板市场又称为创业板市场（Growth Enterprises Market，GEM），是地位次于主板市场的二级证券市场，在中国特指深圳创业板。二板市场在上市门槛、监管制度、信息披露、交易者条件、投资风险等方面和主板市场有较大区别。其目的主要是扶持中小企业，尤其是高成长性企业，为风险投资和创投企业建立正常的退出机制，为自主创新国家战略提供融资平台，为多层次的资本市场体系建设添砖加瓦。2012年4月20日，深交所正式发布《深圳证券交易所创业板股票上市规则》，并将于5月1日起正式实施，将创业板退市制度方案内容，落实到上市规则之中。

（三）三板市场

三板市场（National Equities Exchange and Quotations，NEEQ）即全国中小企业股份转让系统，是经国务院批准设立的全国性证券交易场所，全国中小企业股份转让系统有限责任公司为其运营管理机构。2012年9月20日，公司在国家工商总局注册成立，注册资本30亿元。上海证券交易所、深圳证券交易所、中国证券登记结算有限责任公司、上海期货交易所、中国金融期货交易所、郑州商品交易所、大连商品交易所为公司股东单位。

（四）四板市场

四板市场是区域性股权交易市场，是为特定区域内的企业提供股权、债券的转让和融资服务的私募市场，一般以省级为单位，由省级人民政府监管。四板市场是我国多层次资本市场的重要组成部分，亦是中国多层次资本市场建设中必不可少的部分。对于促进企业特别是中小微企业股权交易和融资、鼓励科技创新和激活民间资本、加强对实体经济薄弱环节的支持，具有积极作用。

目前全国建成并初具规模的区域股权市场有青海股权交易中心、天津股权交易所、齐鲁股权托管交易中心、上海股权托管交易中心、武汉股权托管交易中心、重庆股份转让系统、前海股权交易中心、广州股权交易中心、浙江股权交易中心、江苏股权交易中心、大连股权托管交易中心、海峡股权托管交易中心等十几家股权交易市场。

第三节　实训项目

项目一　资金需要量预测实训

实验名称：资金需要量预测

实验类型：验证型

实验目的与要求：

1. 熟悉资金需要量的预测方法。

2. 能结合实际对企业的资金需要量进行较为准确的判断和估计。

实验内容：

（一）高低点法预测资金需求量

【实训资料】

某企业统计近 4 年数据销售量与资金占用量，如表 3-1 所示。

表 3-1　　业务量与资金占用量相关数据

期限	第 1 年	第 2 年	第 3 年	第 4 年
业务量 x（件）	1 000	1 200	1 100	1 280
资金占用总额 y（元）	600	661	629	684

【实训要求】

根据上述资料，应用高低点法预测销售收入为 1 250 件时的资金占用总额。

【思路指导】

高低点法是利用代数式 $y=a+bx$，选用一定历史资料中的最高业务量与最低业务量的资金占用（需要）量 Δy，与两者产销量之差 Δx 进行对比，关键在于对于高点和低点的选择。

（二）回归直线法预测资金需求量

【实训资料】

资料 1

1. 某企业 2011—2015 年的产销数量和资金占用数量的历史资料如表 3-2 所示，该企业 2016 年预计产销量为 95 000 件。

表 3-2　　产销量与资金变化情况表

年度	产销量 X（万件）	资金占用量 Y（万元）
2011	8.0	650
2012	7.5	640
2013	7.0	630
2014	8.5	680
2015	9.0	700

资料 2

2. 某企业历年产销量和资金变化情况，如表 3-3 所示。

表 3-3　　产销量与资金变化情况表

年度	产销量 X（万件）	资金占用量 Y（万元）
2010	120	100
2011	110	95
2012	100	90
2013	120	100
2014	130	105
2015	140	110

【实训要求】

1. 根据实训资料 1，完成下列任务：

（1）采用高低点法计算该企业 2016 年的资金需要量；

（2）采用回归分析法计算该企业 2016 年的资金需要量；

（3）说明两种方法预测的 2016 年资金需要量出现差异的原因。

2. 根据实训资料 2，完成下列任务：

（1）建立资金需要量预测模型；

（2）将计算结果填入表 3-4 回归方程计算表中；

（2）2016 年预计销售量 150 万件，计算 2016 年资金需要量。

表 3-4　　回归方程计算表

年度	产销量 X_i万件	资金占用 Y_i万元	X_iY_i	X_i^2
2010				
2011				
2012				
2013				
2014				
2015				
合计 n=	$\sum X_i$ =	$\sum Y_i$ =	$\sum X_iY_i$ =	$\sum X_i^2$ =

【思路指导】

回归直线法是根据一定期间业务量和混合成本的历史资料确定反映业务量与混

合成本关系的回归直线。一般回归方程需要近期 3~5 年资料分析确定混合成本中变动成本和固定成本，从而建立回归方程。

（三）销售百分比法预测资金需求量

【实训资料】

蓉汇公司是一家汽车配件生产商。公司 2014 年年末有关资产负债表（简表）项目及其金额如表所示（金额单位为亿元）。

表 3-5 蓉汇公司 2014 年末有关资产负债表

资产		负债与所有者权益	
1. 现金	2	1. 应付账款	8
2. 应收账款	8	2. 长期借款	12
3. 存货	6	3. 实收资本	4
4. 非流动资产	13	4. 留存收益	5
合计	29	合计	29

公司营销部门预测，随着中国汽车行业的未来增长，2015 年公司营业收入将在 2014 年 20 亿元的基础上增长 30%。财务部门根据分析认为，2015 年公司销售净利率（净利润/营业收入总额）能够保持在 10%的水平；公司营业收入规模增长不会要求新增非流动资产投资，但流动资产、流动负债将随着营业收入的增长而相应增长。公司计划 2015 年外部净筹资额全部通过长期借款解决。

公司经理层将上述 2015 年度有关经营计划、财务预算和筹资规划提交董事会审议。根据董事会要求，为树立广大股东对公司信心，公司应当向股东提供持续的投资回报。每年现金股利支付率应当维持在当年净利润 80%的水平。为控制财务风险，公司拟定的资产负债率"红线"为 70%。假定不考虑其他有关因素。

【实训要求】

根据上述资料，完成下列实训任务：

1. 按照销售百分比法分别计算蓉汇公司 2015 年为满足营业收入 30%的增长所需要的流动资产增量和外部净筹资额。

2. 判断蓉汇公司经理层提出的外部净筹资额全部通过长期借款筹集的筹资战略规划是否可行，并说明理由。

【思路指导】

1. 注意划分敏感性性资产和敏感性负债。例如，现金、应付账款等都是敏感性的资产和负债，会随着销售的增长同比发生变化。

2. 结合财务指标分析，由于资产负债率“红线”为70%，从而确定该公司的筹资中如果全部通过借款公司的资产负债率是否会高于70%，由此判断是否可行。

（四）逐项分析法预测资金需求量

【实训资料】

1. 甲企业2015年12月31日资产负债表（简表），如表3-6所示。

表3-6 **资产负债表（简表）2015年12月31日** 单位：万元

资产		负债和所有者权益	
现金	750	应付费用	1 500
应收账款	2 250	应付账款	750
存货	4 500	短期借款	2 750
固定资产净值	4 500	公司债券	2 500
		实收资本	3 000
		留存收益	1 500
资产合计	12 000	负债和所有者权益合计	12 000

该企业2016年的相关预测数据为：销售收入20 000万元，新增留存收益100万元；不变现金总额1 000万元，每元销售收入占用变动现金0.05元，其他与销售收入变化有关的资产负债表项目预测数据如表3-7所示。

表3-7 **现金与销售收入变化情况表**

项目	年度不变资金（a）（万元）	每元销售收入所需变动资金（b）（元）
应收账款	570	0.14
存货	1 500	0.25
固定资产净值	4 500	0
应付费用	300	0.1
应付账款	390	0.03

2. 乙企业历史上现金占用与销售收入之间的关系，如表3-8所示。

表3-8 **现金与销售收入变化情况表** 单位：元

年度	销售收入（X_i）	现金占用（Y_i）
2011	2 000 000	110 000
2012	2 400 000	130 000
2013	2 600 000	140 000
2014	2 800 000	150 000
2015	3 000 000	160 000

存货、应收账款、流动资金、固定资产等也可根据历史资料做这样的划分，然

后汇总列于表 3-9。

表 3-9　　资金需要量预测表（分项预测）　　单位：元

项目	年度不变资金（a）	每一元销售收入所需变动资金（b）
流动资产 现金 应收账款 存货 小计	— 1 000 60 000 100 000 170 000	 A 0. 14 0. 22 B
减：流动负债 应付账款及应付费用 资金占用	— 80 000 90 000	— 0. 11 C
固定资产 厂房、设备	 510 000	 0
所需资金合计	D	E

【实训要求】

1. 根据甲企业资料，完成下列任务：

（1）按步骤建立总资金需求模型；

（2）测算 2016 年资金需求总量；

（3）测算 2016 年外部筹资量。

2. 根据乙企业资料，完成下列任务：

（1）填制表中空白数据 ABCDE；

（2）根据表 3-9 中的资料得出预测模型；

（3）如果 2016 年的预计销售收入为 3 500 000 元，计算 2016 年的资金需求总量。

【思路指导】

1. 根据各个资金占用项目以及各个资金来源项目同产销量之间的关系，利用高低点等方法分别确定各个项目的资金习性模型，$Y=a+bX$。

2. 建立资金总额习性模型：$\sum Y = \sum a + \sum bX$。其中：

（1）不变资金总额（$\sum a$）= $\sum$ 各项资产的不变资金占用额- $\sum$ 各项经营负债的不变资金来源额

（2）单位变动资金（$\sum b$）= $\sum$ 各项资产的单位变动资金占用额- $\sum$ 各项经营负债的单位变动资金来源额

（3）预计资金需要量（$\sum Y$）= $\sum a + \sum bX$ =预计资产总额-预计经营负债

项目二　银行贷款筹资实训

实验名称：银行贷款筹资

实验类型：综合型

实验目的与要求：

1. 掌握企业负债筹资的渠道和方式。

2. 了解企业申请银行借款需要具备的资格和条件以及应准备的资料。

实验内容：

（一）某小企业申请银行贷款案例

【实训资料】

西昌某村镇银行关于A公司贷款申请的调查资料如下：

西昌某村镇银行是由大连银行发起、政府主要参股，经中国银行业监督管理机构批准设立的股份制银行，于2010年6月6日正式成立，是四川省三州地区成立的第一家村镇银行。西昌某村镇银行的设立对解决凉山州农村金融机构覆盖率低、金融供给不足、金融服务缺位等问题起到了积极的推动作用。西昌某村镇银行紧紧围绕“服务‘三农’、服务中小企业、服务地方经济”的市场定位，打造了“经营方式活、决策链条短、工作效率高、产品创新快”的服务特色，开业以来累计发放贷款15亿元，支持了671户贷款户，为西昌14个乡镇、33个村的263个农户以及25户乡镇企业提供了金融服务。2011年，西昌某村镇银行荣获“四川省生产性服务业示范企业”称号，四川省仅有两家银行机构获此称号，西昌某村镇银行也是凉山州唯一一家获此殊荣的企业。

A公司位于西昌市小庙乡袁家山村九组，注册资本378万元，法定代表人王某，经营范围：为国内外提供劳务派遣服务，机械设备租赁、维修、安装（除特种设备）；新型材料（指加气混凝土砌砖、免烧砖）生产、加工、销售；有色金属、黑色金属、黑色金额属、化工原料（不含危险化学品）的销售。现与客户签订了石灰和煤炭购销合同，需要大量资金购买原材料保证产品供应，除自有资金外，该公司向某村镇银行申请贷款150万元，用于购买原材料，期限1年，担保方式为成都某担保有限公司保证担保，贷款到期用公司销售收入归还贷款本息。该行对借款人进行了尽职调查，现将调查情况报告如下：

（一）借款人的基本情况

1. 借款人概况

表3-10　　A公司基本概况

企业名称	A公司
成立时间	2008年6月30日

表3-10(续)

企业名称	A公司
企业性质	有限责任公司
所属行业	批发、零售业
企业地址	西昌市小庙乡袁家山村九组
注册资本	378万元
实收资本	378万元
主营业务	机械设备租赁、维修、安装（除特种设备）；新型材料（指加气混凝土砌砖、免烧砖）生产、加工、销售
法定代表人	××
贷款卡号	* * * * * * * * * * * * * * * *
组织机构代码	* * * * * * * * —*
税务登记证号	* * * * * * * * * * * * * * *
营业执照号	* * * * * * * * * * * * * *

2. 借款企业法定代表人基本情况

借款企业借款人法定代表人王某，男，36岁，大学本科文化，1996年在内蒙古通辽市经营粮食贸易，积存30万元资金后，在1998—2000年承包凉山州中药材公司第五经营部经营药品批发，2001年在越西县经营建材批发，2002—2006年先后经营甘孜州人大酒店、西昌市西部宾馆、攀枝花西部宾馆、西昌市华夏宾馆、五洲宾馆、恒源招待所、银河宾馆、月光宾馆等。2006年底开始筹建A公司，A公司于2008年8月底开业，总投资约1 100万元。

3. 借款人股份构成及出资情况

表3-11　　A公司股份构成及出资情况　　单位：万元

股东名称	出资金额	股份占比
××	302.4	80%
××	75.6	20%

（二）借款人经营情况

借款人主要从事机械设备租赁、维修、安装（除特种设备）；新型材料（指加气混凝土砌砖、免烧砖）生产、加工、销售，产品原材料主要从××进货，加工成产品后销售××有限公司等多家公司。从2010年经营情况看，借款人年销售收入1 021万元，营业利润205万元。截至2011年10月销售收入1 561万元，利润总额245万元，经营情况正常。经实地调查，借款人的存货价值200多万元。

（三）财务状况分析

1. 借款人基本财务情况

表 3-12　　A 公司连续三年及近期资产负债表　　单位：万元

科目	2008 年	2009 年	2010 年	2011. 10
货币资金	31	1	43	55
应收票据	—	—	—	—
应收账款	575	0	172	132
其他应收款	3	3	5	5
预付账款	—	31	300	200
存货	0	102	283	235
流动资产合计	609	139	806	631
固定资产	188	556	529	811
在建工程	—	1	20	—
无形资产	—	—	—	—
资产总计	797	713	1 337	1 445
短期借款	200	11	290	230
应付票据	—	—	—	—
应付账款	373	26	35	45
预收账款	—	0	20	20
应交税费	—	—	—	—
其他应付款	2	24	283	281
流动负债合计	575	66	629	576
长期借款	—	—	—	—
长期应付款	—	—	—	—
负债合计	575	66	629	576
实收资本	30	50	378	378
盈余公积	—	—	—	—
未分配利润	192	16	78	238
所有者权益合计	222	646	708	868

表 3-13　　A 公司连续三年及近期利润表　　单位：万元

科目	2008 年	2009 年	2010 年	2011. 10
一、主营业务收入	121	881	1 021	1 561
主营业务成本	82	732	803	1 303
主营业务税金及附加	2	6	8	8

表3-13(续)

科目	2008 年	2009 年	2010 年	2011. 10
二、主营业务利润	37	143	210	250
加：其他业务利润	—	—	—	—
减：营业费用	1	5	7	7
管理费用	1	1	1	1
财务费用	2	3	4	4
三、营业利润	34	140	205	245
加：投资收益	—	—	—	—
补贴收入	—	—	—	—
营业外收入	—	—	—	—
减：营业外支出	—	—	—	—
四、利润总额	34	140	205	245
减：所得税	3	1	1	1
五、净利润	31	139	204	244

2. 借款人财务指标分析

表 3-14　　**A 公司近三年财务能力分析**　　单位：万元

指标类型	指标名称		2008 年	2009 年	2010 年
偿债能力	短期	流动比率	105.91%	210.61%	128.14%
		速动比率	105.91%	56.06%	83.15%
	长期	资产负债率	72.15%	9.26%	47.05%
		利息保障倍数	17 倍	47 倍	51 倍
盈利能力	净资产收益率		—	8.01%	7.53%
	总资产报酬率		—	4.64%	5.00%
运营能力	总资产周转率		—	29.17%	24.90%
	流动资产周转率		—	58.89%	54.02%
发展能力	销售增长率		—	628.10%	15.89%
	资本积累率		—	190.99%	9.60%

（四）借款用途及资金缺口分析

借款人向某村镇银行申请短期流动资金贷款 150 万元，用于公司购买原材料流动资金。现对借款人流动资金缺口分析如下：

表 3-15　　A 公司流动资金短期贷款增加测算表　　单位：万元

企业名称：A 公司					
营销部门：业务拓展部					
计划期年度：2011 年					
基期销售收入总额					1 021
基期销售总成本					803
基期利润总额					205
计划期收入增长率（%）					0.60
周转指标测算					
指标名称	年初余额	年末余额	平均余额	周转次数	周转天数
应收账款	0	172	86	11.87	30.32
存货	102	283	193	4.17	86.30
预付账款	31	300	166	4.85	74.20
预收账款	0	20	10	102.10	3.53
应付账款	26	35	31	26.33	13.67
流动资金贷款增加量测算					
计划期运营资金需求量	—	—	—	—	630
基期流动资产总额	—	—	—	—	806
基期流动负债总额	—	—	—	—	629
基期运营资金总额	—	—	—	—	177
基期企业自有流动资金	—	—	—	—	177
基期流动资金贷款	—	—	—	—	290
基期其他资金来源	—	—	—	—	0
基期流动资金来源总计	—	—	—	—	467
可增加流动资金短期贷款额度	—	—	—	—	163
特殊增减调整事项说明：					

注：本表以 2010 年年报表测算今年预期流动资金情况，可增加流动资金贷款额度为 163 万元。

（五）担保情况

借款人向某村镇银行申请短期流动资金贷款 150 万元，申请由成都某担保有限公司保证担保，担保人已于 2010 年 12 月 23 日和某村镇银行签订担保合同，担保期限三年（2010 年 12 月 1 日—2013 年 12 月 1 日），担保金额 200 万元。成都某担保有限公司为某村镇银行签约担保机构，具有合法有效的担保能力。

（六）融资及信用状况

借款人基本账户在商行营业部开户。从借款人2011年12月19日提供企业信用报告可以看出，借款人在商业银行攀西支行有贷款290万元，目前余额230万元，无不良信用记录；从借款人的法定代表人2011年12月19日提供的个人信用报告可以看出借款人无银行借款，无不良记录。

【实训要求】

根据上述实训资料，完成下列任务：

1. 根据A公司相关资料分析银行贷款的风险及可以采取的防范措施。

2. 你认为银行是否会批准该笔贷款？说明理由。

3. A公司还可以通过哪些方式获得所需流动资金？

【思路指导】

1. 从A企业提供给银行的财务报表中财务指标分析企业可能存在的风险。特别关注的是偿债能力分析。如资产负债率、流动比率等，并通过连续几年企业指标的变化判断企业变化趋势。

2. 从银行对贷款程序、贷款人的审查以及提供相应资料完备准确性等方面来分析是否符合要求来确定是否进行贷款。

3. 公司的筹资渠道和筹资方式是多元化的，可结合筹资渠道和方式的具体内容进行分析。

（二）某水利水电工程公司的银行贷款

【实训资料】

XC水利水电工程公司（以下简称XC公司）的银行贷款资料如下：

XC公司主要从事水利水电工程施工、水电安装、民用建筑、基础处理、金属结构制作安装和河道疏浚等工作。公司注册资本5 568万元，属国家投资的有限责任公司。该公司具有国家水利水电工程施工总承包一级资质，省公路工程施工总承包二级资质，工民建三级资质，公司施工能力强，具有独特的行业优势。

截至2005年6月，公司实现销售收入10 191万元，销售利润1 225万元，毛利率12%，净利润755万元，盈利状况较好。公司总资产为15 940万元，净资产为9 180万元，资产负债率为42.4%，资本结构较合理，公司的短期偿债能力较强，财务风险较低。

由于资金短缺，XC公司以某公司为担保人，向南昌商业银行某支行申请流动资金贷款3 000万元，限期1年，用于工程施工投标和工程施工。附XC公司报表（见表3-16、表3-17）。

表 3-16

资产负债变动简表

2005 年 6 月 30 日

单位：万元

科目	本期	上年末	差异	
			金额	%
货币资金	4 605	4 819		
应收票据	1 976	2 178		
应收账款	2 936	3 212		
其他应收款	161	208		
存货	2 191	2 795		
流动资产合计	11 809	13 212		
长期投资	88	8		
固定资产原值	8 028	8 172		
减：累计折旧	3 985	3 808		
在建工程	–	–		
资产总计	15 940	17 539		
短期借款	–	–		
应付票据	191	314		
预收账款	2 077	4 920		
应付账款	1 381	1 263		
其他应付款	2 023	1 891		
应交税金	-12	26		
流动负债合计	5 660	8 414		
长期借款	1 100	1 100		
负债合计	6 760	9 514		
实收资本	5 568	5 568		
资本公积	2 387	1 987		
未分配利润	1 225	470		
所有者权益合计	9 180	8 025		

表 3-17　　损益变动简表

2005 年 6 月 30 日　　单位：万元

科目	本期	上年同期	差异	
			金额	%
一、产品销售收入	10 191	12 580		
减：销售成本	8 653	10 711		
销售税金	313	302		
二、产品销售利润	1 225	1 567		
加：其他业务利润	-	-		
减：管理费用	400	600		
财务费用	-29	-36		
销售费用	85	60		
三、营业利润	769	943		
加：投资收入	-	-		
补贴收入	-	-		
营业外收入	-	-		
减：营业外支出	14	19		
四、利润总额	755	924		
减：所得税	-	-		
五：净利润	755	924		

【实训要求】

根据上述资料，完成下列任务：

1. 贷款申请人是否具备信用主体资格？
2. 贷款申请人应向银行提供哪些资料？
3. 分析 XC 公司的财务风险，判断其是否具有偿债能力。
4. 你认为银行是否应贷款给 XC 公司？说明理由。
5. XC 公司还可以通过哪些方式获得所需资金？

【思路指导】

同上。

项目三 股权筹资实训

实验名称：股权筹资

实验类型：验证型

实验目的与要求：

1. 了解股份公司的设立。
2. 了解股票上市的条件。
3. 掌握普通股筹资的特点。

实验内容：

【实训资料】

武汉健民药业集团股份有限公司（以下简称武汉健民）成立于1953年6月1日，是在具有360多年经营历史的中国最古老的四大中药店之一的叶开泰参药店的基础上组建的。与国内中成药制药企业相比，武汉健民拥有全国驰名商标和国家一级中药保护品种，具有历史悠久的品牌影响力。公司生产“龙牡壮骨颗粒”“健民咽喉片”等拳头产品。公司主营业务为中成药的研发、生产和销售，重点开发小儿用药、老年用药和重大疑难病症用药。公司拥有包括龙牡壮骨颗粒、健民咽喉片、健脾生血颗粒等在内的名牌产品系列，其中龙牡壮骨颗粒是国家首批三个一级中药保护品种之一。1998年，武汉健民药业的“龙牡”牌商标多次被评为湖北省著名商标。1999年4月，在湖北省入选国家首次编制的《全国重点商标保护名录》的四个品牌中，“健民”牌是唯一的医药产品商标，同年，“健民”牌商标被认定为中国驰名商标。公司是国家计委确定的全国中成药小儿用药生产基地、国家经贸委确定的全国512户重点企业之一、武汉市科委认定的高新技术企业。公司近年来相继荣获“全国质量效益型先进企业”“全国中药行业优秀企业”“全国工业500强”和“行业50强”等荣誉称号，1999年4月，公司被授予国家级最高企业荣誉称号“全国五一劳动奖状”。

1993年3月18日，经武汉市经济体制改革委员会批准，在对武汉市健民制药厂整体改制的基础上，由武汉市健民制药厂作为主发起人，联合中国药材公司（已更名为中国药材集团公司）和中国医药公司（已更名为中国医药集团总公司）共同发起，以定向募集方式设立股份公司。

设立时总股本为3 465.93万股，其中：武汉市健民制药厂以经评估确认的经营性净资产52 192 710.00元，按1.647∶1的比例折为国有股本3 169.93万股；中国药材公司以与武汉健民制药厂联营的经评估确认的经营性净资产296万元，按1.647∶1折为法人股180万股；中国医药公司以现金200万元按2∶1的比例认购法人股100万股；其他法人股东按2∶1的比例认购法人股16万股。

1996 年 12 月 31 日被湖北省经济体制改革委员会出具的鄂体发〔1996〕601 号文确认为规范化的股份有限公司，并确认公司总股本为 4 169.93 万股，其中国家股 3 169.93 万股，占总股本的 76.02%；法人股 580 万股，占总股本的 13.91%；内部职工股 420 万股，占总股本的 10.07%。公司于 1997 年 1 月 28 日在武汉市工商行政行政管理局依法办理了重新注册登记手续，同时更名为“武汉健民药业集团股份有限公司”。

2004 年 3 月，经中国证券监督管理委员会核准，同意公司向社会公开发行人民币普通股股票 3 500 万股，变更后的公司注册资本为 76 699 300.00 元，其中：国家股 1 702.93 万股，占总股本的 22.22%；法人股 2 067 万股，占总股本的 26.95%；内部职工股 400 万股，占总股本的 5.22%；社会公众股 3 500 万股，占总股本的 45.63%。2004 年 4 月 19 日起在上海证券交易所上市交易，证券简称为“武汉健民”，证券代码为“600976”。公司于 2004 年 5 月 27 日完成工商变更登记。

本次发行前，股份公司发起人及持股 5%以上的主要股东为武汉国有资产经营公司、河南羚锐制药股份有限公司、华立产业集团有限公司、武汉市虹惠科技发展有限公司、武汉开元科技创业投资有限公司、中国药材集团公司、中国医药集团总公司。

本次募集资金投入：①颗粒剂生产线技改项目；②片剂、胶囊剂生产线及配套前处理、仓储技改项目；③中药外用药开发生产基地建设项目；④液体制剂生产线技改项目；⑤武汉健民集团随州制药公司片剂及新药慢肝宁产业化项目等。

武汉健民的成功上市，是武汉健民发展史上一座十分重要的里程碑，它为公司的进一步发展创造了良好的机遇和条件。公司本次发行募集资金提高了公司的竞争能力，具体体现在以下几个方面：

（1）通过健民系列优质中药龙牡壮骨颗粒、健脾生血颗粒、便通胶囊、慢肝宁胶囊等高技术产业化；

（2）通过建立我国华中地区道路中药材基地，保证药材质量符合规定，促进公司实现可持续发展；

（3）系统集成湖北省乃至国内外最新的科研成果，为企业实现持续高速发展提供源源不断的品种和技术支撑，实现健民的可持续发展，增强企业核心竞争能力；

（4）实施药品零售企业连锁经营，加强公司在市场终端的实力，建立和完善信息中心系统，保持物流、资金流和信息流的畅通，实现规模化、集约化经营，提高公司的市场控制力，壮大集团公司的竞争实力。

【实训要求】

根据上述资料，回答以下问题：

1. 武汉健民药业集团股份有限公司的设立和资金的募集是否符合法律的规定？请说明理由。

2. 武汉健民药业集团股份有限公司的上市为该公司带来哪些好处?

3. 本次募集的资金，其投放、使用是否符合法律规定? 请说明理由。

【思路指导】

1. 股份有限公司的设立和资金的募集及使用,《中华人民共和国证券法》《中华人民共和国公司法》以及相关细则和办法的规定，可以根据相关法律规定和公司具体的资料结合分析。

2. 股份有限公司的上市为公司带来的好处可以从扩展公司筹资渠道与方式、便于股权流通和转让、公司价值的确定等方面分析。

项目四　可转换债券筹资实训

实验名称：可转换债券筹资

实验类型：验证型

实验目的与要求：

1. 理解可转换债券的特点和基本要素。

2. 了解可转换债券的发行。

3. 掌握可转换债券筹资的特点。

实验内容：

【实训资料】

资料 1

万科发行可转换债券

万科前身为成立于1984年5月的深圳市现代企业有限公司，1988年11月，深圳市现代企业有限公司改制为深圳市万科企业股份有限公司。公司股本总额为41 332 680股，注册资本为人民币41 332 680万元。1988年12月，公司公开向社会发行股票2 800万股，募集人民币2 800万元，公司资产及经营规模迅速扩大。1991年1月29日公司A股在深圳证券交易所挂牌交易，股票简称“深万科A”，证券代码002（2001年11月深交所代码升位后为000002）。

万科以房地产为核心业务，主要从事中高档精品住宅的开发，产品形式以低密度的多层和小高层为主，辅以高层、别墅等多种形式。公司选择深圳、上海、北京、天津、沈阳、成都、武汉、南京、长春、南昌等经济发达、人口众多的大城市进行住宅开发。

2001年成功转让了深圳市万佳百货股份有限公司股权之后，万科全在完成了专业化调整战略，成为单一业务的房地产集团。规划设计、物业管理、品牌、跨地域经营，可利用的土地资源是万科的优势，而施工管理协调、费用控制则相对较弱。

虽然发展势头一直很好，但是2001年中期万科现金流量已经出现负值，达到-7.25亿元。如何才能填补这个资金缺口？

其实早在2000年年末，万科董事会就拟向华润集团定向增发4.5亿股B股，发行价定为4.2港元/股，融资额达20亿港元。但方案最终流产，事后分析主要是原因还是在于华润集团考虑到国内A股市场平均市盈率太高，A、B股差价太大，决定放弃认购。2001年7月，董事会通过决议发行可转换债券。

本次可转换债券发行前，截至2001年12月31日，公司总股本为630 971 941股，其中非流通股110 504 928股，占总股本的17.51%，流通股520 467 013股，占总股本的82.49%。本次发行前公司的股本结构如表3-18所示。

表3-18　　公司的股本结构

股份类别	股份数量（股）	股份比例（%）
尚未流通股份	110 504 928	17.51
已流通股份	520 467 013	82.49
股份总数	630 971 941	100.00

本次可转换债券发行前，截至2001年12月31日，公司总股本为630 971 941股，其中非流通股份110 504 928股，占总股本的17.51%，流通股520 467 013股，占总股本的82.49%。本次发行前公司股本结构如表3-19所示。

表3-19　　万科发行可转换债券前的股本结构

股份类别	股份数量（股）	股份比例（%）
一、尚未流通股份		
1. 国家拥有股份	52 750 318	8.36
2. 募集法人股	57 754 610	9.15
尚未流通股份合计	110 504 928	17.51
二、已流通股份		
1. 境内上市的人民币普通股	398 711 877	63.19
其中：高管股份	580 196	
2. 境内上市的外资股	121 755 136	19.30
已上市流通股份合计	520 467 013	82.49
三、股份总数	630 971 941	100.00

本次万科可转换债券发行采取网上定价的方式，发行总额为15亿元，为期5年，从2002年6月13日开始计息，年利率1.5%。2003—2007年每年的6月12日

为付息登记日。初始转股价为12.10元，转股期自发行首日后6个月至债券到期日至，即2002年12月13日—2007年6月12日。

可转换债券于2002年起正式发行。本次万科可转换债券发行采取网上定价的方式，发行总额为15亿元，发行价格为每张100元，为期5年，从2002年6月13日开始计息，转股期自发行首日后6个月至债券到期日为止，即2002年12月13—2007年6月12日。

2002年6月28日，万科可转换债券上市。万科顺利融资，很好地弥补了资金的缺口。

对于万科来说，本次可转换债券的发行规模为15亿元，充分考虑了公司现有的偿债能力、可转换债券发行后对公司财务指标的影响，全部转股后股本扩张对公司业绩摊薄的压力等综合因素，兼顾了各方利益。从表3-20可以看出，发行可转换债券后，万科在筹集至巨额资金的同时，一方面公司保持了足够的偿债能力，另一方面将使公司充分利用财务杠杆而提高收益水平。

表3-20　万科可转换债券发行前后和全部转股后对相关指标的影响

相关指标	发行前	发行后	全部转股后
资产总额（元）	6 482 911 630.82	7 982 911 630.82	7 982 911 630.82
负债总额（元）	3 356 829 340.71	4 856 829 340.71	3 356 829 340.71
资产负债率（%）	51.78	60.84	42.05

资料2

万科企业股份有限公司可转换公司债券上市公告书

1. 发行规模、上市规模、期限、票面金额、利率和付息日期、转换年度有关利息的归属、股利分配办法

（1）发行规模：150 000万元；上市规模：150 000万元。

（2）期限：本次万科转债期限为5年，自2002年6月13日（发行首日）起，至2007年6月13日（到期日）止。

（3）票面金额：万科转债每张面值100元。

（4）利率：万科转债票面年利率为1.5%

（5）付息日期：可转换公司债券每半年或一年付息一次；到期后5个工作日内偿还未转股债券的本金及最后一期的利息。万科可转换债券利息每年支付一次。本次发行的万科可转换债券计息起日为可转换公司债券发行首日，即2002年6月13日（计息日）。转股期内每年的6月13日为该付息年计息日。付息登记日为每年“计息日”的前一个交易日。

在付息登记日当日深圳证券交易所收市后，登记在册的万科可转换债券持有人

(以中国证券登记结算有限责任公司深圳分公司提供的名册为准）均有权获得当年的万科可转换债券利息。若付息登记日不是交易日，则以付息登记日前一个交易日深圳证券交易所收市后的登记名册为准。公司将在付息登记日之后5个交易日之内支付当年利息。

在付息登记日当日申请转股以及已转股的万科可转换债券，无权再获得当年及以后的利息。

每位持有人当年应得的利息等于该持有人在付息登记日深圳证券交易所收市后持有的万科可转换债券票面总金额乘以票面利率，结果精确到“分”。

公司将委托深圳证券交易所按上述办法通过其清算系统代理支付万科可转换债券的利息，届时利息将由系统自动划入万科可转换债券持有人的资金账户。则此利息收入而引致的应缴税费，由可转换债券持有人自行负担。

（6）转换年度有关利息的归属及股利分配办法：在付息登记日当日申请转股以及已转股的万科可转换债券，不能再获得当年及以后的利息，但与公司发行在外的人民币普通股股东享有同等权益。

2. 转股价格及其确定、调整方法，转股的起止时期，转股价格修正条款

（1）转股价格及其确定：万科可转换债券初始转股价格为12.10元/股，以公布募集说明书前30个交易日“万科A”股股票平均收盘价格11.86元为基准，上浮2%。

（2）转股价格调整方法：在本次发行之后，当公司派发红股、转增股本、增资扩股（不包括可转换债券转换的股本）、配股、派息等情况使股份或股东权益发生变化时，转换价格按下述公式调整，并予以公告。

设初始转股价为P_0，送股率为n，增发新股或配股率为k，增发新股价或配股价为A，每股派息为D，调整转股价为P。

送股或转增股本：$P=P_0/(1+n)$

增发新股或配股：$P=(P_0+Ak)/(1+k)$

两项同时进行：$P=(P_0+Ak)/(1+n+k)$

派息：$P=P_0-D$。

因公司分立或合并以及其他原因引起股份变动的，公司将依照万科可转换债券持有人和现有股东在转股价格高速前后依据转股价格计量的股份享有同等权益的原则。转股价格调整日为转股申请日或之后、转换股份登记日之前，该类转股申请按调整后的转股价格执行。

（3）转股的起止时期：万科可转换债券的转股期自发行之日起（2002年6月13日）6个月后的第一个交易日（2002年12月13日）起（含当日），至万科转债到期日（2007年6月13日）前一个交易日止（含当日）。

（4）转股价格修正条款：为了保护万科可转换债券持有人的利益，避免转股价格过高地偏离公司股票的实际价格，公司将在不违反任何当时生效的法律法规的前

提下，在万科可转换债券的存续期间修正转股价格，但修正后的转股价格不低于公司普通股的每股净资产和每股票面值。

4. 赎回条款

（1）到期赎回

到期赎回即到期还本付息。可转换公司债券到期末转换的，公司将按照可转换公司债券募集说明书的约定，于期满后5个工作日内偿还本息。

在万科可转换债券到期日之后的5个交易日内，公司将按面值加上应计利息偿还所有到期未转换的万科转换债券。

公司将委托常事证券交易所通过其清算系统代理支付到期未转换股份的可转换债券的本息兑付。深圳证券交易所将直接记加到期可转换债券持有人相应的交易保证金，同时注销所有到期万科可转换债券。

（2）提前赎回

①有条件的提前赎回。

万科可转换债券发行后6个月内，公司不得赎回可转换债券。在万科转债发行6个月后的转股期间，如果公司A股股票收盘价连续30个交易日高于当期转股价的130%，则公司有权以面值加当年利息的价格赎回全部或部分未转换股份的可转换债券，若在30个交易日内发生过转股价格调整的情形，则在调整前的交易日按调整前的转股价格和收盘计算，在调整后的交易日按调整后的转股价格和收盘计算。当该条件满足时，则公司有权以面值加当年利息的价格赎回全部或部分未转换股份的可转换债券。

公司每年（付息年）可按约定条件行使一次赎回权。每年首次满足赎回条件时，公司可赎回部分或全部未转股的可转换公司债券。

若首次不实施赎回，在赎回条件满足后的5个工作日内在公司指定信息披露报刊和互联网网站连续发布三次赎回公告通知持有人有关该次赎回的各项事项，并在赎回日按约定条款进行赎回。

当公司决定执行全部赎回时，在赎回日当日所有登记在册的可转换债券将全部被冻结。当公司决定执行部分赎回时，对所有可转换债券持有人进行等比例赎回。每个可转换债券持有人的被赎回额按1 000元取整数倍赎回，不足1 000元的部分不予赎回；如某一可转换债券持有人按该赎回比例计算的赎回额不足1 000元，则该可转换债券持有人所持可转换债券不被赎回。

②提前赎回的手续。

公司将委托深圳证券交易所通过其清算系统代理支付赎回款项。公司将在赎回日之后的3个交易日内将赎回所需资金划入深圳证券交易所指定的资金账户。

深圳证券交易所将在赎回日后第5个交易日办理因赎回引起的清算、登记工作。赎回完成后，相应的赎回可转换债券将被注销，同时深圳证券交易所将按每位持有人应得的赎回金额记加持有人账户中的交易保证金。未赎回的万科可转换债券，于赎回日后第1个交易日恢复交易和转股。

5. 回售条款

（1）回售条款

①在万科可转换债券发行6个月后的转股期间，如果公司A股股票连续30个交易日的收盘价格低于当期转股价的70%时，万科可转换债券持有人有权将其持有的可转换债券全部或部分按面值102%（含当年利息）回售给公司。

万科可转换债券持有人每年（付息年）可按上述约定条件行使回售权一次，但若首次不实施回售的，当年不应再按上述约定条件行使回售权。

②万科可转换债券持有人申请回售的万科可转换债券面值总额必须是1 000元人民币的整数倍。

③公司将在每年首次满足前述回售条款约定之回售条件后的5个工作日内，在中国证监会指定报刊和互联网网站连续发布回售公告至少三次。回售公告将列明回售的程序、价格、付款方法、时间等内容。

（2）回售的手续

行使回售权的万科可转换债券持有人应在回售公告期满后的5个工作日内，通过深圳证券交易所通过其清算系统代理支付回售款项。公司将在回售申报期结束后的3个工作日内将回售所需资金划入深圳证券交易所指定的资金账户。

深圳证券交易所将在回售申报期结束后的第5个工作日内输回回售引起的清算、登记工作。回售完成后，相应的回售可转换债券将被注销，同时深圳证券交易所将按每位持有人应得的回售金额记加持有人账户中的交易保证金。未回售的万科可转换债券，于回售申报期结束后第1个交易日恢复交易和转股。

6. 附加回售条款

每当公司本次募集资金投向出现中国证监会规定或中国证监会认定为已改变了用途的情形时，公司将赋予万科可转换债券持有人一次附加回售的权利。万科转债持有人有权将其持有的可转换债券全部或部分按面值102%（含当年利息）回售给公司。万科可转换债券持有人行使该附加回售权不影响前述“回售”条款约定的回售权的行使。

公司将在公司股东大会通过变更募集资金使用用途的决议后5个工作日内，在中国证监会指定报刊和互联网网站连续发布回售公告至少三次。行使回售权的万科可转换债券持有人应在回售公告期满后的5个工作日内，通过深圳证券交易所交易系统进行回售申报。公司将在回售申报期结束后的3个工作日内将回售所需资金划入深圳证券交易所指定的资金账户。深圳证券交易所将在回申报期结束后的第5个工作日办理因回售引起的清算、登记工作。有关回售手续的详细内容参见前述“回售的手续”之相关内容。

7. 转股时不足一股金额的处理方法

公司约定万科可转换债券转股时不足一股的支付办法为：当债券持有人转股后

其账户中万科转换债券余额不足转换一股时，公司将在该种情况发生日后5个交易日内，以现金兑付该部分万科可转换债券的票面金额及利息。

8. 转换年度有关股利的归属

万科可转换债券持有人一经转股，该部分可转换债券不能享受当年利息（包括本付息年计息日至转股当日之间的利息），增加的股票将自动登记入投资者的股票账户。因万科可转换债券转股而增加的公司股票享有与原股票同等的权益，参与当年度股利分配，并可于转股后下一个交易日与公司已上市交易的股票一同上市交易流通。

【实训要求】

根据上述资料，回答以下问题：

1. 分析万科转债的特点和基本要素。
2. 为什么万科选择发行可转换债券筹资？
3. 本次可转换债券的发行对万科公司带来了什么影响？

【思路指导】

1. 与普通公司债券相比，可转换债券是一种附有“转换”条件的公司债券，其实质就是债券和股票买入期权相结合的混合金融工具。由于这种特殊“转换”的期权特性，使得可转换债券得以兼具债券、股票和期权三个方面的特征，可以从这个角度进行分析。

2. 可以从案例提供的资料中公司的资本结构的具体情况来进行分析。

3. 可转换债券的发行为上市公司带来的好处可以从扩展公司筹资渠道与方式、便于股权流通和转让、公司价值的确定等方面分析。

项目五　高科技企业筹资实训

实验名称：高科技企业筹资

实验类型：综合型

实验目的与要求：

1. 了解企业在创业板上市的条件。
2. 了解高科技企业的主要筹资方式。
3. 掌握高科技企业的筹资特点。

实验内容：

【实训资料】

资料 1

首次公开发行股票并在创业板上市管理办法（节选）

第二章　发行条件

第十一条　发行人申请首次公开发行股票应当符合下列条件：

（一）发行人是依法设立且持续经营三年以上的股份有限公司。有限责任公司按原账面净资产值折股整体变更为股份有限公司的，持续经营时间可以从有限责任公司成立之日起计算；

（二）最近两年连续盈利，最近两年净利润累计不少于一千万元；或者最近一年盈利，最近一年营业收入不少于五千万元。

净利润以扣除非经常性损益前后孰低者为计算依据。

（三）最近一期末净资产不少于二千万元，且不存在未弥补亏损。

（四）发行后股本总额不少于三千万元。

第十二条　发行人的注册资本已足额缴纳，发起人或者股东用做出资的资产的财产权转移手续已办理完毕。发行人的主要资产不存在重大权属纠纷。

第十三条　发行人应当主要经营一种业务，其生产经营活动符合法律、行政法规和公司章程的规定，符合国家产业政策及环境保护政策。

第十四条　发行人最近两年内主营业务和董事、高级管理人员均没有发生重大变化，实际控制人没有发生变更。

第十五条　发行人的股权清晰，控股股东和受控股股东、实际控制人支配的股东所持发行人的股份不存在重大权属纠纷。

第十六条　发行人具有完善的公司治理结构，依法建立健全股东大会、董事会、监事会以及独立董事、董事会秘书、审计委员会制度，相关机构和人员能够依法履行职责。

发行人应当建立健全股东投票计票制度，建立发行人与股东之间的多元化纠纷解决机制，切实保障投资者依法行使收益权、知情权、参与权、监督权、求偿权等股东权利。

第十七条　发行人会计基础工作规范，财务报表的编制和披露符合企业会计准则和相关信息披露规则的规定，在所有重大方面公允地反映了发行人的财务状况、经营成果和现金流量，并由注册会计师出具无保留意见的审计报告。

第十八条　发行人内部控制制度健全且被有效执行，能够合理保证公司运行效率、合法合规和财务报告的可靠性，并由注册会计师出具无保留结论的内部控制鉴证报告。

第十九条　发行人的董事、监事和高级管理人员应当忠实、勤勉，具备法律、行政法规和规章规定的资格，且不存在下列情形：

（一）被中国证监会采取证券市场禁入措施尚在禁入期的；

（二）最近三年内受到中国证监会行政处罚，或者最近一年内受到证券交易所公开谴责的；

（三）因涉嫌犯罪被司法机关立案侦查或者涉嫌违法违规被中国证监会立案调查，尚未有明确结论意见的。

第二十条　发行人及其控股股东、实际控制人最近三年内不存在损害投资者合法权益和社会公共利益的重大违法行为。

发行人及其控股股东、实际控制人最近三年内不存在未经法定机关核准，擅自公开或者变相公开发行证券，或者有关违法行为虽然发生在三年前，但目前仍处于持续状态的情形。

资料2

金龙机电股份有限公司成功登陆创业板

金龙机电股份有限公司是一家专业在超小型微特电机领域从事研发、生产与销售的民营国家级高新技术企业。该公司把国内创业板市场上市作为实现战略目标的首要选择，并于2009年12月25日成功在深交所上市。

金龙机电股份有限公司自1993年成立以来一直专注于微特电机、CCM摄像模组、电容式触摸屏的研发、生产和销售。公司基于对行业发展趋势的深刻理解和多年来积累的先进制造工艺技术及经验，依托较强的产品设计、模具开发及灵活转产的能力，向国内外核心客户提供多品种、个性化、组合式的超小型微特电机产品。公司目前的产品主要集中于手机用微特电机和高端日用消费品用微特电机，现已经发展成为国内手机用微特电机市场规模最大的内资企业，在全球手机用微特电机市场排名第六。

公司在技术方面的优势在于拥有自主知识产权的技术和快速的新产品创新体系。先后通过了ISO14001环境管理体系认证、ISO9001：2000质量管理体系认证以及GB/T28001-2001职业健康安全管理体系认证。

公司成立伊始就重视研发投入和技术创新，汇集了一批优秀的技术研发人才，目前技术人员占员工总人数的9.52%。经过多年的技术积累和自主开发，公司成功研制了多项微特电机生产技术并申请了发明专利，打破了日本、韩国企业在超小型微特电机领域的技术垄断地位。2001年公司获国家计委高技术产业化项目，2001年公司进入中国电子元器件百强企业，2002年公司获国家科技部火炬计划和国家电子基础发展基金项目，2008年公司被评为国家级高新技术企业。截至2008年年末，公司拥有22项专利（已取得的专利13项，正在申请的专利9项），其中发明专利2项。同时，公司经过多年的研发与生产，积累了大量超小型微特电机生产的技术诀窍，掌握了一整套与超小型微特电机相关的关键技术、工艺、设备、装配等方面的非专利技术。

金龙机电公司要实现跳跃式发展和迅速壮大，只有借助资本市场走改制上市之路才是最佳的选择。金龙机电公司要实现自己的战略目标，跨入资本市场，有几种途径的选择：国外创业板上市、香港创业板上市、国内主板上市、国内创业板上市，但选择在哪里上市最为合适呢？这是一个值得认真思考和讨论的问题。经过全面考虑，金龙机电公司最终选择在国内创业板上市。

【实训要求】

根据上述资料，完成下列任务：

1. 了解国内设立创业板的背景和意义。
2. 创业板对拟上市企业从哪些方面提出了要求？与主板的要求有何不同？
3. 分析金龙机电公司为什么选择在国内创业板上市融资。
4. 高科技企业的筹资有什么特点？可以采取哪些筹资方式？

【思路指导】

1. 从结构合理的多层次资本市场的建立角度进行分析，通过国内创业板的设立可以满足高科技创新企业的融资需求，扶持中小企业尤其是高成长性企业，为风险投资和创投企业建立正常的退出机制。

2. 可以从案例提供的资料结合《首次公开发行股票并在创业板上市管理办法》中的具体规定来进行分析。

第四章 投资管理

第一节 主要知识点回顾

一、投资基本理论

（一）投资的分类和投资决策的影响因素

1. 投资的分类

（1）按投资的地域划分，分为国际投资和国内投资；

（2）按投资对象的存在形态和性质划分，分为项目投资和证券投资；

（3）按投资活动与企业自身生产经营活动的关系划分，分为直接投资和间接投资；

（4）按投资资金周转方式划分，分为固定资产投资和流动资产投资；

（5）按投资活动对企业未来生产经营前景的影响划分，分为发展性投资和维持性投资；

（6）按投资活动资金投出的方向划分，分为对内投资和对外投资；

（7）按投资项目之间的相互关系划分，分为独立投资和互斥投资；

（8）按投资是否纳入国家财政预算划分，分为预算内投资和预算外投资。

2. 投资决策的影响因素

（1）公司的投资决策权限与宏观干预程度；

（2）领导者的企业家精神；

（3）投资的预期收益水平；

（4）投资风险；

（5）技术进步的状态；

（6）融资条件；

（7）产品销路和原料来源的充分性。

（二）投资项目的可行性分析

1. 可行性分析的概念

可行性分析的主要任务是对投资项目实施的可行性进行科学的论证，主要包括环境可行性、技术可行性、市场可行性、财务可行性等方面。

2. 环境与市场可行性分析

（1）建设项目的环境影响评价。

（2）市场分析是指在市场调查的基础上，通过预测未来市场的变化趋势，了解拟建项目产品的未来销路而开展的工作。

3. 技术与生产可行性分析

（1）技术分析。

（2）生产分析。生产分析是指在确保能够通过项目对环境影响评价的前提下，所进行的厂址选择分析、资源条件分析、建设实施条件分析、投产后生产条件分析等一系列分析论证工作的统称。

4. 财务可行性分析

财务可行性分析是指在已完成环境与市场分析、技术与生产分析的前提下，围绕已具备技术可行性的建设项目开展的，有关该项目在财务方面是否具有投资可行性的一种专门分析评价。

二、项目投资管理

（一）项目现金流量的测算和分析

1. 项目计算期

项目计算期是指投资项目从投资建设开始到最终清理结束整个过程的全部时间，即该项目的有效持续期间。完整的项目计算期包括建设期、生产经营期。建设期（记作 S，S≥0）的第一年年初（记作第 0 年）称为建设起点，建设期的最后一年年末（第 S 年）称为投产日；项目计算期的最后一年年末（记作第 n 年）称为终结点，从投产日到终结点之间的时间间隔称为生产经营期（记作 P）。

项目计算期（n） = 建设期（S） + 生产经营期（P）

2. 现金流量的含义

现金流量是指由于特定投资项目的实施而引起的现金流入量与现金流出量的通称。项目投资决策所涉及的现金流量包括三个具体的概念：

（1）现金流入量，是指实施某项投资方案所增加的现金收入。

（2）现金流出量，是指实施某项投资方案所增加的现金支出。

（3）现金净流量，是指现金流入量与现金流出量之间的差额。

3. 现金流量的内容

投资项目的现金流量一般由初始现金流量、营业现金流量、终结现金流量三部分构成。

（1）初始现金流量，是指从项目投资开始到项目建成投产为止发生的有关现金流量，即项目在建设期的投资支出。

（2）营业现金流量，是指从项目投入使用开始到项目报废清理为止的整个经营期内发生的有关现金流量。

（3）终结现金流量，是指投资项目终结时发生的各种现金流量。

4. 现金流量的估算

（1）初始现金流量的估算

①建设投资的估算。其中的固定资产投资主要根据项目规模的投资计划所确定的各项建筑工程费用、设备购置成本、安装工程费用和其他费用来估算。

②流动资金投资的估算。

经营期某年流动资金需用额=去年流动资产需用额-该年流动负债需用额

本年流动资金增加额=本年流动资金需用额-截至上年末的流动资金占用额

（2）营业现金流量的估算

①营业收入的估算。按照项目在经营期内有关产品的各年预计单价（不含增值税）和预测销售量进行估算。

②经营成本的估算。与项目相关的某年经营成本等于当年的总成本费用（含期间费用）扣除固定资产折旧额、无形资产和开办费的摊销额，以及财务费用中的利息支出等项目后的差额。

③各项税款的估算。

（3）终结现金流量的估算

①回收固定资产余值的估算。对于新建项目，只要按主要固定资产的原值乘以其法定净残值率，即可估算出在终结点发生的回收固定资产余值；在市场经营期内提前回收的固定资产余值可根据其预计净残值估算；对于更新改造项目，则需要估算两次。

②回收流动资金的估算。假设在经营期不发生提前回收流动资金，则在终结点一次回收的流动资金应等于各年垫支的流动资金投资额的合计数。

（二）投资项目财务可行性评价指标

1. 净现值（NPV）

净现值是指投资项目的未来净现金流量与原始投资额现值之间的差额。其计算公式为：

净现值(NPV) = 未来现金净流量现值 - 原始投资额现值

2. 现值指数（PVI）

现值指数是指投资项目的未来净现金流量现值与原始投资额现值的比率，亦可将其理解为单位原始投资的现值所创造的净现值。现值指数的计算公式为：

$$\text{现值指数（PVI）}=\frac{\text{未来现金净流量现值}}{\text{原始投资额现值}}$$

3. 内部收益率（IRR）

内部收益率是指项目投资实际可望达到的收益率。实质上，它是能使项目的净现值等于零时的折现率。

4. 投资回收期（PP）

投资回收期是指投资项目的未来现金流量与原始投资额相等时所经历的时间，即原始投资额通过未来现金流量回收所需要的时间。

（1）静态投资回收期

静态投资回收期没有考虑货币时间价值，是指直接用投资项目未来现金净流量抵偿原始总投资所需要经历的时间。

（2）动态投资回收期

动态投资回收期是把投资项目未来各年的净现金流量按基准收益率折成现值之后，以未来现金净流量的现值等于原始投资额现值所需要经历的时间作为投资回收期。

（三）财务可行性的判断标准

1. 判断方案完全具备财务可行性的条件

如果某一投资项目的所有评价指标均处于可行区间，则可以断定该投资方案无论从哪个方面看都具备财务可行性，或完全具备可行性。这些条件是：

（1）净现值 NPV≥0；

（2）现值指数 PVI≥1；

（3）内部收益率 IRR≥基准折现率 i_c。

2. 判断方案基本具备财务可行性的条件

如果在评价过程中发现某项目的主要指标处于可行区间（如 NPV≥0，现值指数 PVI≥1，IRR≥ i_c），则可以断定该项目基本上具有财务可行性。

3. 判断方案完全不具备财务可行性的条件

如果某一投资项目的评价指标均处于不可行区间，则可以断定该项目无论从哪个方面看都不具备财务可行性，应当彻底放弃该投资方案。这些条件是：

（1）NPV < 0；

（2）PVI<1；

（3）IRR < i_c。

(四) 确定性项目投资决策方法

1. 净现值法

净现值法，是指通过比较所有已具备财务可行性投资方案的净现值指标的大小来选择最优方案的方法。该方法适用于原始投资相同且项目计算期相等的多个互斥方案的比较决策。

在此方法下，净现值最大的方案为优。

2. 现值指数法

现值指数法，是指通过比较所有已具备财务可行性投资方案的现值指数指标的大小来选择最优方案的方法。该方法适用于项目计算期相等且原始投资相同的多个互斥方案的比较决策。

在此方法下，现值指数最大的方案为优。

3. 差额投资内部收益率法

所谓差额投资内部收益率法，是指在两个原始投资额不同方案的差量净现金流量（记作 ΔNCF）的基础上，计算出差额内部收益率（记作 ΔIRR)，并与基准折现率进行比较，进而判断方案孰优孰劣的方法。该方法适用于原始投资不相同，但项目计算期相同的多方案比较决策。

当差额内部收益率指标大于或等于基准收益率或设定折现率时，原始投资额大的方案较优；反之，则投资少的方案为优。

4. 年等额净回收额法

所谓年等额净回收额法，是指通过比较所有投资方案的年等额净回收额（记作 NA）指标的大小来选择最优方案的决策方法。该方法适用于原始投资不相同、特别是项目计算期不同的多方案比较决策。

在此方法下，年等额净回收额最大的方案为优。

三、风险条件下的项目投资决策

(一) 通货膨胀下的调整方法

在现实经济生活中，通货膨胀不可避免，并会对投资各期现金流量产生影响。要想正确反映投资的真实经济效益，就必须按各期的实际价格估算投资的现金流量，即按一定的通货膨胀率，将按不变价格估算的实际现金流量调整为含通货膨胀因素的名义现金流量。因此，企业在进行投资决策的过程中，不仅要考虑货币的时间价值，而且要考虑通货膨胀的因素。

(二) 敏感性分析

1. 敏感性分析的概念和作用

投资敏感性分析是研究在某些主要因素发生变化时，项目效益发生的相应变化，以判断这些因素对项目经济目标的影响程度。这些可能发生变化的因素称为不确定因素。敏感性分析就是要找出项目的敏感因素，并确定其敏感程度，以预测项目承担的风险。

敏感性分析不仅可以使决策者了解不确定因素对项目评价指标的影响，从而提高决策的准确性；还可以启发评价者对那些较为敏感的因素重新进行分析研究，以提高预测的可靠性。

2. 敏感性分析的缺陷

敏感性分析的缺陷主要体现在：首先，它只分析了单个变量变化对净现值的影响，对多个变量同时发生变化的情形尚未考虑；其次，它虽然有助于投资者找到关键变量，但它不能告诉投资者如何对待这一变量；最后，它忽视了各变量概率分布的影响。

（三）风险调整折现率方法

风险调整折现率法是指通过调整折现率的高低来反映项目风险的大小。

一种常见的风险调整折现率法是替代法。替代法是寻找一家经营业务与待评估项目的风险相似的公司，以该替代公司的β值来确定待评项目的β值，从而确定项目折现率的方法。从资本资产定价模型可知，任何资本资产系统风险的大小，都可以用β值来测量。因此，人们在用替代法时，主要依据以下调整逻辑来测算新项目的折现率：

（1）先将含有资本结构因素的替代公司的β值转换为无债状态的β值；

（2）然后根据本公司目标资本结构，将无债状态的β值转换为使用本公司的β值；

（3）最后确定本公司调整后的股权资本成本；

（4）根据项目的资本结构及债务成本，确定项目的加权平均资本成本，即风险调整后的折现率。

理论上，再将含有资本结构因素的替代公司的β值调整为无债状态下的β值时，所应用的转换公式是：

$$\beta_u = \frac{\beta_1}{1 + (1 - T)\left(\frac{D}{E}\right)}$$

上面的公司在财务理论上也被称为哈马达等式。其中：β_1表示替代公司的β系数；β_u表示无债状态下的β系数；T表示税率；D表示资本结构中的负债额；E表示资本结构中的股本额；D/E表示替代公司的负债权益比率，反映债权人与股东在企业资本供应中的相对贡献。

（四）风险调整现金流量法

风险调整现金流量法，是指按特定项目风险程度的大小，对未来各年的预期现金流量进行调整，将风险型的决策转换成无风险条件下的确定型决策，并据此进行资本预算的一种方法。常用的方法有肯定当量法和概率法。

1. 肯定当量法

肯定当量法就是先用一个系数α（通常称为肯定当量系数或约定系数），把各年不确定的现金流量调整为确定的现金流量，然后利用无风险折现率去计算净现值，以便用净现值法的规则来评价投资项目的决策分析方法。

在进行项目投资评价时，可以根据各年现金流量风险的大小，选用不同的当量系数。一般而言，当现金流量确定时，可取 $\alpha=1.00$；当现金流量的风险很小时，可取 $1.00>\alpha\geqslant 0.80$；当现金流量的风险一般时，可取 $0.80>\alpha\geqslant 0.40$；当现金流量的风险很大时，可取 $0.40>\alpha>0$。

2. 概率法

概率法是指通过计算投资项目的年期望现金流量和期望净现值来评价风险投资的一种方法。概率法一般适用于每年的现金流量相对独立的投资项目，即前一年和后一年的现金流量互不相关的项目。

四、证券投资管理

（一）债券投资

1. 债券投资的特点

债券投资是企业通过在证券市场上购买各种债券进行的投资。债务投资的主要特点有：

（1）属于债权性投资；

（2）风险较小；

（3）收益较稳定；

（4）债券的市场流动性较强。

2. 债券估值

债券价值是由其未来的现金流入量的现值决定的，债券未来的现金流入量由未来的利息收入和到期偿还的本金组成。债券的一般估值模型为：

$$V=\sum_{t=1}^{n}\frac{I_t}{(1+r)^t}+\frac{M}{(1+r)^n}$$

其中：V 表示债券价值；I_t 表示第 t 期的利息，等于债券票面利息率×债券面值；M 表示债券面值；r 表示市场利率或投资人要求的必要收益率；n 表示付息期数。

3. 债券投资的收益

债券投资的收益包括两个部分：一是按票面价值和票面利率支付的利息；二是债券买卖的差价收益。

（1）持有期收益率的计算

计算债券的持有期收益率，不论是长期投资还是短期投资，一般都不考虑货币资金的时间价值。其计算公式如下：

$$K = \frac{I + (P_1 - P_0)/n}{P_0}$$

式中：K 表示持有期收益率；P_1 表示债券卖价；P_0 表示债券买价；I 表示每年支付利息；n 表示持有年数。

（2）到期收益率的计算

债券的到期收益率，是用当前债券市场价格 P 代替债券估值公式中的 V 计算出来的贴现率，又称为债券的内部收益率。

到期收益率 y 应该满足下列方程：

$$P = \sum_{t=1}^{n} \frac{I}{(1+y)^t} + \frac{M}{(1+y)^n}$$

式中：y 表示到期收益率；P 表示债券当前市价；其他字母的含义同前。

4. 债券投资的优、缺点

（1）债券投资的优点：本金安全性高；收入稳定性强；市场流动性好。

（2）债券投资的缺点：购买力风险大；不能取得经营管理权。

（二）股票投资

1. 股票投资的特点

股票投资相对于债券投资而言，具有以下特点：

（1）是一种权益性投资。股票体现所有权关系，债券体现债权债务关系。

（2）非返还性。股票是一种无期限的有价证券，投资者不能要求公司退还本金。

（3）投资收益较高但不稳定。股息和红利的大小取决于股份公司的盈利水平，买卖价差则受股票市价波动的影响，投资收益不确定。

（4）流动性较强。持有股票可以随时在二级市场变现，类似于持有货币。

（5）风险较大。如果公司破产，其财产要首先清偿所欠债务，剩余财产才能分配给股东。因此，股东有可能连本金也保不住。

2. 股票的估值

（1）股票的相关价值包括：票面价值；发行价值；账面价值；内在价值；市场价值和清算价值。

（2）股票估值的一般模型

①短期持有股票、未来准备出售的估值模型。

$$V = \sum_{t=1}^{n} \frac{d_t}{(1+K)^t} + \frac{V_n}{(1+K)^n}$$

式中：V 表示股票内在价值；V_n 表示未来出售时预计的股票价格；K 表示投资人要求的必要收益率；d_t 表示第 t 期的预期股利；n 表示预计持有股票的期数。

②长期持有股票、股利稳定不变的估值模型。假设每年股利稳定不变，当投资人持有期限很长时，股利支付过程可视为一个永续年金。

$$V=\frac{D}{K}$$

式中：V 表示股票内在价值；D 表示每年固定股利；K 表示投资人要求的必要收益率。

③长期持有股票、股利固定增长的估值模型。

$$V=\frac{D_0(1+g)}{K-g}=\frac{D_1}{K-g}$$

上式中：V 表示股票内在价值；D_0表示当期股利；D_1表示第 1 年的预期股利；K 表示投资人要求的必要收益率；g 表示预期股利增长率。

3. 股票投资的收益

股票投资没有票面收益率和到期收益率，只有当期收益率和持有期收益率。

持有期收益率是指投资者从买入股票到卖出股票这一段时间获得的年均收益率，该指标一般用于总结股票投资的成效。

(1) 短期股票投资的收益率

如果投资者持有股票时间不超过 1 年，可以不考虑资金的时间价值，其持有期收益率按如下公式计算：

$$K=\frac{(P_1-P_0)+D}{P_0}\times 100\%$$

式中：P_0 表示股票购买价格；P_1 表示股票出售价格；D 表示支付的股利；K 表示股票投资收益率。

(2) 长期股票投资的收益率。长期股票投资由于涉及的时间较长，所以投资收益率的计算要考虑货币资金时间价值因素。其计算公式如下：

$$P_0=\sum_{i=1}^{n}\frac{D_i}{(1+K)^i}+\frac{P_n}{(1+K)^n}$$

式中：P_0 表示股票的购买价格；P_n 表示股票的出售价格；D_i 表示各年获得的股利；n 表示投资期限；K 表示股票投资收益率。

4. 股票投资的优、缺点

(1) 股票投资的优点：投资收益高；购买力风险低；拥有经营控制权。

(2) 股票投资的缺点：风险大；价格不稳定；收入不稳定。

第二节　拓展阅读——项目投资决策中的实物期权方法①

一、传统项目投资决策方法及其缺陷

（一）传统项目投资方法及其特点

以现金流贴现思想为基础的内部收益率法和净现值法是传统项目投资评价与决策的基本方法。

1. 内部收益率法

该方法是具体测定项目收益现值等于费用现值时的折现率，即项目投资所能达到的收益率水平，并将它与贷款利率和项目所在行业的收益率进行比较，以此分析投资项目的经济性，进而评价和选择投资方案的投资决策方法。企业只会投资内部收益率高于贷款利率，同时不低于行业收益率的投资项目。因为如果内部收益率低于贷款利率，该项目连贷款成本都难以收回，更不会给企业创造经济效益。即使项目内部收益率高于贷款利率，但如果低于行业收益率，企业通常也不会接受这样的投资项目，因为该投资项目只能负担相应的贷款成本，但不能为企业提供满意的收益。该方法概念明确清晰，反映了投资项目的最大盈利能力和贷款偿还能力，在投资项目未来现金流预测准确的前提下，能客观地对投资项目进行分析和评价。

2. 净现值法

该方法是根据投资项目全寿命周期内的全部现金流入现值与全部现金流出现值之差的大小来分析评价投资项目经济效益的投资决策方法，使用净现值方法时，同一项目折现率选取不同，净现值大小也不同，因而选择一个合适的折现率，成为使用净现值方法进行投资决策的关键。通常是依据资本资产定价模型（CAPM）对折现率进行风险调整，即在同期无风险利率的基础上加上一个项目风险升水。净现值方法曾经是企业使用最多最广泛的项目投资评价决策方法。简洁直观、易于理解和使用是净现值方法的优点。

（二）传统方法的局限性

净现值方法和内部收益率法及其他以现金流贴现思想为基础的方法一样，对高度不确定市场环境下的投资项目，由于未考虑管理柔性的价值，常常会低估项目的价值，因此在实际应用中，净现值方法暴露出许多问题。

迪克斯特等（Dixit & Pindyck）认为，净现值方法的使用是有前提条件的，这一前提条件就是投资是可逆的、无法递延的。但在现实中，大部分投资是不可逆的，

① 参考丁延岩（2005），孙米强、完世伟（2006），王晓莉等（2008），张经强、夏恩军（2009），段世霞（2012）。

而且是可以递延的。因此，净现值方法虽然简单直观，但人们往往把净现值方法使用隐含的前提给忽略掉了。海耶斯等（Hayes & Gavin）指出，在使用内部收益率和净现值方法进行项目评价时，实际是假定投资方案未来全部现金流入现值与全部现金流出现值是不变的，决策者在决策后没有选择和修正既定决策，只能被动地执行决策，这与现实是不相符的，与决策者的实际行为存在着极大的差异。实际上，不断变化的市场环境，使项目投资的回报不确定，投资后现金流量与预先估计的现金流量可能并不一致，决策者是有一定回旋余地的，会根据新的市场环境信息重新计算内部收益率和净现值，以此判断是否改变原先的投资决策。虽然使用内部收益率和净现值等评估方法的企业不断增加，但资本投资和研究开发费用却逐年下降。这是因为内部收益率和净现值方法常常低估了未来投资的机会，导致过于短视的决策、投资不足等情况的发生。迈尔斯（Myers）指出，内部收益率和净现值方法在评估现金流量比较稳定的项目时，没有太大问题。但在评估研发投资项目、企业未来成长机会、无形资产价值时，由于几乎都是期权价值，所以内部收益率和净现值方法并不适用。

二、实物期权理论的产生与发展

以现金流贴现思想为基础的内部收益率和净现值方法为代表的传统项目投资决策方法在不确定环境下存在的问题和缺陷，需要采取更好的方法对投资项目进行决策。

实物期权就是指实际投资机会，也就是指存在于实物资产中具有期权性质的权利。早在实物期权理论出现之前，公司管理者和决策者都在努力挖掘影响投资决策的不确定性因素和企业战略性相互作用的因素，以期获得最优投资决策。国外的学者在这方面的研究一直走在前列，Dean（1951），Hayes 和 Abernathy（1980），以及 Hayes 和 Garvin（1982）等对实物期权方法进行了研究之后，发现传统的 DCF 方法没有足够重视投资机会，对公司的战略性因素的价值也不是很重视，从而导致了在决策中出现一些失误，丧失了有利的投资机会。Myers（1987）也发现了传统的 DCF 方法在估价经营或战略性期权问题上具有很大的局限性，并且指出期权定价在估价这类投资时的前景非常广阔。

最先应用实物期权理论进行研究的是应用在对自然资源投资决策上。Tourhinho（1979）是这一领域的先行者，他第一次指出自然资源可以作为期权来理解和评价。Pindyck（1980）利用实物期权方法对矿产资源的开采水平寻求最优决策。通过检验需求和储量两种不确定性因素对价格和最优开采水平的影响，得出需求的不确定性对预期价值没有影响，而如果开采成本与储量是非线性关系时，储量的不确定性将改变预期的价格变化率。Brennan 和 Schwartz（1985）研究了铜矿的开启、关闭和放弃期权。通过利用自融资复制策略来对自然资源投资进行定价，并把这种方法应用到其他的投资领域。Mock，Schwartz，Stangeland 等（1989）利用实物期权对森林何时砍伐选择最优更新期限。Tregiorgis（1990）利用二叉树期权定价模型来解决包含各种不同经营灵活性的矿产投资项目的定价问题。

国外学者在土地开发决策中也应用了实物期权方法。由于土地开发是一项典型的不可逆投资，一旦投资者在一块土地上建筑某种用途的建筑物，要将该土地或连同其上面的建筑物转换为其他用途就很困难，因此保持土地处于未开发状态将使其所有者在未来不确定状况下拥有更多的选择权。Timan（1985）首次利用 B-S 模型对未开发土地进行定价。Timan 认为对城市闲置土地定价时，不仅要考虑土地立即开发的收益，而且还应反映未来可能用于其他用途或等待以后开发等选择权的价值。Timan 将未开发土地看成看涨期权，其标的资产为未来土地上各种可能建筑的收益，而执行价格为开发成本，通过利用可观察的单位建筑物的价格和政府贴现债券来构筑土地未来收益的复制资产组合，从而得到未开发土地的定价。此后又有很多学者在这方面进行研究取得了一些具有代表性的研究成果。Quigg（1993）研究了城市土地开发的等待期权。作者首次利用大量经验数据来检验土地开发的期权定价模型。William（1997）研究了房地产的可重复开发期权，研究焦点在于房地产的序列重复开发最优决策问题。研究表明，可重复开发的房地产价值比只能开发一次的同样房地产价值大。

随着实物期权理论的应用和发展，越来越多的学者开始在 R&D 投资领域中研究实物期权方法的应用。最早将实物期权理论引入 R&D 投资领域的是 Copeland 和 Weiner（1990），他们认为管理者可以在 R&D 项目过程中设计一系列观测点，在每一个观测点根据变化了的情况决定未来行动方案。Morris，Teisberg，Kolbe（1991）认为在选择 R&D 项目时，对具有相同预期收益和成本的项目，应选择风险较大的项目，以便从灵活性管理中获得最大收益。Faulkner（1996）把 R&D 投资作为一项实物期权，概括出了一套利用期权理论解决 R&D 管理中若干重要问题的实用方法，他认为在计算期权价值时采用决策数方法更为理想。在企业战略问题上，Luehrman（1998）认为，企业的战略计划是为了获得一系列的投资机会，而不是为了一系列的静态现金流。将企业战略作为实物期权看待对企业可能具有重要的战略意义。另外，在电力投资中应用实物期权方法，Herbelot（1992）做了深入的研究，并建立了电厂投资决策的实物期权模型。

实物期权方法的应用还表现在其他很多方面，如在船运业（Bjerksund & Ekern，1995）、全球天气变暖问题（Hendricks，1991）、遵守防范污染法规（Edleson，Reinhard）等领域一些学者进行了深入的研究。

三、实物期权分析方法介绍

（一）一般的实物期权分析方法

这方面较早的研究是 McDonald 和 Siegel，他们用实物期权的方法分析了延迟投资的价值。随后 Dixit 和 Pindyck 用实物期权方法研究了产品市场不确定的环境下企业的投资决策问题。Grenadier 和 Weiss 直接将技术创新的投资考虑成一个嵌入期权流，采用期权定价方法导出了企业技术迁徙的四种策略分别为最优策略的条件和概率，并分析了技术环境对企业技术迁徙策略的影响。Farzin 考察了涉及新技术到达时间和技术本身价值两方面不确定的问题，结果表明当新技术的价值超过某一门槛值时就被采用，若企业只能采用一次新技术时，这个门槛值比用 DCF 方法得到的门槛值要大，显示在实物期权方法下，推迟采用新技术的时间比在 DCF 方法下的要长。Doraszelski 进一步的研究表明，当企业可以进行有限次技术转换时，上述结论仍然成立。Doraszelski 扩展了 Farzin 的模型，详细区分了新技术发明和进一步改进之间的不同，指出企业有动力推迟采用新技术，直到这个新技术足够先进。Bessen 研究了市场需求不确定情况下，技术进步率、利率、需求增长率等因素对企业首次采用新技术时间以及设备期望寿命的影响，他发现稍微增加技术进步率，会大大延迟首次采用新技术的平均时间，同时也减少了设备的期望寿命，即老技术从使用到被替换的时间减少了。Sarkar 研究了市场不确定性和企业投资关系，特别考虑了系统风险。数字释例显示，对一些低增长、低风险的项目，增加不确定性可能会增加企业的投资概率。Alvarez 和 Stenbacka 用实物期权方法研究在多阶段技术创新项目中寻找最优的采用门槛值的问题。他的结论显示：增加市场不确定性，同时增加了将来更新技术以及采用现有技术的实物期权价值。Kort 在涉及技术创新投资的人力、物力以及所需的时间都不确定的情况下，研究了单个企业的最优的 R&D 投资行为，他发现不确定程度越大，R&D 投资越有价值，尤其在项目早期阶段较大的不确定性对 R&D 投资的影响更大，企业更倾向进行 R&D 投资。国内方面，何佳和曾勇把技术进步状态描述为随机目标追踪系统，采用实物期权分析方法导出了不同技术环境下技术创新采用时机的概率模型，并对实证结果进行了理论解释。进一步，何佳和曾勇考察了两代未来创新的情况，通过假定技术进步状态服从几何布朗运动，得到了现有创新和第一代未来创新均出现情况下的企业采用时机的概率模型，解释了文献中仅有一代未来创新的情况下，技术创新速度对企业投资行为的非单调影响。

由于不考虑企业投资决策之间的战略互动关系，一般的实物期权分析方法主要研究技术和市场等不确定因素对企业技术创新投资决策的影响。

（二）不完全竞争环境下的战略实物期权分析方法

在不完全竞争环境下，由于企业投资决策行为之间的相互制约、相互影响，不仅使市场环境波动加剧，也直接影响到企业的投资决策的制定。在对不完全竞争环境下采用技术创新投资时机的研究中，最早考虑企业投资决策之间战略互动关系的是 Reinganum。早在 1981 年，Reinganum 就用博弈理论对新技术的采用时机做了研究，她假设技术创新实施过程没有不确定因素，两个企业预先同时决定各自采用新技术的时间。如果一个企业在另一个企业之前采用新技术，它可以获得比竞争对手更多的超额利润，即存在先动优势，而投资成本随时间降低又提供企业一种等待再投资的动机，企业的投资决策就是在创新投资带来的收益以及等待节省的购买成本这两方面进行权衡。结果发现，这个双头垄断模型存在一对纯战略纳什均衡，尽管这两个企业事前是完全一样的，而且信息是完全的，但均衡中两个企业总是一前一后采用新技术，对 n 个企业也有类似的结论。Fudenberg 和 Tirole 把 Reinganum 的模型扩展到动态博弈，在信息滞后可以忽略的情况下，他们假设两个企业不预先承诺将来采用新技术的时间，后动者在观察到先行者的投资决策后才做出自己的决策。结果发现，企业首次采用新技术的时间提前了，且两个企业的期望收益是相等的。虽然上述研究中没有考虑任何不确定因素，也没有考虑采用技术创新投资过程中实物期权的价值，但他们的模型为以后应用战略实物期权分析方法对采用技术创新投资时机的研究奠定了基础。

由于模型求解的困难，战略实物期权分析方法的大部分模型都是建立在完全信息博弈的基础之上。通过识别实物期权的不确定性因素的来源，可以把这方面的研究分为两类：涉及技术创新本身的不确定性对企业投资时机的影响；仅考虑产品市场的不确定性对企业投资时机的影响。在后一类的不确定性分析中根据研究的侧重点不同又可分为两类：市场不确定性因素对投资项目中等待期权的影响；市场不确定性因素对投资项目中战略增长期权的影响。另外，还有涉及技术创新投资决策相关问题的研究，包括政府实施和组织技术创新战略的政策分析，企业申请专利的投资策略等。

四、实物期权方法发展展望

由于可以对企业投资决策的灵活性和战略互动关系加以评价，战略实物期权方法在最近几年得到了迅速的发展。大量理论研究从各个角度去分析影响企业技术创新投资时机的因素，包括技术和市场的不确定、对竞争对手的不完全信息、吸收新技术能力、投资成本、多阶段的技术创新等。

然而，作为一种新兴的投资项目的分析工具，战略实物期权分析方法还有许多问题有待进一步的研究。第一，可以借鉴微观决策理论的分析方法，把信息获得模型与学习模型合并入战略实物期权分析模型，让跟随者决定首次采用技术创新到揭示其获利能力之间的滞后期，从而研究跟随者的这种信息获得能力和学习行为如何影响领导者的投资时机。第二，在不完全竞争环境下，企业之间战略决策的互动关系是一个动态的过程，彼此之间的信息往往也是不完全的信息，而且企业间或多或少存在某些差异，这些都对企业战略决策和投资时机产生重大的影响，如何用战略实物期权分析方法在不完全信息的条件下动态地考察不对称企业技术创新投资决策问题，无疑是战略实物期权分析方法研究的方向之一。第三，有关战略实物期权模型，以及能区分影响从新技术诞生到商业化应用之间滞后期的不同因素的实证研究还很缺乏，特别缺少针对中国企业技术创新投资时机的实证研究。只有理论研究和实证研究相结合，才能客观、全面地解释企业技术创新投资的现象和机理。第四，研究政府政策、企业技术创新投资决策、社会福利这三者之间关系的文章很少。政府的政策作为企业的外部环境对企业技术创新投资决策有重大影响，而企业的投资决策又直接影响整个社会的福利水平，政府何时应该干预企业的投资行为，采用何种方式进行干预值得进一步的研究。第五，现有研究尚未涉及技术创新开发和采用之间交互关系的模式，而技术创新供需交互模式的研究对于完整理解技术创新及其扩散过程，以及企业制定技术创新策略具有重要的意义，这将是一个极具挑战意义的领域。

第三节　实训项目

项目一　项目现金流量分析实训

实验名称：项目现金流量分析

实验类型：验证型

实验目的与要求：

1. 掌握项目现金流量的内容。
2. 掌握项目现金流量的估算。

实验内容：

（一）项目投资现金流量分析实验

【实训资料 1】

蓉汇公司投资一项 8 年期的设备项目。购置一台新设备耗费 8 万元，使用期限为 8 年，再新建一间仓库，造价 24 万元，使用年限为 20 年。投资期期初需要垫资存货 4 万元。设备投产后，第一年和第二年的产品销量分别为 2 000 件和 3 000 件，以后每年为 4 000 件。产品售价一直维持在每件 400 元，生产成本每件 200 元，销售管理费用为当期销售收入的 10%。税法要求按照直线法全额计提折旧。第八年年末，设备的残值预计为 0.8 万元，仓库由公司继续使用。公司的所得税税率为 25%。

【实训要求】

请根据上述资料测算项目生命周期中各年发生的净现金流量。

【思路指导】

投资项目的现金流量一般由初始现金流量、营业现金流量、终结现金流量三部分构成。

初始现金流量是指从项目投资开始到项目建成投产为止发生的有关现金流量，它由以下几部分构成：①固定资产投资；②流动资金投资；③原有固定资产的变现价值；④原有固定资产的变现涉及的所得税减免或支付；⑤其他投资费用。

营业现金流量是指从项目投入使用开始到项目报废清理为止的整个经营期内发生的有关现金流量。它包括现金流入量和现金流出量。

终结现金流量是指投资项目终结时发生的各种现金流量，包括固定资产净残值收入、垫支的流动资金的收回以及停止使用的土地的变价收入等。

【实训资料 2】

蓉汇公司准备购入一台设备扩充公司的产能。现有甲、乙两个方案可选择：甲方按需要投资 1 亿元，使用寿命为 5 年，采用直线法计提折旧，5 年后设备无残值，每年的销售收入为 6 000 万元，每年的付现成本为 2 000 万元。乙方案需要投资 1.2 亿元，采用直线法计提折旧，使用寿命也为 5 年，5 年后有残值收入 2 000 万元，每年的销售收入为 8 000 万元，每年的付现成本第一年为 3 000 万元，以后随着设备陈旧，每年在上一年的基础上递增 400 万元，另外需要垫支营运资金 3 000 万元。假设所得税税率为 25%。

【实训要求】

请根据上述资料测算两个方案生命周期中各年发生的净现金流量。

【思路指导】

同上。

项目二 投资决策指标的比较与财务可行性判断实训

实验名称：投资决策指标的比较与财务可行性判断

实验类型：验证型

实验目的与要求：

1. 掌握投资决策评价指标的计算和应用。
2. 理解不同投资决策评价指标的区别。
3. 掌握财务可行性的判断标准。

实验内容：

（一）投资回收期的计算

【实训资料】

蓉汇公司甲、乙两个投资方案的初始投资额都是 20 万元，生命周期都是 5 年。

甲方案从第一年到第五年每年年末回收 7 万元；乙方案第一年不产生现金流，从第二年到第五年年末分别回收 5 万元、5 万元、10 万元、20 万元。

【实训要求】

请根据上述资料计算甲、乙两个方案的静态回收期。

【思路指导】

按照回收期的定义，包括建设期的投资回收期 PP 满足以下关系式，即：

$$\sum_{t=0}^{pp} NCFt = 0$$

这表明在财务现金流量表的“累计净现金流量”一栏中，包括建设期的投资回收期 PP 恰好是累计净现金流量为零的年限。

如果无法在“累计净现金流量”栏上找到零，必须按下式计算包括建设期的投资回收期（PP）：

包括建设期的投资回收期（PP）=（最后一项为负值的累计净现金流量对应的年数+最后一项为负值的累计净现金流量绝对值）÷下一年度净现金流量

（二）净现值的计算

【实训资料】

蓉汇公司两个投资方案的现金流量如前述材料，假设投资方案的资本成本率为 10%。

【实训要求】

请计算甲、乙两个方案的净现值。

【思路指导】

净现值的理论计算公式为：

$$净现值（NPV）= \sum_{t=0}^{n}（第 t 年的净现金流量 \times 第 t 年的复利现值系数）$$

（三）现值指数的计算

【实训资料】

蓉汇公司两个投资方案的现金流量如前述材料，假设投资方案的资本成本率为 10%。

【实训要求】

请计算甲、乙两个方案的现值指数。

【思路指导】

$$现值指数(PVI) = \frac{未来现金净流量现值}{原始投资额现值}$$

（四）内部收益率的计算

【实训资料】

蓉汇公司两个投资方案的现金流量如前述材料。

【实训要求】

请计算甲、乙两个方案的内部收益率。

【思路指导】

内部收益率 IRR 满足下列等式：

$$\sum_{t=0}^{n}\left[NCF_t \times (P/F, IRR, t)\right] = 0$$

（五）项目投资财务可行性判断

【实训资料】

蓉汇公司拟购入一套生产线生产甲产品，假设该生产线的价格为 120 万元，可以使用 12 年，无残值，按照直线法计提折旧。该项目需要垫支营运资金 5 万元。项目投产后，预计每年可以生产甲产品 10 万件，该产品单位售价为 15 元，单位变动成本 10 元，生产该产品每年需要固定制造费用（不包括折旧）12 万元，固定管理费用 2 万元，该企业要求的投资报酬率为 10%，假设所得税税率为 25%。

【实训要求】

请根据上述资料计算该项目的财务可行性和报酬率。

【思路指导】

判断方案是否基本具备财务可行性的条件：

（1）净现值 NPV≥0；

（2）现值指数 PVI≥1；

（3）内部收益率 IRR≥基准折现率 i_c。

项目三 固定资产投资决策实训

实验名称：固定资产投资决策

实验类型：综合型

实验目的与要求：

1. 熟悉固定资产投资决策的分析方法。
2. 掌握生命周期相同的固定资产投资决策。
3. 掌握生命周期不同的固定资产投资决策。

实验内容：

（一）生命周期相同的固定资产投资决策

【实训资料】

蓉汇公司现有设备污染严重，所以考虑购置新设备，以满足政府对环境污染治理的要求。目前有甲、乙两种方案可供选择，资料如下：

甲方案预计要花费200万元，安装成本20万元。新设备预计使用期限为20年，估计残值为0。甲方案将取代一台已经使用了18年的旧设备。旧设备的期初成本为150万元，按20年计提折旧，残值为0，该设备目前的市场价格为20万元。使用新设备预计可以带来的税前折旧前的净现金流量在第1~10年内为每年43万元，在第11~20年内为每年50万元。

乙方案估计要花费120万元，安装成本为60万元。新设备预计使用年限为20年，无残值。乙方案取代一台使用了16年的旧设备。旧设备期初的成本为100万元，按20年计提折旧，残值为0，目前可按30万元出售。使用新设备预计所带来的税前折旧前的现金流量在第1~20年内为每年30万元。

公司要求的收益率为10%，所得税税率为25%。公司对所有设备均按直线法计提折旧。

【实训要求】

根据上述资料，完成以下任务：

1. 计算每一方案在生命周期中各期的净现金流量。
2. 请判断蓉汇公司应该采用哪一个项目。

【思路指导】

请分别计算甲方案和乙方案的净现值，通过比较NPV的大小来判断。

（二）生命周期不同的固定资产投资决策

【实训资料】

蓉汇公司有一台旧设备已经使用5年，还可以使用5年，但需要现在和此后的第三年年末分别支付大修费用4万元和6万元，设备期满无残值。现在有一种新设备也符合公司的生产要求，购买设备需要8万元，使用期限为8年，期满没有残值，每年可以节约付现成本0.5万元。假设公司的资本成本为10%，所得税税率25%。

【实训要求】

请根据上述资料，判断蓉汇公司是否应该更新设备。

【思路指导】

采用年等额净回收额法，计算各个具有财务可行性的方案的年等额净回收额。

某方案年等额净回收额 = 该方案净现值×回收系数

或　某方案年等额净回收额=该方案净现值/年金现值系数

项目四　风险条件下的项目投资决策实训

实验名称：风险条件下的项目投资决策

实验类型：综合型

实验目的与要求：

1. 掌握风险条件下项目投资的敏感性分析。
2. 掌握风险调整折现率方法。
3. 掌握风险调整现金流量法。

实验内容：

（一）投资项目的敏感性分析

【实训资料】

蓉汇公司准备购买一套生产线生产产品甲，该生产线的价格为120万元，预计可以使用12年，报废时无残值，按直线法计提折旧。项目的经济使用年限为4年，届时把设备处理可以收回50万元，营运资金全额收回。投资该项目需要垫支营运资金5万，投产后，预计每年可以生产甲产品10万件，该产品的单位售价为15元，单位变动成本为10元，生产该产品需要固定制造费用（不包括折旧）2万元，该企业要求的投资报酬率为10%，假设所得税税率为25%。

【实训要求】

在以上因素中，每年的销售量、单位售价、变动成本、固定资产处置收入、不包括折旧的制造费用和资本成本可能会有所变动，请根据上述资料，分析在10%的变动范围内，哪些因素对公司新项目的影响较大。

【思路指导】

运用敏感性分析法，计算某一因素发生变化后，会引起新项目的净现值发生怎样的变化。

（二）风险调整折现率法

【实训资料】

蓉汇公司的资本结构为：85%的权益资本，15%的债务，$\beta_1=1.5$，$r_f=10\%$，$R_m=15\%$，$T=25\%$。现在该公司准备投资一个新项目，资本来源将采取相对激进的财务态度，60%的权益，40%的债务，新项目的债务成本（税后）为8%。

【实训要求】

根据上述资料，完成以下任务：

1. 如果该新项目的β_u与其他资产β_u相同，按新的筹资结构，其股东要求的收益率是多少？

2. 如果蓉汇公司认为新项目的风险水平高于公司现有风险，并找到一家与项目的经营类型相似的替代公司。已知该替代公司的资本结构为70%的权益和30%的债务，$T=25\%$，$\beta_1=1.6$，要求根据替代公司信息计算蓉汇公司新项目的折现率。

【思路指导】

哈马达等式可以将含有资本结构因素的替代公司的β值调整为无债状态下的β值时，所应用的转换公式为：

$$\beta_u=\frac{\beta_1}{1+(1-T)(\frac{D}{E})}$$

（三）风险调整现金流量法

【实训资料1】

蓉汇公司投资一个投资期5年的项目，投资额为12万，假设贴现率为8%，每年的净现金流量期望值和肯定当量系数分别为：$NCF_1=5$万元，$\alpha_1=0.95$；$NCF_2=6$万元，$\alpha_2=0.9$；$NCF_3=6.5$万元，$\alpha_3=0.85$；$NCF_4=8$万元，$\alpha_4=0.8$；$NCF_5=8$万元，$\alpha_5=0.75$。

【实训要求】

请根据上述资料判断该投资项目是否可行。

【思路指导】

采用肯定当量法的基本步骤是：①用当量系数乘以预期现金流，以消除现金流中的风险，得到等价无风险现金流；②用无风险折现率，折现等价的无风险现金流；

③用资本预算标准分析项目。

其中，当量系数是肯定的现金流量与之相当的不确定的现金流量的比值，通常用 α 来表示。

$$\alpha = \frac{\text{等价的无风险现金流（肯定当量）}}{\text{原预期风险现金流}}$$

【实训资料 2】

蓉汇公司准备设计生产工业自动装置设备，第一期期初投资 500 万元，作为前期设计论证费用，若前期设计通过将进行下一期投资，若不通过则放弃该项目，估计 80%的概率可以通过。第二期期初，需要投资 1 000 万元进行后期设计论证，估计 60%的可能设计论证通过，若通不过，公司放弃该项目。第三期，公司建造生产工厂，花费 1 亿元，经营期为四年，每年的现金流量 30%的可能为 1 亿元，40%的可能为 4 000 万元，30%的可能为 −2 000 万元。公司的资本成本为 12%。

【实训要求】

请根据上述资料计算该项目的净现值。

【思路指导】

由于项目投资的结果不确定，所以要考虑项目投资的各种可能结果，采用概率法对风险现金流量进行调整。

项目五 证券投资决策实训

实验名称：证券投资决策

实验类型：验证型

实验目的与要求：

1. 掌握债券投资的估值和收益率计算。

2. 掌握股票投资的估值和收益率计算。

实验内容：

（一）债券投资决策

【实训资料 1】

蓉汇公司打算投资面值 100 元、票面利率为 8%、期限为 5 年的债券。该公司要求的必要报酬率为 10%。

【实训要求】

请根据上述资料，计算此债券的价格为多少时该公司才愿意投资。

【思路指导】

债券的一般估价模型为：

$$V = \sum_{t=1}^{n} \frac{I_t}{(1+r)^t} + \frac{M}{(1+r)^n}$$

【实训资料 2】

蓉汇公司 2010 年 12 月 31 日以 110 元购买面值 100 元的债券，票面利率为 8%，每年年底支付一次利息，5 年后到期。

【实训要求】

请根据上述资料，计算若公司持有债券到期，其到期收益率为多少？

【思路指导】

债券的到期收益率 y 应该满足下列方程：

$$P = \sum_{t=1}^{n} \frac{I}{(1+y)^t} + \frac{M}{(1+y)^n}$$

（二）股票投资决策

【实训资料 1】

蓉汇公司在 2015 年打算购买甲公司的股票，该股票在 2014 年每股发放股利 1 元，预计以后每年增长 10%。蓉汇公司要求的必要报酬率为 12%。

【实训要求】

请根据上述资料，计算甲公司的股票价格为多少时，才值得购买该股票。

【思路指导】

长期持有股票、股利固定增长的估值模型为：

$$V = \frac{D_0(1+g)}{K-g} = \frac{D_1}{K-g}$$

【实训资料 2】

蓉汇公司在 2012 年 6 月 2 日投资 150 000 元购买乙公司的股票 10 000 股，该股票在 2013 年 6 月 1 日、2014 年 6 月 1 日、2015 年 6 月 1 日分别发放现金股利每股 0.8 元、0.95 元和 1.2 元，并于 2015 年 6 月 2 日将股票以 18 元每股全部售出。

【实训要求】

请分析投资该股票的收益率。

【思路指导】

长期股票投资的收益率的计算公式为：

$$P_0 = \sum_{i=1}^{n} \frac{D_i}{(1+K)^i} + \frac{P_n}{(1+K)^n}$$

第五章　营运资金管理

第一节　主要知识点回顾

一、现金管理

现金有广义、狭义之分。广义的现金是指在生产经营过程中以货币形态存在的资金，包括库存现金、银行存款和其他货币资金等。狭义的现金仅指库存现金。

现金是变现能力最强的资产，可以用来满足生产经营开支的各种需要，也是还本付息和履行纳税义务的保证。但库存现金持有量不是越多越好，现金存量过多，它所提供的流动性边际效益便会随之下降，从而使企业的收益水平下降。因此，保持合理的现金水平是企业现金管理的重要内容。

（一）持有现金的动机

持有现金是出于以下四种动机：

1. 交易动机

在公司的日常经营中，为了维持正常的生产销售周转必须保持一定的现金余额。基于这种公司购、产、销行为需要的现金，就是交易动机要求的现金持有。

2. 补偿动机

银行为公司提供服务时，往往需要公司在银行中保留存款余额来补偿服务费用。同时，银行贷给公司款项也需要公司在银行中有存款，以保证银行的资金安全。这种出于银行要求而保留在公司银行账户中的存款就是补偿动机要求的现金余额。

3. 预防动机

现金的流入和流出经常是不确定的，为了应付一些突发事件和偶然情况，公司必须持有一定现金余额来保证生产经营的安全、顺利进行，这就是预防动机要求的现金持有量。

4. 投资动机

公司在保证生产经营正常进行的基础上，还希望有一些可用现金能够抓住回报率较高的投资机会，这就是投资动机对现金的需求。

（二）现金余额持有模型

1. 成本模型

成本模型强调持有现金是有成本的，最优的现金持有量是使得现金持有成本最小化的持有量。成本模型考虑的现金持有成本包括如下项目：

（1）机会成本

机会成本是指企业因持有一定现金余额而放弃的再投资收益。机会成本属于变动成本，它与现金持有量的多少密切相关，即现金持有量越大，机会成本越高，反之就越低。

（2）管理成本

管理成本是指企业因持有一定数量的现金而发生的管理费用，如管理人员工资及必要的安全措施费，这部分费用在一定范围内与现金持有量的多少关系不大，一般属于固定成本。

（3）短缺成本

短缺成本是指在现金持有量不足而又无法及时通过有价证券变现加以补充而给企业造成的损失，包括直接损失与间接损失。现金的短缺成本随现金持有量的增加而下降，随现金持有量的减少而上升，即与现金持有量负相关。

成本模型通过分析现金的机会成本、管理成本和短缺成本，以三种成本之和最低时的现金持有量作为目标现金余额。其计算公式为：

最佳现金持有量 = min（管理成本+机会成本+短缺成本）

其中，管理成本属于固定成本，机会成本是正相关成本，短缺成本是负相关成本。因此，成本分析模式是要找到机会成本、管理成本和短缺成本所组成的总成本曲线中最低点所对应的现金持有量，把它作为最佳现金持有量。可用图 5-1 表示。

2. 存货模式

存货模式美国经济学家 William J. Baumol 首先提出，在存货模式中，只对机会成本和交易成本进行考虑，它们随着现金持有量的变动而呈现出相反的变动趋向：现金持有量增加，持有机会成本增加，而交易成本减少。这就要求企业必须对现金和有价证券的分割比例进行合理安排，从而使机会成本与交易成本保持最佳组合。换言之，能够使现金管理的机会成本与交易成本之和保持最低的现金持有量，即为最佳现金持有量。

设：T 为一个周期内现金总需求量；F 为每次转换有价证券的固定成本；C 为现金持有量（每次证券变现的数量）；K 为有价证券利息率（机会成本率）；TC 为

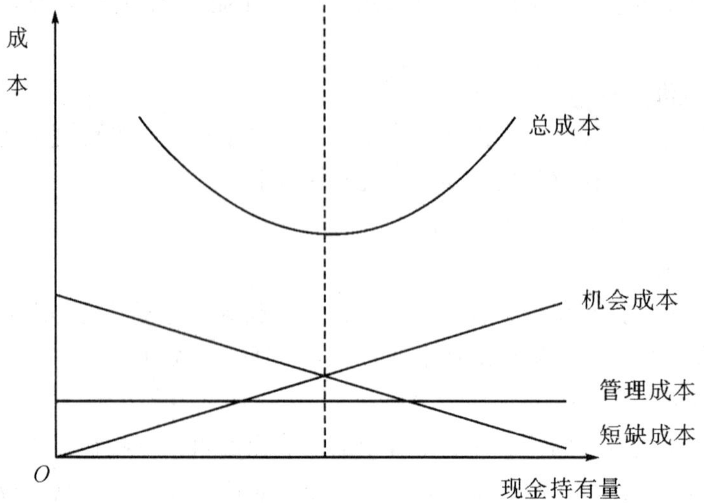

图 5-1　成本模型

现金管理总成本。则有：

交易成本＝（T/C）$\times F$

机会成本＝（$C/2$）$\times K$

现金管理总成本＝持有机会成本+转换成本＝（T/C）$\times F$+（$C/2$）$\times K$

最佳现金持有量 C^* 是机会成本线与交易成本线交叉点所对应的现金持有量，因此 C^* 应当满足：机会成本＝交易成本，即（$C^*/2$）$\times K$＝（T/C^*）$\times F$，即最佳现金持有量为：

$$C^* = \sqrt{(2T \times F)/K}$$

3. 随机模型（米勒-奥尔模型）

在实际工作中，企业现金流量往往具有很大的不确定性。由于现金流量波动是随机的，只能对现金持有量确定一个控制区域，定出上限和下限。当企业现金余额在上限和下限之间波动时，则将部分现金转换为有价证券；当现金余额下降到下限时，则卖出部分证券。

图 5-2 显示了随机模型，该模型有两条控制线和一条回归线。最低控制线 L 取决于模型之外的因素，其数额是由现金管理部经理在综合考虑短缺现金的风险程度、公司借款能力、公司日常周转所需资金、银行要求的补偿性余额等因素的基础上确定的。

随机模型建立在企业的现金未来需求总量和收支不可预测的前提下，通过现金波动的最高限额、最低限额和现金回归线进行现金控制。其计算公式如下：

$$R = \left(\frac{3b \times \delta^2}{4i}\right)^{1/3} + L$$

$$H = 3R-2L$$

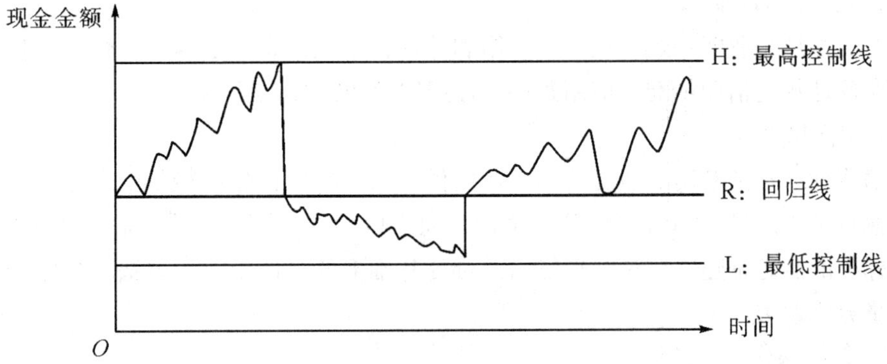

图 5-2　随机模型

式中：b 表示证券转换为现金或现金转换为证券的成本；δ 表示公司每日现金流变动的标准差；i 表示以日为基础计算的现金机会成本；R 表示现金回归线；H 表示波动上限；L 表示波动下限。

二、应收账款管理

企业通过提供商业信用，采取赊销、分期付款等方式可以扩大销售，增强竞争力，获得利润。应收账款作为企业为扩大销售和盈利的一项投资，也会发生一定的成本。所以，企业需要在应收账款所增加的盈利和所增加的成本之间做出权衡。

（一）应收账款的成本

应收账款作为企业为增加销售和盈利进行的投资，必然会发生一定的成本，包括：

1. 机会成本

即因资金投放在应收账款上而丧失的其他收入。这一成本的大小通常与企业维持赊销业务所需要的资金数量（即应收账款投资额）、资金成本率有关。应收账款机会成本可通过以下公式计算得出：

应收账款机会成本 = 赊销业务所需资金×资金成本率

赊销业务所需资金 = 应收账款平均余额×变动成本率

应收账款平均余额 = 平均每日赊销额×平均收账天数

2. 管理成本

管理成本是指企业对应收账款进行管理所发生的费用支出。它主要包括对客户的资信调查费用、收集各种信息费用、应收账款账簿记录费用、催收账款所发生的费用以及其他用于应收账款的管理费用。

3. 坏账成本

坏账成本，即因应收账款无法收回而给企业带来的损失。这一成本一般与应收账款数量同方向变动。基于此，为规避发生坏账成本给企业生产经营活动的稳定性带来的不利影响，企业应合理提取坏账准备。

(二) 信用政策

为了保证企业能一致性地运用信用和保证公平性，企业必须保持恰当的信用政策，明确地规定信用标准、信用条件、信用期间和折扣期限。

1. 信用标准

信用标准是指信用申请者获得企业提供信用所必须达到的最低信用水平，代表企业愿意承担的最大的付款风险的金额。通常以预期的坏账损失率作为判别标准。信用标准的制定是建立在对客户信用评价的基础上的。信用评价方法包括定性分析和定量分析两类。

2. 信用条件

信用条件是销货企业要求赊购客户支付货款的条件，包括信用期间、折扣期限和现金折扣三个要素。

（1）信用期间

信用期间又称为信用期限，是企业允许顾客从购货到付款的时间，或者说是企业给予顾客的最长付款期间。信用期间过短，不足以吸引顾客，在竞争中会使销售额下降；信用期间过长，对销售额增加固然有利，但只顾及销售增长而盲目放宽信用期间，所得的收益有时会被增加的费用抵消，甚至造成利润减少。

信用期间的确定，主要是分析改变现行信用期间对收入和成本的影响。延长信用期间，会使销售额增加，产生有利影响；与此同时，应收账款、收账费用和坏账损失增加，会产生不利影响。当前者大于后者时，可以延长信用期间，否则不宜延长。如果缩短信用期间，情况与此相反。

（2）折扣期限

折扣期限是企业为顾客规定的可享受现金折扣的付款时间。

（3）现金折扣

现金折扣是企业对顾客在商品价格上的扣减，主要目的在于吸引顾客为享受优惠而提前付款，缩短企业的平均收款期。另外，现金折扣也能招揽一些视折扣为减价出售的顾客前来购货，借此扩大销售量。现金折扣常用如5/10、3/20、N/30这样的符号表示。

因为现金折扣是与信用期间结合使用的，所以确定折扣程度的方法和程序与前述确定信用期间的方法及程序一致。只不过要把所提供的延期付款时间和折扣综合起来，计算各方案的延期与折扣能取得多大的收益增量，再计算各方案带来的成本变化，最终确定最佳方案。

(三) 应收账款日常管理

应收账款的日常管理工作主要包括对客户的信用调查和分析评价、应收账款的催收工作。

1. 调查客户信用

信用调查是企业应收账款日常管理的基础，是正确评价客户信用的前提条件。

企业对顾客进行信用调查主要通过直接调查和间接调查两种方法。

2. 评估客户信用

企业一般采用“5C”系统来评价客户信用，并对客户信用进行等级划分。

3. 收款的日常管理

企业必须在对收账的收益与成本进行比较分析的基础上，制定切实可行的收账政策。收账政策是指信用条件被违反时，企业采取的收账策略。企业如果采取较积极的收账政策，可能会减少应收账款投资，减少坏账损失，但要增加收账成本。如果采用较消极的收账政策，则可能会增加应收账款投资，增加坏账损失，但会减少收账费用。企业需要做出适当的权衡。

三、存货管理

存货是指企业在日常活动中持有以备出售的产成品或商品、处在生产过程中的在产品、在生产过程或提供劳务过程中耗用的材料、物料等。存货的功能包括以下几个方面：①保证生产正常进行；②有利于销售；③便于维持均衡生产，降低产品成本；④降低存货取得成本；⑤防止意外事件的发生。

存货管理水平的高低直接影响着企业的生产经营能否顺利进行，并最终影响企业的收益、风险等状况。存货管理的目标，就是要尽力在各种存货成本与存货效益之间做出权衡，在充分发挥存货功能的基础上，降低存货成本，实现两者的最佳组合。

（一）存货的成本

与持有存货有关的成本，包括以下三种：

1. 取得成本

取得成本指为取得某种存货而支出的成本，通常用 TC_a 来表示。取得成本又分为订货成本和购置成本。

（1）订货成本

订货成本亦称进货费用，是指从发出订单到收到存货整个过程中所付出的成本。订货成本中有一部分与订货次数无关，称为固定的订货成本，用 F_1 表示；另一部分与订货次数有关，称为订货的变动成本。每次订货的变动成本用 K 表示；订货次数等于存货年需要量 D 与每次进货量 Q 之商。订货成本的计算公式为：

$$订货成本 = F_1 \times \frac{D}{Q}K$$

（2）购置成本

购置成本是指为购买存货本身所支出的成本，即存货本身的价值，可表示为数量与单价的乘积 DU。

取得成本 = 订货成本 + 购置成本

= 订货固定成本 + 订货变动成本 + 购置成本

$$TC_a = F_1 + \frac{D}{Q}K + DU$$

2. 储存成本

储存成本是指企业为储存存货而发生的各种费用支出，通常用TC_c来表示。

储存成本也分为固定成本和变动成本。固定成本与存货数量的多少无关，用F_2表示。变动成本与存货的数量有关，单位储存变动成本用K_c来表示。用公式表达的储存成本为：

储存成本=储存固定成本+储存变动成本

$$TC_c = F_2 + K_c \times Q/2$$

3. 缺货成本

缺货成本是指由于存货供应中断而造成的损失。如果生产企业以紧急采购代用材料解决库存材料中断之急，那么缺货成本表现为紧急额外购入成本。缺货成本用TC_s表示。

存货总成本的计算公式为：

$$TC = TC_a + TC_c + TC_s = F_1 + \frac{D}{Q}K + DU + F_2 + \frac{Q}{2}K_2 + TC_s$$

企业存货的最优化，就是使企业存货总成本即上式 TC 值最小。

（二）经济订货模型

经济订货模型是建立在一系列严格假设基础上的。这些假设包括：①存货总需求量是已知常数；②订货提前期是常数；③货物是一次性入库；④单位货物成本为常数，无批量折扣；⑤库存持有成本与库存水平呈线性关系；⑥货物是一种独立需求的物品，不受其他货物影响。

经济订货模型存货的总成本为：

$$TIC = K \times \frac{D}{Q} + \frac{Q}{2} \times K_c$$

式中：TIC 表示与订货批量有关的每期存货的总成本；D 表示每期对存货的总需求；Q 表示每次订货批量；K 表示每次订货费用；K_c 表示每期单位存货持有费率。

使 TIC 最小的批量 Q 即为经济订货批量 EOQ。

$$EOQ = \sqrt{\frac{2KD}{K_c}}$$

$$TIC = \sqrt{2KD\,K_c}$$

（三）经济订货模型的扩展

1. 再订货点

通常，企业的存货不可能随时补充，因此需要在库存降为 0 之前就订货。再订货点就是在提前订货的情况下，为确保存货用完时订货刚好入库，企业再次发出订货计划时应该持有的库存量。它的数量等于平均交货时间和每日平均需要使用量的乘积：

$$R = L \times d$$

式中：R 表示再订货点；L 表示平均交货时间；D 表示每日平均使用量。

2. 存货陆续入库和使用模型

经济订货模型是假设存货一次全部入库的。事实上，各批存货一般都是陆续入库的，库存量陆续增加，特别是产成品入库和在产品转移，几乎总是陆续供应和耗用的。在此情况下，就需要对经济订货基本模型做一些修正。

假设每批订货数为 Q，每日送货量为 P，每日耗用量为 d，则存货陆续供应和使用的经济订货量公式为：

$$\frac{D}{Q} \times K = \frac{Q}{2} \times \left(1 - \frac{d}{P}\right) \times K_c$$

$$\text{EOQ} = \sqrt{\frac{2KD}{K_c} \times \frac{P}{P - d}}$$

相关总成本为：

$$\text{TC(Q)} = \sqrt{2KD\,K_c \times (1 - \frac{d}{P})}$$

3. 有数量折扣情况下的经济订货批量

为了鼓励客户购买更多的商品，销售企业通常会给予不同程度的价格优惠，即实行商业折扣或称价格折扣。此时，进货企业对经济订货批量的确定，除了考虑订货成本与储存成本外，还应考虑存货的进价成本。存在数量折扣时的存货相关总成本可按下式计算：

存货相关总成本=进货成本+相关订货成本+相关存储成本

4. 订单批量受限时的决策

实际工作中，许多供应商只接受整数批量的订单，如按打、吨等。在这种情况下，采用经济订购批量基本模型计算出来的 Q，如果不等于允许的订购量之一的话，就必须在 Q 的两边确定两种允许数量，通过计算各自的年度成本总额来比较优劣。

5. 存储量受限制时的决策

每个企业的存储面积是有限的，存储量也就不能无限制扩大。在这种情况下，如果计算确定的经济订购批量大于存储约束性因素的数值（超过现有最大存储量），那么最佳的订购批量就是该约束性因素的值。当存储量含有约束性因素时，也可以通过某些方法（如租用新的库房、建造新的仓库等）来增加存储量，以达到最佳存储量（经济订购批量）的要求。

（四）保险储备

企业对存货的需求量可能发生变化，交货时间也可能会延误。在交货期内，如果发生需求量增大或交货时间延误，就会发生缺货。为防止由此造成的损失，企业需要有一定的保险储备。图 5-3 显示了在具有保险储备时的存货水平。图 5-3 中，在再订货点，企业按 EOQ 订货。在交货期内，如果对存货的需求量很大，或交货时间由于某种原因被延误，企业可能发生缺货。为防止存货中断，再订货点应等于交货期内的预计需求与保险储备之和。即：

再订货点=预计交货期内的需求+保险储备

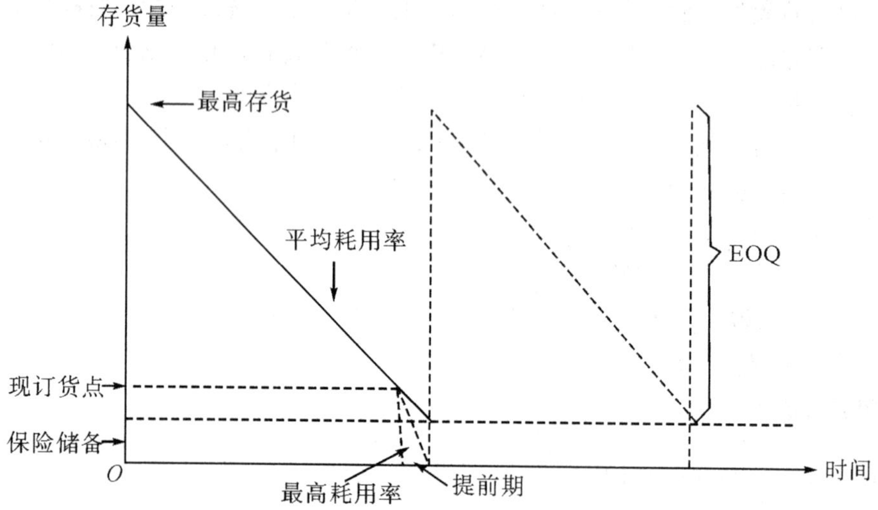

图 5-3 不确定需求和保险储备下的存货水平

企业应保持多少保险储备才合适？这取决于存货中断的概率和存货中断的损失。较高的保险储备可以降低缺货损失，但也增加了存货的持有成本。因此，最佳的保险储备应该是使缺货损失和保险储备的持有成本之和达到最低。

（五）存货的控制系统

存货管理不仅需要各种模型帮助确定适当的库存水平，还需要建立相应的存货控制系统。

1. ABC 控制系统

ABC 控制系统就是把企业种类繁多的存货，依据其重要程度、价值大小或者资金占用等标准，将存货进行分类，针对不同类别的库存分别采用不同的管理方法。

2. 适时制库存控制系统

适时制库存控制系统又称零库存管理、看板管理系统，是指当制造企业在生产过程中需要原料或零件时，供应商将原料或零件送来；而每当产品生产出来就被客户拉走。这样，制造企业的库存持有水平就可以大大下降，大大提高了企业运营管理效率。

四、流动负债管理

（一）应付账款

应付账款是买卖双方在购销活动中由于取得物资与支付贷款在时间上不一致而

产生的负债，实质上是供应商给企业提供的一种商业信用。由于购买者往往在到货一段时间后才付款，商业信用就成为企业短期资金来源。

1. 商业信用条件

（1）有信用期，但无现金折扣。如“N/30”表示30天内按发票金额全数支付。

（2）有信用期和现金折扣。如“2/10，N/30”表示10天内付款享受现金折扣2%，若买方放弃折扣，30天内必须付清款项。

2. 放弃现金折扣的信用成本

倘若买方企业购买货物后在卖方规定的折扣期内付款，可以获得免费信用，这种情况下企业没有因为取得延期付款信用而付出代价。

$$放弃折扣的信用成本率=\frac{折扣率}{1-折扣率}\times\frac{360天}{付款期(信用期)-折扣期}$$

该公式表明，放弃现金折扣的信用成本率与折扣百分比大小、折扣期长短和付款期长短有关系，与货款额和折扣额没有关系。如果企业在放弃折扣的情况下，推迟付款的时间越长，其信用成本便会越小，但展期信用的结果是企业信誉恶化导致信用度的严重下降，日后可能招致更加苛刻的信用条件。

3. 放弃现金折扣的信用决策

企业放弃应付账款现金折扣的原因，可能是企业资金暂时的缺乏，也可能是基于将应付账款用于临时性短期投资，以获得更高的投资收益。如果企业将应付账款用于短期投资，所获得的投资报酬率高于放弃折扣的信用成本率，则应当放弃现金折扣。

（二）短期借款

短期借款主要有经营周转借款、临时借款、结算借款、票据贴现借款、卖方信贷、预购定金借款和专项储备借款等。短期借款的信用条件一般包括：①信贷额度；②周转信贷协定；③补偿性余额；④借款抵押；⑤偿还条件；⑥其他承诺。

短期借款成本主要包括利息、手续费等。短期借款成本的高低主要取决于贷款利率的高低和利息的支付方式。利息的支付方式主要包括：①收款法；②贴现法；③加息法。

（三）短期融资券

在我国，短期融资券是指企业依照《银行间债券市场非金融企业债务融资工具管理办法》的条件和程序，在银行间债券市场发行和交易并约定在一定期限内还本付息的有价证券，是企业筹措短期资金的直接融资方式。

短期融资券的筹资特点是：①筹资成本较低；②筹资数额较大；③发行条件比较严格。

（四）债券回购

债券回购交易是一种以债券做抵押的资金借贷行为。在交易中，买卖双方按照一个互相认可的利率（年利率）和拆借期限，达成资金拆借协议，即以券融资方

（资金需求方）以相应债券做足额抵押，获得一段时间内的资金使用权；以资融券方（资金供应方）则在此时间内暂时放弃资金使用权，获得相应期限的债券抵押权，并于回购到期日收回本金及相应利息。债券回购中买方的目的在于获得高于银行存款的利息收入，而卖方的目的在于获得资金的使用权。

1. 债券回购的方式

债券回购分为“以券融资”和“以资融券”两种方式。

“以券融资”是指债券持有者在卖出一笔债券的同时，与买方约定于某一到期日再以事先约定的价格将该笔债券购回，并支付一定利息。

“以资融券”则是一个逆过程。

2. 债券回购的类型

债券回购有封闭式回购（质押式回购）和开放式回购（买断式回购）两种类型。

（1）封闭式回购

封闭式回购是一种传统的债券回购方式，在封闭式回购中，如果回购交易到期后资金融入方无法按期还本付息，则资金融出方可以通过出售质押债券得到补偿；但在回购交易到期之前，资金供应方仅拥有该债券的质押权，不拥有该债券的所有权，故无权随意处置被质押的债券，被质押债券处于冻结状态，不能流通和再次融资。

（2）开放式回购

开放式回购是指债券持有人将债券卖给债券购买方的同时，与买方约定在未来某一日期，由卖方再以约定价格从买方买回相等数量同种债券的交易行为。在开放式回购中，债券的所有权发生了实质性的转移，资金融出方可以自由地对标的债券进行处置，只要到期时有足够的同种债券返售给卖方即可。

3. 债券回购的特点

（1）收益性

债券回购交易的收益率大大高于同期银行存款利率水平。

（2）安全性

与股票交易不同的是，债券回购在成交之后不再承担价格波动的风险。债券回购交易在初始交易时收益的大小即已确定，因此回购到期日之前市场利率水平的波动与其收益无关。

第二节　拓展阅读——应收账款保理①

在我国，中小企业在增加就业、促进经济增长、创新科技等方面具有不可替代的作用，然而可供这些企业筹措资金的融资渠道不但狭窄而且单一。在市场经济的竞争机制下，赊销作为主流的交易方式成为企业的重要竞争手段，由此形成了大量的应收账款，造成了企业的资金压力。随着市场经济的发展以及商业信用的普遍推广和运用，保理业务日益成为一项集贸易融资、商业资信调查、应收账款管理及信用风险担保于一体的新兴综合性金融服务。它对于帮助中小企业盘活应收账款、加速资金流通，缓解债务危机，促进企业的正常生产经营和发展具有重要的现实意义。

一、应收账款保理及基本类型

（一）应收账款保理融资

《国际保理公约》对保理的定义为：保理是指卖方/供应商/出口商与保理商间存在的一种契约关系。根据契约卖方/供应商/出口商将其现在或将来的基于其与买方（债务人）订立的货物销售/服务合同所产生的应收账款转让给保理商，由保理商为其提供下列服务中的至少两项：①贸易融资；②销售分户账管理；③应收账款的催收；④信用风险控制与坏账担保。

保理是一种集客户资信调查、融资、销售账户管理、账款催收以及坏账担保于一体的综合性金融服务业务，是指企业将赊销形成的未到期应收账款在满足一定条件的情况下，以协议的形式有条件转让给银行或保理机构，由后者对企业提供贸易融资、应收账款管理、应收账款催收和坏账担保等综合性服务的业务。

应收账款保理融资与质押融资经常容易混淆，两者虽然都将应收账款作为还款来源，但两者的区别甚大。它们两者的区别主要有：

1. 本质不同

应收账款保理融资是以应收账款的转让为基础的综合性服务，应收账款质押融资是以应收账款为担保物来提供的融资方式。

2. 法律性质不同

应收账款保理融资是债权让与的一种形式，是指不改变债权的内容与客体，债权人将其债权转移给受让人的法律制度。以应收账款转让方式融资，在债权转让的情况下，原债权人退出债务的关系，受让人成为新的债权人，受让方获得的只是一种债权，仅具有债权效力。而在应收账款质押融资中，应收账款对应的债权没有发生转让，出质人仍是应收账款的债权人，只是在其到期不能向融资提供方（质权

① 参考张晓建（2012）、石赛燕（2011）。

人）履行债务时才面临失权风险，实质上是一种权利质押，具有物权效力。

3. 适用法律依据不同

在应收账款保理融资中，适用的法律主要是《中华人民共和国合同法》中关于合同权利转让的规定。在应收账款质押融资中，应收账款质押作为一项新的担保制度，主要适用的是《中华人民共和国物权法》《中华人民共和国担保法》等关于担保物权方面的规定。

4. 服务功能不同

应收账款保理融资，保理商除可提供融资外，还可提供应收账款管理、催收和坏账担等服务；应收账款质押融资以企业明确的应收账款作为质押，仅向企业提供融资贷款的金融服务。

5. 法律后果及风险不同

在无追索权保理中，应收账款受让人承担买方信用风险，受让人应独自承担债务人恶意拖欠和破产的风险。在应收账款质押融资中，银行不承担买方信用风险，质权人行使质权后，若所收款项小于被担保的债权额，有权继续要求应收账款债权人（出质人）偿还不足部分。

（二）保理的特征

1. 保理是一种全程信用管理系统

它包括从交易之前的客户资信调查开始，经过事中的销售账款回收阶段，一直到最后的账款回收和坏账担保，其核心是对风险进行全程控制。

2. 保理是一种风险转移或分担的契约设计

保理不仅具有融资功能，更重要的是保理商对企业风险的转移和分担。在提供一揽子服务时，保理商在核定的信用额度内提供1%的坏账担保，这也就是“保付代理”中“保付”的含义。由此，企业的坏账风险转移到了保理商身上，应收账款风险被锁定。在保理商向保险公司再投保后，坏账损失的风险由保理商和保险公司共同分担。

3. 保理是对信息资源的有效配置和利用

一般保理商都是由银行等金融机构或专门成立的保理公司承担，银行或保理公司与一般工商企业相比，具有得天独厚的信息资源优势，无论是在专业技能方面，还是业务涉及的广度和深度上，银行和保理公司依托其丰富的客户资源、众多的分支机构和合作伙伴，能够在应收账款全程管理中发挥更大的效益。能使工商企业把更多的人力、物力、财力投入到自身的生产经营中，实现资源共享和优势互补。

（三）应收账款保理类型

1. 按有无追索权，可以分为有追索权保理和无追索权保理

（1）有追索权保理（又称回购型保理）

有追索权保理是指供应商将债权转让给保理商，供应商向保理商融通资金后，如果购货商拒绝付款或无力付款，保理商有权向供应商要求偿还预付的现金，如购

货商破产或无力支付，只要有关款项到期未能收回，保理商都有权向供应商进行追索，因而保理商具有全部“追索权”，这种保理方式在我国采用较多。

（2）无追索权保理（又称买断型保理）

无追索权保理是指应收账款在无商业纠纷等情况下无法得到清偿的，由银行或保理机构承担应收账款的坏账风险。

2. 按应收账款转让行为是否通知买方，可以分为明保理和暗保理

（1）明保理

明保理是指供应商与保理商签订保理业务合同将债权让与给保理商，在转让之时即通知买方并由买方确认的保理业务。

（2）暗保理

暗保理是出口保理业务的一种，是指供应商虽然与保理商签订保理业务合同将债权让与给保理商，但在转让之时并不立即通知债务人的保理业务。

3. 按应收账款转让行为有无折扣，可以分为折扣保理和到期保理

（1）折扣保理

折扣保理又称为融资保理，即在销售合同到期前，保理商将剩余未收款部分先预付给销售商，一般不超过全部合同额的70%~90%。

（2）到期保理

到期保理是指保理商并不提供预付账款融资，而是在赊销到期时才支付，届时不管货款是否收到，保理商都必须向销售商支付货款。

二、保理业务中的应收账款

《商业银行保理业务管理暂行办法》对“应收账款”进行了定义并明确了标准。保理业务中的应收账款“是指企业因提供商品、服务或者出租资产而形成的金钱债权及其产生的收益，但不包括因票据或其他有价证券而产生的付款请求权。”

由于银行的保理业务是以债权人转让其应收账款为前提，集应收账款催收、管理、坏账担保及融资于一体的综合性金融服务，即债权人将其应收账款转让给商业银行，由商业银行向其提供应收账款催收、管理、坏账担保及融资等业务，为保理业务。可见，其中的核心就是应收账款。

商业银行应求按照“权属确定，转让明责”的原则，严格审核并确认债权的真实性，确保应收账款初始权属清晰确定、历次转让凭证完整、权责无争议。

为了严格控制风险，银监会也要求银行对于六大不合格的应收账款，不得开展保理融资业务。其中包括不合法基础交易合同、寄售合同、未来应收账款、权属不清的应收账款、因票据或其他有价证券而产生的付款请求权等。

对于这六类不合格的应收账款，《商业银行保理业务管理暂行办法》也进行了定义，如：

未来应收账款，是指合同项下卖方义务未履行完毕的预期应收账款。

权属不清的应收账款，是指权属具有不确定性的应收账款，包括但不限于已在其他银行或商业保理公司等第三方办理出质或转让的应收账款。获得质权人书面同意解押并放弃抵质押权利和获得受让人书面同意转让应收账款权属的除外。

因票据或其他有价证券而产生的付款请求权，是指票据或其他有价证券的持票人无须持有票据或有价证券产生的基础交易应收账款单据，仅依据票据或有价证券本身即可向票据或有价证券主债务人请求按票据或有价证券上记载的金额付款的权利。

三、应收账款保理的功能

（一）融资功能

应收账款保理，其实质也是一种利用未到期应收账款这种流动资产作为抵押从而获得银行短期借款的一种融资方式。对于那些规模小、销售业务少的公司来说，向银行贷款将会受到很大的限制，而自身的原始积累又不能支撑企业的高速发展，通过保理业务进行融资可能是企业较为明智的选择。

（二）减轻企业应收账款的管理负担

推行保理业务是市场分工思想的运用，面对市场的激烈竞争，企业可以把应收账款让与专门的保理商进行管理，使企业从应收账款的管理之中解脱出来，由专业的保理公司对销售企业的应收账款进行管理，他们具备专业技术人员和业务运行机制，会详细地对销售客户的信用状况进行调查，建立一套有效地收款政策，及时收回账款，使企业减轻财务管理负担，提高财务管理效率。

（三）减少坏账损失、降低经营风险

企业只要有应收账款就有发生坏账的可能性，以往应收账款的风险都是由企业单独承担，而采用应收账款保理后，一方面保理商可以提供信用风险控制与坏账担保，帮助企业降低其客户违约的风险；另一方面企业可以借助专业的保理商去催收账款，能够在很大程度上降低坏账发生的可能性，有效地控制坏账风险。

（四）改善企业的财务结构

应收账款保理业务是将企业的应收账款与货币资金进行置换。企业通过出售应收账款，将流动性稍弱的应收账款置换为具有高度流动性的货币资金，增强了企业资产的流动性，提高了企业的债务清偿能力和盈利能力。

四、应收账款保理流程

（一）选择保理的种类

在推行保理业务过程中，对于销售商来说，首先应根据自身企业的经营情况、筹资能力和承担风险的能力，选择不同的保理业务将应收账款让于他人管理。无追

索权的保理适合销售企业对买方的信誉不是很了解，或者是面对信誉较差的客户，但是，保理商也会就保理业务的风险来收取保理费用，所以企业应充分考虑成本和收益；相反，有追索权保理对销售企业来说风险转移的力度不明显，但是，成本相对较低。折扣保理比较适合于资金不是很宽余、资金周转速度快的企业。为了保证企业资金充分供应，实现企业的快速发展，将应收账款实行折扣保理，可以提前获得现金，以投入新一轮的生产。这种保理与应收账款的贴现相似，唯一不同的是应收账款的贴现到期不能收回账款，销售企业必须承担应有的风险。然而，保理则可以把风险转移给保理商，分散企业的风险。可是，这种保理的所付出的代价相当的高，也需企业权衡风险和收益，使风险和收益相匹配。对应的到期保理只承担不能收回应收账款的风险，不提前融资。在选择这两种保理业务时，主要考虑企业的筹资能力。

（二）签订合适的保理合同

选择好保理业务的种类之后，接下来的是如何签订保理合同，使得销售企业在委托应收账款管理和应收账款融资方面得到应有的保证。

与银行协商、签订保理合同。企业应该与熟悉自己企业背景情况和业务能力的银行进行沟通，阐明申请保理的理由和内在需求；提供客观、真实的会计资料与经营资料；核定应收账款保理业务的融资期；按照银行的要求，积极准备需要提供的各种材料，与银行进行沟通。签订保理合同。

1. 明确保理合同的内容

债权应该具有可让与性，销售商应该确定应收账款能够转让，否则即使签订了合同，到时也很难执行，对销售企业不利。为了保证保理业务能够在客户拒付时收回账款，销售企业和保理商在合同之中必须注明应收账款的支付方式和期限。一般支付方式有两种：一是到期日方式；二是收款日方式。到期日方式由保理商与卖方约定自发票日、自债权让与日或自发票提交保理商日等，保理商向卖方支付价款。收款日方式即在买方债务人向保理商支付货款后，保理商再向卖方支付债权价款。或自应收账款到期日一定期限后，买方未付款时，保理商担保付款等。

2. 通过公证来保障合同的有效性

为保理合同提供公正，能够更好地保证当事人的权利。公证人可以为银行与买卖双方签订保理合同提供法律咨询，规范保理业务市场。作为保理商的银行也未必能够全面了解保理合同的各方面内容。因此，应通过公证来保障合同的有效性。

3. 签订合同，转让应收账款的债权

销售企业可以比较放心地把应收账款让与保理商管理，减少销售人员的后顾之忧，使销售部门能够集中精力做好销售和服务工作。

（三）转让发票

企业按照银行要求提交销售发票、货物合同、货运单据等，填写应收账款转让通知书，并出具货款明细表。

（四）申请保理融资、提交申请书

公司需要银行提供保理融资服务。在转让发票时，请提交保理预付款融资申请书。银行将向企业提供最高相当于发票金额80%的融资。

（五）收款、还款和结清余款

银行收款后即与企业结清余款，如果发生间接付款，企业应立即通知银行做相应处理。

五、我国应收账款保理业务实践

应收账款保理在我国对外贸易发展中发挥着非常重要的作用，这一点突出体现在我国银行保理业务的迅猛发展上。中国银行在1993年率先申请加入国际保理商联合会（FCI）成为其正式会员至今，国内的交通银行、光大银行、工商银行、中信实业银行、建设银行和民生银行也陆续加入到了国际保理业的队伍中。

在国际保理业务发展的同时，国内保理业务所蕴含的巨大市场潜力正有待人们的认识和发掘。2003年5月30日中国银监会公布了《关于调整银行市场准入管理方式和程序的决定》，调整银行市场准入管理方式，表明监管当局已经降低了对国内保理业务的市场准入，业务开办由银行自主决定。

2003年7月中国建设银行正式向社会推出国内保理业务，从而成为国内首家经人民银行批准开办国内保理业务的中资银行。作为试点，建设银行上海市分行为客户累计提供了近6亿元人民币无追索权保理业务，且到期应收账款已全部按时回收，无一逾期或发生争议。建设银行推出的国内保理业务，包括服务保理、隐蔽保理、有追索综合保理、到期保理、封闭保理和全保理。目前，国内保理业务已经普遍列入了各银行的业务范围。

在保理业务量不断扩大的同时，保理业务的内容也在逐渐发生变化。2003年11月，中国工商银行为满足客户多样化的金融服务需求，重新制定并下发了《国内保理业务管理办法》，将国内保理业务范围从原来仅限于销售商与企业之间因购买货物或接受服务而形成的应收账款扩大到销售商与地市级（含）以上国家机关、学校和医院等事业单位及团体组织之间。此外，出口企业未能及时到账的出口退税应收款也被纳入了保理业务范围。工商银行此次颁布下发的《国内保理业务管理办法》是在保理业务市场不断发展的新形势下，根据国家有关的金融政策、法律法规和商业银行内控管理制度的要求，对原试行办法进行了修订完善。新管理办法体现了以市场为导向，以客户为中心的经营理念，增加了金融服务功能，以切实保障符合保理业务市场准入条件的客户的融资需求。

与此同时，为保障国内保理业务健康发展，控制融资风险，工商银行在新管理办法中对防范控制保理业务风险问题也做出了具体规定。比如对保理业务实行融资额度控制并纳入最高综合授信额度进行管理。对无追索权（非回购型）保理业务，银行做担保付款时，要按确认的保理额度与已收回应收账款的差额部分提取100%的专项准备；销售商提供付款担保的，银行按确认的保理额度提取1%的普通准备。

中国银行业保理专业委员会数据统计显示，2012年我国银行保理业务量折合人民币2.83万亿元人民币，同比增长26.94%；其中国内保理2.24万亿元人民币，同比增长17.83%；国际保理939.72亿美元，同比增长80.16%。到了2013年上半年，保理业务增速有明显提升，银行业协会成员单位国内保理业务量达1.23万亿元，同比增长115.79%；国际保理业务量达594.32亿美元，同比增长176.12%。

近年来，我国商业银行保理业务快速增长，为促进其健康规范发展，银监会于2014年4月颁布了《商业银行保理业务管理暂行办法》，对保理业务、保理融资、应收账款及转让予以定义并进行了分类，对合格应收账款标准进行了界定。《国内保理业务管理办法》从融资产品、客户和合作机构准入、业务审查、专户管理、融资比例和期限等多方面对保理融资业务流程和重点环节进行了规范，并明确了保理业务在公司治理、制度建设及内部控制等方面的要求，同时规定了相关监管措施和罚则。

目前，国内以保理为主流的应收账款融资业务得到蓬勃发展，应收账款证券化也在逐步推广，在支持实体经济和小微企业发展等方面发挥了积极作用。

第三节　实训项目

项目一　现金管理实训

实验名称：现金管理

实验类型：验证型

实验目的与要求：

1. 掌握现金持有成本的构成。
2. 掌握各种现金余额持有模型的应用。

实验内容：

（一）随机模型（米勒-奥尔模型）的运用

【实训资料】

沪江公司有价证券的年利率为9%，每次固定转换成本为50元，公司认为任何时候其银行活期存款及现金余额均不低于1 000元，又根据以往经验测算出现金余额波动的标准差为800元。

【实训要求】

根据上述资料，完成下列任务：

1. 计算有价证券日利率。

2. 计算最优现金返回线。

3. 计算现金控制上限。

【思路指导】

随机模型（米勒-奥尔模型）的计算公式。

回归线 R 可按下列公式计算：

$$R=\left(\frac{3b\times\delta^2}{4i}\right)^{1/3}+L$$

（二）存货模型的运用

【实训资料】

蓉汇公司现金收支比较稳定，预计全年（按 360 天计算）现金需要量为 25 万元，现金与有价证券的转换成本为每次 500 元，有价证券年利率为 10%。

【实训要求】

根据上述资料，完成下列任务：

1. 计算最佳现金持有量。

2. 计算最佳现金持有量下的全年现金管理总成本、全年现金转换成本和全年现金持有机会成本。

3. 计算最佳现金持有量下的全年有价证券交易次数和有价证券交易间隔期。

【思路指导】

1. 注意存货模型考虑的成本因素。

2. 存货模型的计算公式：

交易成本 $=(T/C)\times F$

机会成本 $=(C/2)\times K$

现金管理总成本 = 持有机会成本 + 转换成本 $=(T/C)\times F+(C/2)\times K$

（三）成本模型的运用

【实训资料】

某企业 A、B、C、D 四种货币资金持有方案，各方案的机会成本、管理成本、短缺成本见表 5-1。

表 5-1　　现金方案持有表　　单位：元

方案	现金持有量	机会成本率	管理成本	短缺成本
A	10 000	9%	1 500	4 300
B	20 000	9%	1 500	3 200
C	30 000	9%	1 500	900
D	45 000	9%	1 500	0

【实训要求】

根据成本模型计算确定公司最佳现金持有量，将计算结果填入表 5-2 中，并计算分析企业最佳现金持有量方案。

表 5-2　　最佳现金持有量估算　　单位：元

方案	现金持有量	机会成本率	管理成本	短缺成本	总成本
A					
B					
C					
D					

【思路指导】

1. 成本模型考虑包括机会成本、管理成本和短缺成本三种成本因素，依此确定备选方案中三者总成本最低为最佳持有方案。

2. 成本模型的计算公式：

最佳现金持有量=min（管理成本+机会成本+短缺成本）

项目二　应收账款管理实训

实验名称：应收账款管理

实验类型：验证型

实验目的与要求：

1. 掌握应收账款的成本构成。
2. 掌握应收账款机会成本的计算。
3. 能够结合企业实际选择合理的信用方案。

实验内容：

（一）信用期限决策

【实训资料】

1. 蓉汇公司预计信用期限为20天，销量可达50万件；信用期若延长到40天，销量可增加到60万件。假定蓉汇公司投资报酬率为9%，产品单位售价为4元，其余条件如表5-3所示。

表5-3　　信用条件概况　　单位：万元

信用期	20天	40天
销售额	200	240
销售成本：		
变动成本	60	72
固定成本	20	20
毛利	120	148
收账费用	10	12
坏账损失	3	5

【实训要求】

根据上述资料，计算分析确定蓉汇公司应选择哪一个信用期限。

【思路指导】

1. 应收账款的信用决策问题关键是应收账款的机会成本的计算，在此类决策中都会涉及机会成本。

2. 应收账款机会成本的计算公式：

①应收账款平均余额=日销售额×信用期间或平均收现期

②应收账款占用资金=应收账款平均余额×变动成本率

③应收账款占用资金的“应计利息”

=应收账款占用资金×资本成本

=应收账款平均余额×变动成本率×资本成本

=日销售额×信用期间或平均收现期×变动成本率×资本成本

=（全年销售额×变动成本率）/360×信用期间或平均收现期×资本成本

=全年销售变动成本/360×信用期间或平均收现期×资本成本

3. 在分析时，先计算放宽信用期得到的收益，然后计算增加的成本，最后根据两者比较的结果作出判断。

【实训资料】

2. 蓉通公司预测的2016年赊销额为3 600万元，其信用条件是：n/30，变动成本率为60%，资金成本率（或有价证券利息率）为10%。假设企业收账政策不变，固定成本总额不变。蓉通公司准备了三个信用条件的备选方案：

（1）维持n/30的信用条件；

（2）将信用条件放宽到n/60；

（3）信用条件放宽到n/90。

为各种备选方案估计的赊销水平、坏账百分比和收账费用等有关数据见表5-4。

表5-4　　信用条件概括表　　单位：万元

备选方案	（1）	（2）	（3）
信用条件	n/30	n/60	n/90
年赊销额	3 600	3 960	4 200
应收账款平均收账天数	30	60	90
应收账款平均余额			
维持赊销业务所需资金			
坏账损失/年赊销额	2%	3%	6%
坏账损失			
收账费用	36	60	144
信用成本后收益			

【实训要求】

请根据上述资料，计算填写表5-4的空白数据，并分析确定蓉通公司应选择哪一个备选方案。

【思路指导】

同上。

【实训资料】

3. 蓉达公司是一家儿童玩具制造类企业，产品的变动成本率为80%，一直采用赊销方式销售产品，信用条件为N/60。如果继续采用N/60的信用条件，预计2016年赊销收入净额为1 000万元，坏账损失为20万元，收账费用为12万元。

为扩大产品的销售量，蓉达公司拟将信用条件变更为N/90。在其他条件不变的情况下，预计2016年赊销收入净额为1 100万元，坏账损失为25万元，收账费用为15万元。假定风险投资最低报酬率为10%，一年按360天计算，所有客户均于信用期满付款。

【实训要求】

根据上述资料，完成下列任务：

1. 计算信用条件改变后蓉达公司收益的增加额。

2. 计算信用条件改变后蓉达公司应收账款成本增加额。

3. 为蓉达公司做出是否应改变信用条件的决策并说明理由。

【思路指导】

同上。

（二）改变信用决策

【实训资料】

1. 接实训 1 的资料，若蓉汇公司在采用 40 天的信用期限的同时，向客户提供（2/10，n/40）的现金折扣，预计将有占销售额 60%的客户在折扣期内付款，而收账费用和坏账损失均比信用期为 40 天的方案下降 8%。

【实训要求】

判断蓉汇公司应否向客户提供现金折扣。

【思路指导】

同上。

【实训资料】

2. 蓉源公司 2015 年 A 产品销售收入为 4 000 万元，总成本为 3 000 万元，其中固定成本为 600 万元。2016 年该企业有两种信用政策可供选用：

甲方案：给予客户 60 天信用期限（n/60），预计销售收入为 5 000 万元，货款将于 60 天收到。其信用成本为 140 万元。

乙方案：信用政策为（2/10，1/20，n/90），预计销售收入为 5 400 万元，将有 30%的货款于第 10 天收到，20%的货款于第 20 天收到，其余 50%的货款于 90 天收到（前两部分货款不会产生坏账，后一部分货款的坏账损失率为 4%，）收账费用为 50 万元。

该公司 A 产品销售额的相关范围为 3 000 万~6 000 万元，企业的资本成本率为 8%。

【实训要求】

根据上述资料，分析确定蓉源公司应采用哪个方案。

【思路指导】

同上。

【实训资料】

3. A 公司是一个商业企业，由于目前的信用条件过于严厉，不利于扩大销售，该公司拟研究修改现行的信用条件。现有甲、乙、丙三个放宽信用条件的备选方案，有关数据如见表 5-5。

表 5-5 信用条件表

项目	甲方案（n/60）	乙方案（n/90）	丙方案（2/30，n/90）
年赊销额（万元/年）	1 440	1 530	1 620
收账费用（万元/年）	20	25	30
固定成本（万元）	32	35	40
坏账损失率（%）	2.5	3	4

已知 A 公司的变动成本率为 80%，资金成本率为 10%，坏账损失率指预计年度坏账损失和赊销额的百分比，考虑到有一部分客户会拖延付款，因此预计在甲方案中，应收账款平均收账天数为 90 天，在乙方案中应收账款平均收账天数为 120 天，在丙方案中，估计有 40%的客户会享受现金折扣，有 40%的客户会在信用期内付款，另外的 20%客户会延期 60 天付款。

【实训要求】

根据上述资料，通过计算选择一个最优的方案。

【思路指导】

同上。

项目三 存货管理实训

实验名称：存货管理

实验类型：综合型

实验目的与要求：

1. 了解存货成本构成。

2. 掌握各种存货成本模型。

实验内容：

（一）经济订货模型的运用

【实训资料】

1. 上海东方公司是亚洲地区的玻璃套装门分销商，套装门在香港生产后运至上海。管理当局预计年需求量为 10 000 套。套装门购进单价为 395 元（包括运费，单位是人民币，下同）与定购和储存这些套装门相关资料如下：

（1）去年订单共 22 份，总处理成本 13 400 元，其中固定成本 10 760 元，预计未来成本性态不变。

（2）虽然对于香港原产地商品进入中国内地已经免除关税，但是对于每张订单都要经双方海关检查，其费用为 280 元。

（3）套装门从香港运抵上海后，接受部门要进行检查，为此雇佣一名检验人员，每月支付工资 3 000 元，每个订单检验工作需要 8 小时，发生的变动费用为每小时 2.5 元。

（4）公司租借仓库来储存套装门，估计成本为年 2 500 元，另外加上每套门 4 元。

（5）在储存过程中会出现破损，估计破损成本平均每套是 28.50 元。①占用资金利息及其他储存成本每套为 20 元；②从订单发出到货物运到上海需要 6 个工作日；③为了防止供货中断，东方公司设置了 100 套的保险储备。

（6）东方公司每年 50 周，每周营业 6 天。

【实训要求】

根据上述资料，完成下列任务：

（1）计算经济批量模型中“订货成本”；

（2）计算经济批量模型中“储存成本”；

（3）计算经济订货数量；

（4）计算每年与批量相关的存货总成本；

（5）计算再订货点；

（6）计算每年与储备存货相关的总成本。

【思路指导】

1. 与持有存货有关的成本，包括以下三种：取得成本（订货成本、购置成本）、储存成本、缺货成本，并注意考虑固定成本和变动成本的构成。

2. 存货的总成本的计算公式为：

$$\mathrm{TC}=\mathrm{TC}_a+\mathrm{TC}_c+\mathrm{TC}_s=F_1+\frac{D}{Q}K+DU+F_2+\frac{Q}{2}K_2+\mathrm{TC}_s$$

企业存货的最优化，就是使企业存货总成本即上式TC值最小。

【实训资料】

2. 甲公司是一家分销商，商品在香港生产然后运至上海，管理当局预计2016年度需求量为14 400套，购进单价为200元，订购和储存这些商品的相关资料如下：

(1) 每份订单的固定成本为280元，每年的固定订货费用为40 000元；

(2) 产品从生产商运抵上海后，接收部门要进行检查，为此雇佣一名检验人员，每个订单的抽检工作需要0.5小时，发生的变动费用为每小时16元；

(3) 公司租借仓库来储存商品，估计成本为每年2 500元，另外加上每件6元；

(4) 在储存过程中会出现破损，估计破损成本为平均每件18元；

(5) 占用资金利息等其他储存成本为每件12元；

(6) 从发出订单到货物运到上海需要4个工作日；

(7) 为防止供货中断，公司设置了100套的保险储备；

(8) 公司每年经营50周，每周营业6天。

【实训要求】

根据上述资料，完成下列任务：

(1) 计算经济批量模型中“订货成本”；

(2) 计算经济批量模型中“储存成本”；

(3) 计算经济订货数量；

(4) 计算每年与批量相关的存货总成本；

(5) 计算再订货点；

(6) 计算每年与储备存货相关的总成本。

【思路指导】

同上。

(二) 再订货点的决策

【实训资料】

C公司是一家冰箱生产企业，全年需要压缩机3 600台，均衡耗用。全年生产时间为360天，每次的订货费用为50元，每台压缩机持有费率为1元，每台压缩机的进价为90元。根据经验，压缩机从发出订单到进入可使用状态一般需要6天，公司与供应商根据历史资料最长交货期为10天，每天最大耗用量曾为15件。

【实训要求】

根据上述资料，完成下列任务：

（1）计算经济订货批量；

（2）计算全年最佳订货次数；

（3）计算不考虑安全库存的再订货点及考虑安全库存的再订货点。

【思路指导】

不考虑安全库存再订货点的计算公式：

$R=L\times d$

考虑安全库存再订货点的计算公式：

$R=L\times d+SS$

（三）陆续到货的决策

【实训资料】

某零件年需用量（D）为3 600件，每日送货量（P）为30件，每日耗用量（d）为10件，单价（U）为10元，一次订货成本（生产准备成本）（K）为25元，单位储存变动成本（K_c）为2元。

【实训要求】

根据上述资料，计算最佳订货数量。

【思路指导】

存货陆续供应和使用的经济订货量公式：

$$\mathrm{EQQ}=\sqrt{\frac{2KD}{K_c}\times\frac{P}{P-d}}$$

存货陆续供应和使用的经济订货量相关总成本公式：

$$\mathrm{TC(Q)}=\sqrt{2KDK_c\times\left(1-\frac{d}{p}\right)}$$

（四）数量折扣的决策

【实训资料】

1. 新宇电器有限公司是一家以经营各类家用电器为主的全国性家电零售连锁企业。本着“创新务实、精益求精”的企业理念，依靠准确的市场定位和薄利多销的经营策略，得以蓬勃发展。

目前，新宇电器已成为中国驰名商标，并已经发展成为中国最大的家电零售连锁企业之一，在北京、天津、上海、成都、重庆等25个城市以及香港等地区拥有直营店130余家、10 000多名员工，多次蝉联中国商业连锁三甲，成为国内外众多知名家电厂家在中国最大的经销商。2003年国家商务部公布的中国连锁经营前30强，新宇电器以177.9亿元位列第三，同时位列家电连锁企业第一名，继续领跑中国家电零售业。

在长期经营实践中，新宇电器形成了独特的商品、价格、服务、环境四大核心竞争力。全面引进了彩电、冰箱、洗衣机、空调、手机、数码摄像机、电脑、音响等产品，使所经销的商品几乎囊括所有消费类电子产品。大单采购、买断、包销、定制等多种适合家电经营的营销手段，保证了新宇家电的价格优势。完善的售后服务体系、高素质的售后服务队伍是新宇电器的规模化经营的基础。

6月中旬，空调订货销售时机，分公司主管业务工作的副经理陶新萍刚走进自己的办公室，营业部主任李翔就匆匆忙忙地来到办公室，请求海尔空调的订货事宜。李翔说："采购员张伟从青岛海尔空调器有限公司打来电话，说海尔空调有现货供应，规格型号正好是本市畅销的几种。进货价格平均下来约合每台2 800元，若一次订购500台，还可以得到4%的优惠价格，是否按折扣价格购进，请速回电话告知。"

近来空调市场需求旺盛，海尔空调已库存量不多，正考虑此事的陶副经理听后高兴地说："这是个好消息！李主任，你算一下账，看怎样订购更合适，然后把你的意见告诉我。"

李翔是从商学院毕业分配到电器有限公司的，先后做过采购员、销售员、营业部副主任及营业部主任等职务。他既懂得商品采购、保管、推销的一些基本理论，又有着较丰富的商品采购、保管与推销的实践经验，几年来经他采购或由他决策订购的电器商品，不仅质量上得到保证、数量上比较适中，而且价格上也比较合理。由于经营得当，公司在激烈的市场竞争中一直处于有利的地位，业务得到较大的发展。

李翔根据陶副经理的意见，首先从计算机中调出了有关海尔空调的财务数据资料：公司近几年中每年销售海尔空调近4 000台，每次进货费用平均需要800元，平均每台空调年储存费用为160元。

然后，他利用自己所掌握的方法，迅速进行了有关数据的测算。李翔计算完后，心里有了数，于是立即向陶副经理做了汇报。

【实训要求】

根据上述资料，完成下列任务：

（1）李翔通过计算是否决定按折扣价格进货？

（2）如存在不同的折扣数量，企业进货批量如何确定？

【思路指导】

1. 考虑到有数量折扣时，存货的总成本应由三部分构成：

存货的总成本=储存成本+订货成本+采购成本

2. 考虑到一般情况下的经济订货批量和折扣条件所能得到的优惠，在有数量折扣的情况下确定最佳订货批量的具体步骤如下：

（1）按照基本经济订货批量模型确定不享受折扣的经济订货批量；

（2）计算按上述经济订货批量订货时年成本合计；

（3）计算按给予数量折扣的批量订货时年成本合计，若给予数量折扣的批量是一个范围，则按给予数量折扣的最低批量计算年成本合计；

（4）比较不同订货批量的总成本合计，最低总成本合计对应的订货批量，就是实行数量折扣的经济订货批量。

【实训资料】

2. 求精工厂全年需用甲零件10 000件。每次变动性订货成本为50元，每件甲零件年平均变动性储存成本为4元。当采购量小于600件时，单价为10元；当采购量大于或等于600件，但小于1 000件时，单价为9元；当采购量大于或等于1 000件时，单价为8元。

【实训要求】

计算最优采购批量及全年最小相关总成本。

【思路指导】

同上。

【实训资料】

3. 某企业甲材料的年需要量为16 000千克，每千克标准价为20元。销售企业规定：客户每批购买量不足1 000千克的，按照标准价格计算；每批购买 量1 000千克以上，2 000千克以下的，价格优惠2%；每批购买量2 000千克以上的，价格优惠3%。已知每批进货费用600元，单位材料的年储存成本30元。

【实训要求】

计算最优采购批量及全年最小相关总成本。

【思路指导】

同上。

（五）仓库容积限制的决策

【实训资料】

圆庆公司每年需要乙材料360 000千克，每次订货成本1 225元，每千克全年存储成本为0.5元。该公司目前仓库最大存储量为30 000千克，考虑到业务发展需要，已与其他单位意向租用一可存储20 000千克乙材料的仓库，年租金约为4 000元。

【实训要求】

计算最优采购批量及全年最小相关总成本。

【思路指导】

1. 计算不受任何限制时的经济订购批量和年总成本合计。

2. 由于公司日前仓库最大存储量少于经济订购批量，因此，需要在扩大仓储量和按目前最大存储量存储之间作出选择。

3. 比较选择。

（六）订单数量限制的决策

【实训资料】

某供应商销售甲材料时，由于包装运输原因，只接受200件整数批量的订单（如200件、400件、600件等），不接受有零数的订单（如500件）。圆庆公司全年需用甲材料1 800件，每次订货成本为120元，每件年储存成本为2元。

【实训要求】

计算最优采购批量及全年最小相关总成本。

【思路指导】

1. 计算不考虑订单限制时的经济订购批量存储成本和订货成本。

2. 分别计算整数批量的订单（如200件、400件、600件等）存储成本和订货成本。

3. 比较选择存储成本和订货成本最低的方案。

（七）保险储备的决策

【实训资料】

某企业某存货的年需要量D=3 600件，单位储存变动成本K_c=2元，单位缺货成本K_u=4元，交货时间L=10天；已经计算出经济订货量Q=300件，每年订货次

数 $N=12$ 次。交货期内的存货需要量及其概率分布如表 5-6 所示。

表 5-6　　某种存货交货期内的需要量及其概率分布表

需要量	70	80	90	100	110	120	130
概率（P_1）	0.01	0.04	0.20	0.50	0.20	0.04	0.01

【实训要求】

根据上述实训资料和表 5-6 中的相关数据计算最佳保险储备数量。

【思路指导】

1. 需要比较不同保险库存缺货成本和储存成本。
2. 缺货成本的计算公式：
缺货成本＝每年订货次数×缺货数量×缺货概率×单位缺货损失
3. 比较选择存缺货成本和储存成本最低的方案。

项目四　应付账款管理实训

实验名称：应付账款管理
实验类型：验证型
实验目的与要求：
1. 熟悉企业现金折扣条件。
2. 了解放弃应付账款的机会成本。
3. 能够结合企业实际做出合理的应付账款决策。
实验内容：

【实训资料】

1. 恒通公司现在要从甲、乙两家企业中选择一家作为供应商。甲企业的信用条件为“2/10，N/30”，乙企业的信用条件为“1/20，N/30”。

【实训要求】

根据上述资料，完成下列任务：

（1）假如选择甲企业作为供应商，恒通公司在 10 天和 30 天之间有一投资机会，投资回报率为 40%，恒通公司应否在折扣期内归还甲公司的应付账款以取得现金折扣？

（2）当恒通公司准备放弃现金折扣，应选择哪家供应商？

（3）当恒通公司准备享受现金折扣，应选择哪家供应商？

【思路指导】

放弃现金折扣的信用成本的计算公式：

$$放弃折扣的信用成本率=\frac{折扣\%}{1-折扣\%}\times\frac{360天}{付款期（信用期）-折扣期}$$

【实训资料】

2. 甲公司采购一批材料，供应商报价100万元，付款条件为：“2/10，1/20，N/90。”目前企业用于支付账款的资金需要在90天时才能周转回来，在90天内付款，只能通过银行借款解决。假设银行借款利率为5%，每年按360天计算。

【实训要求】

根据上述资料，完成下列任务：

（1）按照财务管理的理念，指出在不损害企业信誉的情况下甲公司可选择的付款方案，并计算放弃折扣的信用成本率；

（2）判断甲公司应否放弃现金折扣；

（3）计算不同付款方案的净收益，并选择最优的付款方案。

【思路指导】

同上。

【实训资料】

3. 某公司拟购买一台设备，有A、B两个企业提供的设备可供选择，有关资料如下：

A企业的设备价格为100万元，信用条件（2/10，1/20，N/90）。

B企业的设备报价如下：①10天内付款，价格为97万元；②11~30天内付款，价格为98.5万元；③31~60天内付款，价格为98.7万元；④61~90天内付款，价格为100万元。

假设企业资金不足，可向银行借入短期借款，银行短期借款利率为10%，每年按360天计算。

【实训要求】

根据上述资料，完成下列任务：

（1）如果从A企业购买设备，计算不同时间放弃现金折扣的成本；

（2）如果从B企业购买设备，计算不同时间放弃现金折扣的成本；

（3）根据以上结果，选择应从哪家企业购买。

【思路指导】

企业放弃应付账款现金折扣的原因，可能是企业资金暂时的缺乏，也可能是基于将应付的账款用于临时性短期投资，以获得更高的投资收益。如果企业将应付账款额用于短期投资，所获得的投资报酬率高于放弃折扣的信用成本率，则应当放弃现金折扣。

项目五　短期筹资实训

实验名称：短期筹资

实验类型：综合型

实验目的与要求：

1. 了解债券回购的形式与要求。
2. 了解短期融资券。

实验内容：

（一）国债回购

【实训资料】

国债回购是一种常用的交易方式，它指的是国债持有者在卖出一笔国债的同时，与买方协议，约定于某一到期日再以事先约定的价格将该笔国债购回的交易方式；也可以是投资者在购入一笔国债的同时，与卖方约定在未来某一到期日，再以事先约定的价格卖给最初的售券者。我们称前一种为国债的正回购，又叫卖出回购；后一种为国债的逆回购，又称为买入返售，两者统称为国债回购。一次完整的国债回购交易包括一来一去两次买卖。但是第二次买卖的时间、价格是在第一次买卖时就已经约定好了的。

上海证券交易所的国债回购交易是从1993年12月15日起正式开始的，它实行竞价交易，融资方（资金需求方）和融券方（资金供给方）按照每百元资金应收（付）的年收益率报价，报价时可省略百分号，直接输入年收益率数值，并限于小数点后3位有效数字，最小的报价变动单位是0.005个百分点或其整数倍。交易方向以到期时国债的交付方向为准，如融资方开始时卖出国债得到资金，到期时偿还本息买回国债，融券方的交易方向就是买进；反之，融券方的交易方向为卖出。

国债回购申报数量同国债现券一样，称为“手”（1 000元面值的国债为1手），并以面值10万元，即100手标准券国债为最小交易单位。交易双方实行“一次交易，两次清算”，成交当天对双方进行融资、融券的成本清算，到期购回清算，由证券交易所根据成交时的收益率计算出购回价。其计算公式为：

购回价=100×（1+年收益率×回购天数/360天）

回购交易的参与人不能够以自有账户直接进行交易，交易必须委托交易所的会员进行。会员在接受委托后，将该账户记账式国债当日交易结束后的实际余额，按比例折合成标准券，相应记入各会员单位回购结算席位的国债标准券账户，具体的折算标准由上交所每季度按照国债利率和上市国债的市场价格计算。各会员单位当日即可将该账户记账式国债用于回购业务，这部分国债形成抵押券，融资方不能随便动用。国债回购的交易佣金是单向收取的，在交易发生时由融券方一次付清，到期回购时不再付任何费用。上交所交易的回购品种如表 5-7 所示。

表 5-7　　上交所交易的回购品种

回购品种	挂牌名称（R×××）	代码	标准佣金（元/10 万元）
3 天国债回购	R003	201001	15
7 天国债回购	R007	201002	25
14 天国债回购	R014	201003	50
28 天国债回购	R028	201004	100
91 天国债回购	R091	201005	150
182 天国债回购	R182	201006	150

注：其中，"R" 为回购业务标识、"×××" 代表回购天数。

例如，某投资者有面值为 14 万元的 696 国债，想进行买入回购。他委托某交易所会员代其进行交易。若当时 696 国债折成标准券的比例为 1.4∶1，则该交易者拥有的标准券为 10 万元，即 100 手标准券国债。12 月 30 日，受托人进行了 14 天国债回购业务，以年收益率为 6%的当天收盘价卖出 100 手 R014，其购回价格 = 100×（1+6.0%×14/360）= 100.233 元。在交易日当天，该投资者得到的现金是 100 000 元，其中 50 元付给券商的手续费不由该投资者支付，而由融券方支付，即当天融券方应交纳 100 000+50 = 100 050 元；14 天后，即 1 月 13 日，该投资者支付 100 233 元给融券方。

【实训要求】

请分析融资方不能动用国债抵押券是否合理。

【思路指导】

1. 了解国债低押券的特点。
2. 根据有关国债抵押券的规定结合案例资料进行分析。

（二）短期融资券

【实训资料】

资料 1

长江电力是我国最大的水电上市公司，由中国长江三峡工程开发总公司（简称

“三峡总公司”）作为主发起人，联合华能国际电力股份有限公司、中国核工业集团公司、中国石油天然气集团公司、中国葛洲坝水利水电工程集团有限公司和长江水利委员会长江勘测规划设计研究院等五家发起人以发起方式设立的股份有限公司，公司成立于2002年11月4日。经中国证监会《关于核准中国长江电力股份有限公司公开发行股票的通知》核准，公司于2003年10月28日—2003年11月11日成功发行了232 600万股、每股面值1元的人民币普通股股票，发行价格为每股4.30元，募集资金净额98.26亿元。首次公开发行后，公司总股本为785 600万股。股票名称“长江电力”，股票代码600900。

长江电力主要从事水力发电业务。目前，长江电力拥有葛洲坝水电站和三峡工程投产的6台发电机组，总装机容量为691.5万千瓦。公司由葛洲坝电厂、三峡电厂、检修厂、梯调中心及各职能部门组成，无子公司及分公司。参股公司5家，分别为三峡财务有限责任公司、中国建设银行股份有限公司、长江证券有限责任公司、中国电力财务有限公司和交通银行。

长江电力自成立以来，主营业务增长迅速，且一直注重维护公司良好的形象，资信情况良好。国内主要银行，如中国建设银行、中国工商银行、中国银行、国家开发银行等均是公司的长期合作伙伴，多年来为公司的发展提供了有力的资金支持。据不完全统计，目前国内主要银行给予公司的银行授信额度超过400亿元。

中国长江电力股份有限公司股东大会于2005年5月8日通过决议，授权公司董事会处理发行累计本金总额不超过人民币40亿元的短期融资券。公司已于2006年1月5日完成了额度为30亿元的第一期短期融资券的发行。2006年9月14日，公司完成了2006年中国长江电力股份有限公司第二期短期融资券的发行。该期融资券的发行额为10亿元人民币，期限为365天，单位面值100元人民币，发行价格为96.47元人民币，共募集资金9.647亿元人民币。截至2006年9月14日，公司2004年度股东大会授权公司董事会处理发行累计本金总额不超过人民币40亿元的短期融资券已全部发行完毕。本期融资券发行募集资金的用途主要为满足公司生产经营流动资金的需要，改善财务结构，降低资金成本。

资料2

2006年中国长江电力股份有限公司第一期短期融资券发行公告

一、重要提示

1. 中国长江电力股份有限公司发行本期短期融资券已获中国人民银行银发［2005］388号文件备案通知。中国建设银行股份有限公司为主承销商。

2. 本次共发行面值30亿元人民币短期融资券，期限为365天。

3. 本次短期融资券的发行对象为全国银行间债券市场机构投资者（国家法律法规禁止投资者除外）。

4. 本次短期融资券在债权债务登记日的次一工作日，即可以在全国银行间债券市场机构投资人之间流通转让。

5. 本公告仅对发行2006年中国长江电力股份有限公司第一期短期融资券的有关事宜向投资者做扼要说明，不构成本期发行短期融资券的投资建议。投资者欲了解本期短期融资券的详细情况，敬请阅读《2006年中国长江电力股份有限公司第一期短期融资券募集说明书》，该募集说明书已刊登于中国债券信息网和中国货币网。

二、释义

在本发行公告中，除非文中另有所指，下列词语具有如下含义：

“公司/本公司/发行人/长江电力”是指中国长江电力股份有限公司。

“短期融资券”是指企业按照《短期融资券管理办法》规定的条件和程序在银行间

债券市场发行和交易并约定在一定期限内还本付息的有价证券。

“本期融资券”是指期限为365天的“2006年中国长江电力股份有限公司第一期短期融资券”。

“本期融资券发行”是指期限为365天的“2006年中国长江电力股份有限公司第一期短期融资券”的发行。

“簿记管理人”是指负责实际簿记建档操作者，即中国建设银行股份有限公司。

“承销商”指将负责承销本期融资券的一家，或多家，或所有机构（根据上下文确定）。

“承销团”是指由本期融资券承销商组成的承销团。

“法定节假日”是指中华人民共和国的法定节假日（不包括香港特别行政区、澳门特别行政区和台湾省的法定节假日）。

“工作日”是指北京市的商业银行的对公营业日（不包括法定节假日或休息日）。

“募集说明书”是指本公司为发行本期融资券并向投资者披露本期融资券发行相关信息而制作的2006年中国长江电力股份有限公司第一期短期融资券募集说明书。

“人民银行”是指中国人民银行。

“银行间市场”是指全国银行间债券市场。

“中央国债登记公司”是指中央国债登记结算有限责任公司。

“元”是指如无特别说明，指人民币元。

“主承销商”是指中国建设银行股份有限公司。

三、本期融资券发行基本情况

短期融资券名称：2006年中国长江电力股份有限公司第一期短期融资券。

发行人：中国长江电力股份有限公司。

发行金额（面值）：人民币30亿元（叁拾亿元整）。

短期融资券期限：365天。

短期融资券面值：人民币 100 元。

发行方式：由本期短期融资券主承销商组织承销团，通过簿记建档集中配售的方式在全国银行间债券市场公开发行。

发行对象：全国银行间债券市场的机构投资者（国家法律法规禁止投资者除外）。

发行价格：本期短期融资券采用贴现发行方式，发行价格通过簿记建档确定。

发行日期：2006 年 1 月 4 日。

簿记建档时间：2006 年 1 月 4 日上午 8：30—11：30。

起息日期：2006 年 1 月 5 日。

缴款日期：2006 年 1 月 5 日。

上市交易日：2006 年 1 月 6 日。

兑付日：2007 年 1 月 5 日（遇法定节假日向后顺延）。

兑付金额：按短期融资券面值支付。

兑付办法：本期短期融资券存续期限内兑付日前 5 个工作日，由发行人按有关规定在主管部门指定的信息媒体上刊登“兑付公告”。本期短期融资券的兑付，按照中央国债登记公司的规定，由中央国债登记公司代理完成兑付工作。相关事宜将在“兑付公告”中详细披露。

担保方式：本期短期融资券不设立担保。

承销方式：组织承销团，主承销商余额包销。

交易市场：全国银行间债券市场

发行人资信评级：经中诚信国际信用评级有限责任公司综合评定，发行人短期信用等级为 A-1+级。

托管机构：中央国债登记公司。

托管方式：采用记账方式，由中央国债登记公司统一托管。

税务提示：根据国家税收法律法规，投资者投资本期融资券应缴纳的税款由投资者自行承担。

适用法律：本期融资券的所有法律条款均适用中华人民共和国法律。

四、本期融资券发行时间安排

1. 2005 年 12 月 27 日通过中国货币网、中国债券信息网刊登发行公告、募集说明书等文件。

2. 2006 年 1 月 4 日簿记建档，承销团成员于上午 8：30-11：30 将加盖公章的《申购要约》传真给簿记管理人，簿记管理人据此统计有效申购量。

3. 2006 年 1 月 4 日 17：00 前由簿记管理人向获得配售的承销商传真 2006 年中国长江电力股份有限公司短期融资券认购确认书以及缴款通知书。

4. 2006 年 1 月 5 日 10：30 前，承销团成员将本期短期融资券认购款划至指定缴款账户。如承销团成员不能按期足额缴款，按照中国人民银行的有关规定和签订的“承销团协议”有关条款办理。

5. 2006年1月5日上午12：00前，发行人向中央结算公司提供本期融资券的短期融资券发行款到账确认书。

6. 2006年1月6日在中国货币网、中国债券信息网公告本期短期融资券实际的发行规模、发行价格、发行收益率、发行期限等情况。

7. 2006年1月6日本期短期融资券开始在全国银行间债券市场流通转让。

【实训要求】

根据上述资料，完成以下任务：

1. 分析长江电力公司此次发行短期融资券的目的。

2. 分析发行短期融资券对长江电力公司资本结构的影响。

【思路指导】

1. 可从拓宽企业直接融资渠道、改变直接融资与间接融资比例失调等方面进行分析。

2. 查阅长江电力公司的财务报表进行分析。

项目六　资产证券化实训

实验名称：资产证券化

实验类型：综合型

实验目的与要求：

1. 了解资产证券化的流程。

2. 认识资产证券化的风险。

实验内容：

【实训资料】

隧道股份BOT项目专项资产管理计划

2013年5月14日，国泰君安资产管理有限公司设立的“隧道股份BOT项目专项资产管理计划”经中国证监会批准发行，成为今年3月份证监会发布《证券公司资产证券化业务管理规定》新规后首只成功发行的资产证券化产品。

专项资产管理计划所募集的认购资金用于向隧道股份子公司大连路隧道公司购买基础资产，即相关合同中约定的2013年4月20日—2017年1月20日隧道专营权收入。通俗来说，就是隧道公司在专项资产管理计划募集结束后一次性收到募集资金，作为回报，隧道公司将把未来约定期间内从过路司机处收到的“买路钱”陆续交给“专项资产管理计划”这个“特殊目的载体”以偿还本金和利息。按照《证券公司资产证券化业务管理规定》，基础资产可以是财产权利或者财产，在此项计划中，基础资产是指隧道未来部分时期专营权收入。

在隧道股份专项计划设立后，相关资产支持证券产品将申请在上海证券交易所挂牌转让，将成为第一只在上交所固定收益平台挂牌转让的资产支持证券。固定收益平台为资产支持证券提供多种转让方式选择和实时逐笔结算模式，并允许证券公司为产品提供做市服务。上交所还将在固定收益平台推出协议回购功能，为资产支持证券的投资者提供回购融资。

为了防范风险，隧道股份专项计划为优先级证券投资者的利益做出了有效保障：专项计划采用优先/次级结构和外部担保机制进行信用增级，由原始权益人大连路隧道公司持有次级产品，并由隧道股份的控股股东上海城建集团为未来现金流的偿还提供担保。

【实训要求】

根据上述资料，回答以下问题：

1. 资产证券化业务将给大连路隧道公司带来什么样的影响？
2. 如何控制资产支持证券带来的风险？

【思路指导】

1. 从增强资产的流动性、获得低成本融资、减少风险资产、便于进行资产负债管理等方面进行分析。

2. 可以从巴塞尔委员会度量模型框架、加强资产证券化各个流程管理和相关机构的监管、增强监管机构之间的协调性等方面进行分析。

第六章　收益分配管理

第一节　主要知识点回顾

一、收入管理

销售收入是企业资金运动的起点和终点，销售收入的大小，主要取决于产品的销售数量和销售价格，因此，企业在经营管理过程中一定要做好销售预测分析和产品定价管理。

（一）销售预测分析

销售预测分析是指通过市场调查，以有关的历史资料和各种信息为基础，运用科学的预测方法或管理人员的实际经验，对企业产品在计划期间的销售量或销售额做出预计或估量的过程。

1. 销售预测的定性分析法

销售预测的定性分析法主要包括：营销人员判断法、专家判断法和产品生命周期分析法。其中，专家判断法又可以细分为个别专家意见汇集法、专家小组法和德尔菲法。

2. 销售预测的定量分析法

定量分析法也称数量分析法，是指在预测对象有关资料完备的基础上，运用一定的数学方法，建立预测模型做出预测。定量分析法一般包括趋势预测分析法和因果预测分析法两大类。

（1）趋势预测分析法，是指运用事物发展的延续性原理，采用一定的数理统计方法，来预测计划期的产品销售量或销售额的一种方法。它主要包括算术平均法、加权平均法、移动平均法、指数平滑法等。

（2）因果预测分析法，是指利用事物发展之间存在的因果关系，建立相应的因果预测分析模型，通过影响产品销售量（因变量）的相关因素（自变量）以及它们之间的函数关系进行产品销售预测的方法。因果预测分析法最常用的是回归直线分析法。

（二）产品定价管理

产品定价管理是指在调查分析的基础上，选用合适的产品定价方法，为销售的产品制定最为恰当的售价。

影响产品定价的因素主要包括：①产品价值因素；②产品成本因素；③市场供求因素；④竞争因素；⑤政策法规因素；⑥企业定价目标。

产品定价方法主要包括两大类：

1. 成本导向定价法

（1）完全成本加成定价法，是在单位产品完全成本的基础上，加上一定比例的合理利润来定价。

$$单位产品价格=\frac{单位成本\times(1+成本利润率)}{1-适用税率}$$

或：

$$单位产品价格=\frac{单位成本}{1-销售利润率-适用税率}$$

（2）保本点定价法，是按照刚好能够保本的水平来制定产品销售价格。

$$单位产品价格=\frac{固定成本+单位变动成本}{1-适用税率}=\frac{单位完全成本}{1-适用税率}$$

（3）目标利润法，是根据预期目标利润和产品销售量、产品成本、适用税率等因素来确定产品销售价格的方法。

$$单位产品价格=\frac{目标利润总额+完全成本总额}{产品销量\times(1-适用税率)}$$

（4）变动成本定价法，是指企业生产能力有剩余的情况下，企业在确定价格时产品成本仅以变动成本计算。

$$单位产品价格=\frac{单位变动成本\times(1+成本利润率)}{1-适用税率}$$

2. 需求导向定价法

需求导向定价法是指企业根据市场需求状况和消费者的不同反应分别确定产品价格的一种定价方式。

（1）需求价格弹性系数定价法，是指根据产品的需求价格弹性系数来确定产品价格的方法。

（2）边际分析定价法，是指基于微分极值原理，通过分析不同价格与销售量组合下的产品边际收入、边际成本和边际利润之间的关系，进行定价决策的方法。

二、成本管理

（一）成本性态

成本性态又称成本习性，是指成本的变动与业务量之间的依存关系。按照成本性态，通常可以把成本区分为固定成本、变动成本和混合成本三类。

1. 固定成本

固定成本是指其总额在一定时期及一定业务量范围内，不直接受业务量变动的影响而保持固定不变的成本。固定成本分为约束性固定成本和酌量性固定成本。

2. 变动成本

变动成本是指在特定的业务量范围内，其总额会随业务量的变动而成正比例变动的成本。变动成本分为技术性变动成本和酌量性变动成本。

3. 混合成本

混合成本就是“混合”了固定成本和变动成本两种不同性质的成本。混合成本的总额要随业务量的变化而变化，但这种变化与业务量的变动并不保持正比例关系。按照变动趋势的不同，混合成本可以进一步分为四种类型：半变动成本、半固定成本、延期变动成本和曲线变动成本。

混合成本的分解主要有以下几种方法：①高低点法；②回归分析法；③账户分析法；④技术测定法；⑤合同确认法。

（二）标准成本管理

标准成本是指通过调查分析、运用技术测定等方法制定的，在有效经营条件下所能达到的目标成本。标准成本按其制定所依据的生产技术和经营管理水平，分为理想标准成本和正常标准成本。

标准成本管理又称标准成本控制，是指以预先制定的标准成本为基础，将实际成本与标准成本进行对比，揭示成本差异形成的原因和责任，进而采取措施，对成本进行有效控制的管理方法。

1. 标准成本的制定

标准成本包括用量标准和价格标准两部分。

直接材料标准成本＝∑（单位产品材料用量标准×材料价格标准）

直接人工标准成本＝工时用量标准×工资率标准

制造费用标准成本＝工时用量标准×制造费用分配率标准

2. 成本差异的计算和分析

标准成本是一种目标成本，由于各种原因，产品的实际成本会与目标成本不符。企业在一定时期生产一定数量的产品所发生的实际成本与相关的标准成本之间的差额，称为成本差异。

成本差异=实际价格×实际用量-标准价格×标准用量
=价格差异+用量差异

其中，

价格差异=（实际价格-标准价格）×实际用量

用量差异=标准价格×（实际用量-标准用量）

（三）作业成本管理

1. 作业成本法

作业成本法简称ABC成本法，是指以作业为基础，通过对作业成本动因的分析来计算产品成本，并为企业作业管理提供相关性、准确性更高的成本信息的方法。

作业成本计算法基于资源耗用的因果关系进行成本分配：根据作业活动耗用资源的情况，将资源耗费分配给作业；再依照成本对象消耗作业的情况，把作业成本分配给成本对象。

2. 作业成本管理

作业成本管理是指以提高顾客价值、增加企业利润为目的，利用作业成本计算所获得的信息进行管理的新型集中化管理方法。它通过对作业及作业成本的确认、计量，最终计算产品成本；同时，将成本计算深入到作业层次，对企业所有作业活动进行追踪并动态反映，进行成本链分析，为企业决策提供准确的信息，达到降低成本、提高效率的目的。

（四）责任成本管理

责任成本管理，是指将企业内部划分成不同的责任中心，明确责任成本，并根据各责任中心的权、责、利关系来考核其工作业绩的一种成本管理模式。

按照权责范围以及业务活动的不同特点，责任中心一般可以划分为收入中心、成本中心、利润中心和投资中心四类。

1. 收入中心

收入中心是指只对收入负责的责任中心，其特点是所承担的经济责任只有收入，不对成本负责，因此，对收入中心只考核其收入实现情况。

2. 成本中心

成本中心是指只对成本或费用负责的责任中心。成本中心一般不会产生收入，通常只计量考核发生的成本。

3. 利润中心

利润中心是指既对成本负责又对收入和利润负责的责任中心。利润中心既能控制成本，又能控制收入和利润，因此，它要同时对成本、收入以及利润（即收入与成本的差额）负责。

4. 投资中心

投资中心是指既对成本、收入和利润负责，又对投资效果负责的责任中心。投资中心是最高层次的责任中心，它既拥有最大的决策权也承担最大的责任。

三、利润预测

（一）盈亏平衡点预测

盈亏平衡点又称保本点、零利润点、盈亏临界点，是指企业处于不亏不盈、恰好保本的状态。盈亏平衡点的预测是本量利分析的核心内容。

$$盈亏平衡点销售量=\frac{固定成本}{单价-单位变动成本}=\frac{固定成本}{单位边际贡献}$$

$$盈亏平衡点销售额=盈亏平衡点销售量\times 单价=\frac{固定成本}{边际贡献率}$$

$$盈亏平衡点总成本=盈亏平衡点销售额$$

（二）安全边际分析

1. 安全边际

安全边际有两种表现形式：

$$安全边际量=实际或预计销售量-盈亏平衡点销售量$$

$$\begin{aligned}安全边际额&=实际或预计销售额-盈亏平衡点销售额\\&=安全边际量\times 单价\end{aligned}$$

2. 安全边际率

$$安全边际率=\frac{安全边际量}{预计销售量}\times 100\%=\frac{安全边际额}{预计销售额}\times 100\%$$

安全边际（率）指标反映企业生产经营的安全程度，安全边际（率）越大，企业发生亏损的可能性就越小；否则，企业发生亏损的可能性就越大。

（三）多品种本量利分析

在多品种的情况下，企业只有重点扶持边际贡献率较高的产品，才能提高整个企业的盈利水平。

多品种本量利分析方法主要有：加权平均法、联合单位法、分算法、顺序法和主要产品法。

（四）目标利润预测

$$\begin{aligned}目标利润&=(单价-单位变动成本)\times 销售量-固定成本\\&=安全边际量\times 单位边际贡献\\&=安全边际额\times 边际贡献率\end{aligned}$$

（五）利润敏感性分析

利润敏感性分析是研究影响利润的相关因素发生变化时，对目标利润的影响方向和影响程度。

在现实经济环境中，销售单价、销售量、单位变动成本、固定成本等相关因素的变化都会引起利润的变化，但其影响程度各不相同。有些因素虽然只发生了较小的变动，却导致利润很大的变动，这些对利润影响大的因素称为敏感因素；反之，则称为非敏感因素。

反映各因素对利润敏感程度的指标是利润的敏感系数。敏感系数的计算公式为：

$$敏感系数 = \frac{利润变动百分比}{因素变动百分比}$$

四、股利分配理论与决策

股利政策是指在法律允许的范围内，企业是否发放股利、发放多少股利以及何时发放股利的方针及对策。股利政策的最终目标是使公司价值最大化。

（一）股利理论

股利理论主要研究两个问题：一是股利的支付是否能影响公司股价或公司价值；二是如果有影响的话，股利的支付是如何影响公司股价的。

1. 股利无关论

股利无关论认为，在一系列严密的假设条件下，股利政策不会对公司的价值或股票价格产生任何影响，投资者并不关心公司股利的分配，股利的支付比率也不会影响公司的价值。

股利无关论的代表性观点是 MM 理论。

2. 股利相关论

股利相关论认为，在现实世界中 MM 理论的一些假设得不到满足，因而股利政策会影响公司价值或股票价格。

股利相关论的代表性观点主要有“在手之鸟”理论、信号传递理论、税收差异理论、代理成本理论等。

（二）股利政策

1. 剩余股利政策

剩余股利政策是指公司在有良好的投资机会时，可以少分配甚至不分配股利，而将税后利润用于公司再投资。这是一种投资优先的股利政策，净利润首先满足公司的股权资金需求。

2. 固定股利支付率政策

固定股利支付率政策是指公司将每年净利润的某一固定百分比作为股利支付的政策。这个百分比通常称为股利支付率，股利支付率一经确定，一般不得随意变更。

3. 固定或稳定增长股利政策

固定或稳定增长股利政策是指公司将每年发放的股利额固定在某一特定水平或是在此基础上维持某一固定比率逐年稳定增长。

4. 低正常股利加额外股利政策

低正常股利加额外股利政策是指公司事先设定一个较低的正常股利额，每年除了按正常股利额向股东发放股利外，还在公司盈余较多、资金较为充裕的年份向股东发放额外股利。但是，额外股利并不固定化，不意味着公司永久地提高了股利支付水平。

（三）股利政策的影响因素

1. 法律因素

为了维护与公司股利分配有关各方的经济利益，各国的法律都对公司的股利分配有所规范，公司必须在法律许可的范围内进行股利分配。

法律上的约束通常有：①资本保全约束；②资本积累约束：③净利润约束；④超额累积利润约束；⑤偿债能力约束。

2. 公司因素

公司内部影响股利分配的因素主要有：①盈余的稳定性；②资产的流动性；③筹资能力；④投资机会；⑤资本成本；⑥现金流量；⑦其他因素。

3. 股东因素

股东因素有：①股东控制权；②稳定的收入；③避税。

4. 其他因素

其他因素有：①债务契约的约束；②通货膨胀。

（四）股利支付方式与程序

1. 股利支付方式

股利支付一般有现金股利、股票股利、财产股利和负债股利等方式，但后两种方式应用较少。

发放股票股利虽然仅仅是增加了股份数量，既不直接增加股东财富与公司的价值，也不改变财富的分配，但对股东和公司都有特殊意义。

2. 股利支付的程序

公司股利的支付必须遵循法定的程序，一般先由董事会提出分配预案，然后提交股东大会审议，股东大会决议通过分配预案之后，公司方可对外发布股利分配公告，向股东宣布股利分配方案，并确定股权登记日、除息日和股利支付日等重要日期，具体实施分配方案。

（五）股票分割与回购

1. 股票分割

股票分割又称拆股，是指将原来的一股股票拆分成若干股新的股票的行为。股票分割不会对公司的资本结构产生任何影响，但会使公司股票面值降低、股票数量增加。

2. 股票回购

股票回购是指上市公司出资将其发行在外的普通股以一定价格购买回来予以注销或作为库存股的一种资本运作方式。

股票回购的方式主要有三种：①公开市场回购；②要约回购；③议价回购。

公司采用股票回购方式主要出于以下动机：①分配公司的超额现金；②改善公司的资本结构；③提高公司的股票价格；④基于控制权的考虑。

各国对股票回购都有严格的法律限制，只有满足相关法律规定的情形才允许股票回购。

第二节　拓展阅读——股权激励[①]

股权激励（Stock Option）是一种以公司股权为标的对其董事、高级管理人员和核心员工等进行长期激励的方式。通过获得公司股权，企业经营者和员工能够以股东的身份参与企业决策、分享利润、承担风险，从而勤勉尽责地为公司的长期发展服务。

在过去的几十年中，股权激励已经成为西方发达国家企业经理人和员工薪酬的重要组成部分。美国沃顿商学院的研究结果显示，到 20 世纪末，在美国排名前 1 000位的公司中，有 90%的公司对高管授予了股票期权，股票期权占高管总收入的比重也从 1976 年的不到 20%上升到 2000 年的 50%，通用、可口可乐、强生、迪士尼等 10 家大公司的期权收益甚至占到高管总收入的 95%以上。

随着我国资本市场的发展与相关法律法规的不断完善，越来越多的中国企业也开始引入股权激励制度。以股权分置改革为契机，我国的上市公司不断探索和推进股权激励，对公司治理和企业经营管理产生了深远的影响。

一、股权激励的起源

美国是最早实行股权激励的国家。1952 年，面对最高可达 92%的个人所得税边际税率，美国辉瑞公司为了合理避税，尝试推出了面向公司全体员工的股票期权机会，开辟了股权激励制度的先河。20 世纪 60 年代美国硅谷的高速发展，便是得益于股权激励制度。20 世纪 70 年代后，随着美国政府陆续出台了许多相关法规，股权激励制度逐步成为美国企业治理的核心内容。之后，日本、英国、法国、意大利等国纷纷效仿，起源于美国的股权激励制度作为一项完善公司治理结构、激励公司高管员工的重要举措，在全世界得到了迅速推广和广泛运用。

我国的股权激励制度起步较晚。20 世纪 90 年代，伴随着国有企业的深化改革，股票激励开始兴起。1999 年，上海市政府决定在全市 700 多家国有企业中实施经营者期股（权）奖励制度，与此同时，深圳的国有企业也引入了期权激励，推行经营者持股。总体而言，在 2006 年以前，虽然国内的企业特别是上市公司在股权激励的实践方面有诸多尝试，但建设进程却相对缓慢。主要原因是，我国原《公司法》禁止公司回购本公司股票（回购注销的除外）、禁止高管转让其所持有的本公司股票，

① 参考吕长江等（2009），孙堂港、强培（2010），聂志红（2008）。

这些规定极大地约束了股权激励制度的发展。

随着股权分置改革的推进，法律和市场环境的改善为股权激励的实施提供了可靠的保障。2005 年 8 月，中国证监会、国资委、财政部、中国人民银行、商务部联合发布《关于上市公司股权分置改革的指导意见》，规定“完成股权分置改革的上市公司可以实施管理层股权激励”，随后相继颁布了一系列有关股权激励的法律法规。2005 年 10 月，《中华人民共和国公司法》和《中华人民共和国证券法》对股份回购、股票发行、高管任期内转让股票等内容进行了修订，为上市公司全面实施股权激励扫除了法律障碍。2005 年 12 月 31 日《上市公司股权激励管理办法（试行）》出台，为上市公司股权激励制度的设计提供了政策指引。自此，股权激励在我国正式进入规范发展阶段。此后，国务院国资委和财政部分别于 2006 年 1 月 27 日和 2006 年 9 月 30 日颁布了《国有控股上市公司（境外）实施股权激励试行办法》《国有控股上市公司（境内）实施股权激励试行办法》，对国有上市公司建立股权激励制度做出进一步的制度规定。

二、股权激励的理论基础

股权激励的理论来源非常丰富，主要有以下几种代表性理论：

（一）委托代理理论

研究发现，公司的股东（委托人）与经营层（代理人）之间的目标和所追求的利益是不一致的。股东希望其持有的股权价值最大化，而经营层追求自己的工资收入、在职消费和闲暇最大化。在缺乏有效的制度安排下，代理人凭借信息优势，在决策时可能会背离委托人的要求，甚至损害委托人的利益。由于委托人与代理人的利益不一致，双方的契约不完全，信息不对称，代理成本必然产生。因此，委托代理理论重点研究委托人如何设计最优契约激励代理人，降低代理成本。

根据委托代理理论，经济组织效率高低的关键在于能否设计一套激励机制以诱导代理人选择更高的努力水平，使公司资源分配符合帕累托最优或次优，实现激励相容。而授予代理人一定数额的股权就是激励代理人的一种有效方法，它能使代理人利益与公司的利益更趋一致，与委托人的目标更接近。

（二）期望理论

弗鲁姆（Froom）提出了期望理论，其核心内容是：人们之所以从事某项工作并达成组织目标，是因为这些工作和组织目标会帮助他们达成自己的目标，实现个人效用。激励力的大小取决于，该行动所能达成目标并能导致某种结果的预期价值乘以他认为达成该目标并得到某种结果的期望概率。只有当被激励主体对行为成果的预期价值和期望概率同时处于较高水平时，才可能产生强大的驱动力。

因此，在设计股权激励方案时，必须考虑激励目标和激励条件如何合理设定才能对被激励主体产生最大内在驱动力。

(三) 强化理论

斯金纳（Skinner）提出了强化理论，这是一种以学习的强化原则为基础的关于理解和修正人的行为的学说。从最基本的形式来讲，强化是对一种行为的肯定或否定的后果（即对该行为的奖惩），它一定程度上会决定这种行为在今后是否会重复发生。根据强化的性质和目的可把强化分为正强化和负强化。正强化就是奖励那些组织上需要的行为，从而加强这种行为；负强化就是惩罚那些与组织不相容的行为，从而削弱这种行为。一般而言，正强化和负强化同时实施，强化作用会更明显。

股权激励的目的是对公司期望的行为做出肯定并鼓励这种行为重复发生，对所不期望的行为做出否定并杜绝其重复发生。负强化实质是一种约束，正强化是一种刺激，因而股权激励制度本身应当成为刺激、约束相结合的制度。同时，股权激励应该保持连续性，以保持强化作用的良性运转。否则，被激励主体极容易产生短期行为，为达成本期的激励条件而损害企业的长远利益。

(四) 人力资本理论

舒尔茨（Schultz）认为，传统经济理论中资本的概念仅包含生产资料和货币，而忽视了人的能力，因此有必要将传统的资本概念包括进人力资本的概念。人力资本是指经过一定教育培训后形成的劳动者的知识和能力，表现为能带来利润收益并使资本得到保值增值的价值能量。人力资本之所以被称为资本，是因为它可以带来未来的满足或者收入。

在企业中，有一种特殊的人力资本——企业家才能，它是现代企业生存和发展最重要、最稀缺的资源。企业家掌握着企业的经营决策权，担负着企业资本增值的责任，其所得的利益应与其权力、责任相对称，这主要表现在企业家参与企业剩余利润的分享。

股权激励是拥有企业家才能的经营层参与剩余利润的分配的一般途径。通过股票期权使经理人获得企业的一部分股权，通过经营者股权激励的制度性安排使经营者拥有一定的剩余索取权，这既是对经营者人力资本价值的承认，也符合人力资本间接定价的特性。

(五) 内部控制人理论

在所有权与经营权分离的现代企业中，由于现实与制度的缺陷，很容易造成法人治理结构的失衡，使得企业的控制权不是掌握在企业家手中，而是掌握在内部人手中，这样就出现了“内部人控制”现象。

通过引入股票期权激励机制，把事实上的“内部人控制”合理地转变为法律上的“内部人控制”，并且彻底改变内部人的地位与收入状况，这符合股东利益最大化原则。

三、股权激励的模式

股权激励的模式通常有股票期权、股票增值权、限制性股票、业绩股票、虚拟股票、延期支付计划、经营者/员工持股、管理层/员工收购、账面价值增值权等几种表现形式。目前现阶段我国上市公司采用较多的是股票期权、股票增值权、限制性股票、业绩股票和虚拟股票这五种模式。

（一）股票期权

股票期权是指公司赋予激励对象在未来一定期限内以预先确定的价格（行权价）和条件购买公司一定数量股份的权利。持有这种选择权的人可以按照该特定价格购买公司一定数量的股票（此过程称为行权），也可以放弃购买股票的权利，但股票期权本身不得用于转让、质押或者偿还债务。

1. 股票期权激励模式的优点

（1）能够降低委托——代理成本，将经营者的报酬与公司的长期利益绑在一起，实现了经营者与企业所有者利益的高度一致和紧密结合。

（2）可以锁定持有人的风险。股票期权是一种权利而非义务，如果行权时公司股票下跌，股票期权持有人可以放弃行权，就不会发生任何额外的损失。

（3）企业无须现时注入现金，有利于企业降低激励成本。

（4）股票期权受证券市场的自动监督，具有相对的公平性。

2. 股票期权激励模式的缺点

（1）影响现有股东的权益。期权人行权将会导致股权的分散，从而影响公司的总资本和股本结构，可能导致产权和经济纠纷。

（2）激励对象行权需支出现金，可能遭遇来自股票市场的风险。股票市场的价格具有波动和不确定性，如果期权人行权但尚未售出购入的股票时股价下跌至行权价以下，期权人又将同时承担行权后纳税和股票跌破行权价带来双重损失的风险。

（3）可能带来经营者的短期行为。由于股票期权的收益取决于行权之日市场上的股票价格高于行权价格，因而可能促使公司的经营者片面追求股价提升的短期行为。在这一方面，2001 年震惊全球的能源巨头安然公司破产案已经敲响了警钟。

股票期权是目前国际上使用最广泛的股权激励类型，这种模式比较适合那些初始资本投入较少、资本增值较快，处于成长初期或扩张期的企业，如网络、高科技等风险较高的公司。这类公司由于资金需求量大，采用股票期权模式，是以股票的升值收益作为激励成本，有利于减轻企业的现金压力。

（二）股票增值权

股票增值权是指公司授予激励对象一种权利，在规定的期限内，如果公司股票价格上升或业绩上升，激励对象就可以按一定比例获得这种由股价上扬或业绩提升所带来的收益，收益为行权价与行权日二级市场股价之间的差价或净资产的增值额。激励对象不用为行权支付现金，行权后由公司支付现金、股票或股票和现金的组合。

1. 股票增值权激励模式的优点

（1）易于操作，股票增值权持有人在行权时，直接兑现股票升值部分。

（2）审批程序简单，经股东会批准即可，无须解决股票来源问题。

（3）行权期一般超过任期，有助于约束激励对象的短期行为。

2. 股票增值权激励模式的缺点

（1）激励对象不能获得真正意义上的股票，激励的效果相对较差。

（2）由于我国资本市场的弱有效性，使股价与公司业绩关联度不大，以股价的上升来决定激励对象的股价升值收益，可能无法真正做到"奖励公正"，起不到股权激励应有的长期激励作用，相反，还可能引致公司高管层与庄家合谋操纵公司股价等问题。

（3）股票增值权的收益来源是公司提取的奖励基金，公司的现金支付压力较大。

股票增值权激励模式适用于现金流比较充裕且股价较为稳定的公司。

（三）限制性股票

限制性股票是指公司为了实现某一特定目标，先将一定数量的股票赠与或以较低价格售予激励对象。只有当实现预定目标后，激励对象才可以将限制性股票抛售并从中获利；若预定目标没有实现，公司有权将免费赠与的限制性股票收回或者将售出股票以激励对象购买时的价格回购。

1. 限制性股票激励的优点

（1）在限制期间公司不需要支付现金对价，便能够留住人才。

（2）有长期激励效果，可激励相关人员将更多的时间精力投入到长期战略目标中。

2. 限制性股票激励的缺点

（1）可能对公司造成现金流压力。

（2）缺乏一个能推动企业股价上涨的激励机制，即使企业股价下跌，激励对象仍能获得股份。这样可能达不到激励的效果，并使股东遭受损失。

限制性股票适用于初创期企业或业绩成长性不强、股价上涨空间有限的成熟期企业。

（四）业绩股票

业绩股票是指公司在年初确定一个合理的年度业绩目标，如果激励对象经过努力后在年末实现了预定目标，则公司给予激励对象一定数量的股票，或奖励其一定数量的奖金来购买本公司的股票。业绩股票在锁定一定年限以后才可以兑现。

从本质上讲，业绩股票是一种"奖金"的延迟发放，但它弥补了一般意义上的奖金的缺点。一方面，业绩股票与一般奖金不同，它不是一次性发放完毕，还要看今后若干年的业绩情况；另一方面，如果企业效益好，其股价在二级市场会持续上涨，就会使激励效果进一步增大。

1. 业绩股票激励模式的优点

（1）能够激励公司高管人员努力完成业绩目标。激励对象获得激励股票后便成为公司的股东，与原股东有了共同利益，更会倍加努力地去提升公司的业绩，进而获得因公司股价上涨带来的更多收益。

（2）具有较强的约束作用。激励收入是在将来逐步兑现；如果激励对象未通过年度考核，出现有损公司行为、非正常调离等，激励对象将受风险抵押金的惩罚或被取消激励股票，退出成本较大。

（3）激励与约束机制相配套，权、责、利对称性强，激励效果明显。

（4）对公司而言，业绩股票激励受限制较少，一般只要股东会通过即可，可操作性强，实施成本低。

2. 业绩股票激励模式的缺点

（1）公司业绩目标确定的科学性很难保证，容易导致公司高管人员为获得业绩股票而弄虚作假。

（2）激励成本较高，有可能造成公司支付现金的压力。

业绩股票激励模式适合于业绩稳定并持续增长、现金流充裕的企业，对初创期企业不适合。

（五）虚拟股票

虚拟股票是指公司以无偿赠送或奖励的方式授予激励对象一种“虚拟”的股票，约定虚拟股权的数量、行权时间和条件，明确双方权利义务，按年度给予分红。激励对象享有分红权和股价升值收益，但没有所有权和表决权，也不能转让和出售，在离开公司时自动失效。

1. 虚拟股票激励模式的优点

（1）既不会影响公司的总资本和股本结构股权结构，也无须考虑激励股票的来源问题。虚拟股票实质上是一种享有公司分红权的凭证，除此之外，不再享有其他权利。

（2）操作简单，经公司股东会通过即可。

（3）具有内在的激励作用。虚拟股票的持有人通过自身的努力去经营管理好企业，使企业不断地盈利，进而取得更多的分红收益，公司的业绩越好，其收益越多。

2. 虚拟股票激励模式的缺点

（1）激励对象的分红意愿强烈，公司在兑现激励时的现金支付压力比较大。

（2）虚拟股票在行权和抛售时价格难以确定。

虚拟股票激励模式适合现金流比较充裕的公司。

第三节　实训项目

项目一　销售预测实训

实验名称：销售预测

实验类型：验证型

实验目的与要求：

1. 熟悉销售预测的定性分析法。

2. 掌握销售预测的定量分析法。

实验内容：

（一）德尔斐法的运用

【实训资料】

蓉汇公司准备于明年推出一种新型电动工具，该工具过去没有销售记录。现该公司聘请工具专家、销售经理、外地经销商负责人等九人采用德尔斐法来预测新工具全年的销售量。

蓉汇公司首先将工具的样品、特点和用途分别向专家们进行了详细介绍，并提供了同类工具的有关价格和销售情况的信息作为参考，然后发出征求意见函，请九位专家分别提出个人的判断。经过三次反馈，得到的预测结果如表 6-1 所示。

表 6-1　　专家预测意见汇总表　　单位：件

专家编号	第一次判断			第二次判断			第三次判断		
	最高销售量	最可能销售量	最低销售量	最高销售量	最可能销售量	最低销售量	最高销售量	最可能销售量	最低销售量
1号	1 800	1 500	1 000	1 800	1 500	1 200	1 800	1 500	1 100
2号	1 200	900	400	1 300	1 000	600	1 300	1 000	800
3号	1 600	1 200	800	1 600	1 400	1 000	1 600	1 400	1 000
4号	3 000	1 800	1 500	3 000	1 500	1 200	2 500	1 200	1 000
5号	700	400	200	1 000	800	400	1 200	1 000	600
6号	1 500	1 000	600	1 500	1 000	600	1 500	1 200	1 000
7号	800	600	500	1 000	800	500	1 200	1 000	800
8号	1 000	600	500	1 200	800	700	1 200	800	700
9号	1 900	1 000	800	2 000	1 100	1 000	1 200	800	600
平均值	1 500	1 000	700	1 600	1 100	800	1 500	1 100	800

【实训要求】

根据表 6-1 中的资料，分别采用以下方法对蓉汇公司新型电动工具全年的预计销售量做出最终判断。

1. 采用算术平均法。

2. 采用加权平均法（假设最可能销售量、最低销售量和最高销售量的概率分别为 0.5、0.2、0.3）。

3. 采用中位数法。

【思路指导】

在采用德尔菲法进行预测时，由于最终一次判断是专家综合前几次的反馈并修正自己的意见后做出的，因此在预测时一般以最终一次判断为主。

1. 采用算术平均法

按照九位专家第三次判断的平均值计算。

2. 采用加权平均法

按第三次判断的平均值，将最可能销售量、最低销售量和最高销售量分别按0.5、0.2和0.3的概率进行加权平均。

3. 采用中位数法

首先根据专家的第三次判断，按预测值从高到低排列成中位数计算表，求出各种情况下的中位数；其次再把求出的中位数进行加权平均。

（二）趋势预测分析法的运用

【实训资料】

蓉汇公司2015年1–9月份甲产品的销售量资料如表6–2所示。

表6–2　　**蓉汇公司甲产品销售情况表**

月份	1	2	3	4	5	6	7	8	9
销售量（件）	5 500	5 650	5 400	5 700	6 000	5 800	6 200	6 100	6 300

【实训要求】

请根据表6–2中的资料，分别采用以下方法对甲产品10月份的销售量做出预测。

1. 用算术平均法预测。

2. 假设 $w_1=0.2$，$w_2=0.3$，$w_3=0.5$，用加权平均法预测。

3. 假设移动期 $m=3$，用移动平均法和修正的移动平均法预测。

4. 假设平滑指数 $\alpha=0.4$，原来预测9月份的销售量为6 080件，用指数平滑法预测。

【思路指导】

1. 算术平均法的计算公式：

$$Y=\frac{\sum X_i}{n}$$

式中：Y 表示预测值；X_i 表示第 i 期的实际销售量；n 表示期数。

2. 加权平均法的计算公式：

$$Y=\sum_{i=1}^{n}W_i X_i$$

式中：Y表示预测值；W_i表示第i期的权数（$0 < W_i \leq W_{i+1} < 1$，且$\sum W_i = 1$）；X_i表示第i期的实际销售量；n表示期数。

3. 移动平均法的计算公式：

$$Y_{n+1} = \frac{X_{n-(m-1)} + X_{n-(m-2)} + \cdots + X_{n-1} + X_n}{m}$$

式中：Y表示预测值；X_i表示第i期的实际销售量；m表示移动期数。

修正的移动平均法的计算公式：

$$\bar{Y}_{n+1} = Y_{n+1} + (Y_{n+1} - Y_n)$$

4. 指数平滑法的计算公式：

$$Y_{n+1} = \alpha X_n + (1 - \alpha) Y_n$$

式中：Y_{n+1}表示未来第n+1期的预测值；Y_n表示第n期的预测值，即观测前期的预测值；X_n表示第n期的实际销售量，即观测前期的实际销售量；α表示平滑指数；n表示期数。

项目二　产品定价管理实训

实验名称：产品定价管理

实验类型：验证型

实验目的与要求：

1. 了解影响产品定价的因素。
2. 掌握产品定价的方法。

实验内容：

（一）完全成本加成定价法的运用

【实训资料】

蓉汇公司生产A产品，预计单位产品的制造成本为100元，计划销售5 000件，计划期的期间费用总额为450 000元。公司要求成本利润率必须达到20%，该产品适用的消费税税率为5%。

【实训要求】

根据上述资料，运用成本利润率定价法测算A产品的单位产品价格。

【思路指导】

成本利润率定价法的计算公式：

$$单位产品价格 = \frac{单位全部成本费用 \times (1 + 成本利润率)}{1 - 适用税率}$$

（二）保本点定价法的运用

【实训资料】

蓉汇公司生产 B 产品，本期计划销售量为 30 000 件，应负担的固定成本总额为 570 000 元，单位产品变动成本为 266 元，适用的消费税税率为 5%。

【实训要求】

根据上述资料，运用保本点定价法测算 B 产品的单位产品价格。

【思路指导】

保本点定价法的计算公式：

$$单位产品价格=\frac{固定成本+单位变动成本}{1-适用税率}=\frac{单位完全成本}{1-适用税率}$$

（三）目标利润法的运用

【实训资料】

蓉汇公司生产 C 产品，本期计划销售量为 5 000 件，目标利润总额为 100 000 元，完全成本总额为 256 250 元，适用的消费税税率为 5%。

【实训要求】

根据上述资料，运用目标利润法测算 B 产品的单位产品价格。

【思路指导】

保本点定价法的计算公式：

$$单位产品价格=\frac{目标利润总额+完全成本总额}{产品销量\times(1-适用税率)}$$

（四）变动成本定价法的运用

【实训资料】

蓉汇公司生产 D 产品，设计生产能力为 10 000 件，计划本期生产 8 000 件，预计单位变动成本为 68 元，计划期应负担的固定成本总额为 220 000 元。公司要求成本利润率必须达到 20%，该产品适用的消费税税率为 5%。

【实训要求】

1. 根据上述资料，运用变动成本定价法测算 D 产品的单位产品价格。
2. 蓉汇公司市场部现接到一个额外订单，订购 1 500 件 D 产品，单价 120 元。

请问该公司是否应该接受这个订单？说明理由。

【思路指导】

1. 变动成本定价法的计算公式：

$$单位产品价格 = \frac{单位变动成本 \times (1 + 成本利润率)}{1 - 适用税率}$$

2. 如果追加订单的单价高于按变动成本计算的价格，就应接受这一追加订单；否则，不接受这一追加订单。

（五）需求价格弹性系数定价法的运用

【实训资料】

蓉汇公司生产 E 产品，在 2015 年的前三个季度中，实际销售价格和销售数量如表 6-3 所示。

表 6-3　　　　蓉汇公司 E 产品的销售价格与销售数量

项目	第一季度	第二季度	第三季度
销售价格（元）	50	55	57
销售数量（万件）	210	190	196

【实训要求】

若蓉汇公司预计在第四季度完成 200 万件产品的销售任务，请根据需求价格弹性系数定价法预测 E 产品单价应为多少。

【思路指导】

需求价格弹性系数定价法的计算公式：

$$P = \frac{P_0 Q_0^{(1/|E|)}}{Q^{(1/|E|)}}$$

式中：E 表示需求价格弹性系数；P_0 表示基期单位产品价格；Q_0 表示基期需求量；P 表示单位产品价格；Q 表示预期销售数量。

项目三　利润预测实训

实验名称：利润预测

实验类型：验证型

实验目的与要求：

1. 掌握盈亏平衡点预测和安全边际分析。

2. 掌握目标利润预测和利润敏感性分析。

3. 能够结合企业实际进行多品种本量利分析。

实验内容：

（一）盈亏平衡点预测和安全边际分析

【实训资料】

蓉汇公司生产乙产品，下一年度的部分预算资料如表 6-4 所示。已经该公司的产品生产和销售平衡，适用的所得税税率为 25%。

表 6-4　　**蓉汇公司下一年度预算资料**　　单位：元

预算资料	总成本	单位成本
直接材料	200 000	3.00
直接人工	400 000	6.00
变动制造费用	100 000	1.50
固定制造费用	500 000	7.50
销售费用（全部为变动费用）	300 000	4.50
管理费用（全部为固定费用）	778 400	11.68
合计	2 278 400	34.18

【实训要求】

根据上述资料，完成以下任务：

1. 若蓉汇公司下一年度乙产品的销售价格定为 30 元，计算盈亏平衡点销售量。

2. 若蓉汇公司下一年度销售 120 000 件乙产品，计算使销售净利率为 1%的产品售价和安全边际率。

3. 根据计算结果，判断蓉汇公司是否安全。

【思路指导】

1. 盈亏平衡点的计算公式：

$$盈亏平衡点销售量=\frac{固定成本}{单价-单位变动成本}=\frac{固定成本}{单位边际贡献}$$

2. 先计算使销售净利率为 1%的产品售价，再计算安全边际率。

销售净利率的计算公式：

$$销售净利率=\frac{净利润}{销售收入}\times 100\%$$

安全边际率的计算公式：

$$安全边际率 = \frac{安全边际量}{预计销售量} \times 100\% = \frac{安全边际额}{预计销售额} \times 100\%$$

3. 安全边际指标越大越好。

评价企业经营安全性的一般标准是：如果企业的安全边际率小于10%，则生产经营的风险较大；如果安全边际率为10%～20%，值得注意；如果安全边际率为20%～30%，比较安全；如果安全边际率为30%～40%，安全；如果安全边际率大于40%，则很安全。

（二）目标利润预测

【实训资料】

蓉汇公司生产丙产品，销售单价为10元/件，单位边际贡献为4元/件，固定成本为10 000元。假设利息为零，适用的所得税税率为25%。

【实训要求】

根据上述资料，完成以下任务：

1. 若蓉汇公司税后目标利润为22 500元，计算实现目标利润的销售量。
2. 若蓉汇公司税后目标利润为30 000元，计算实现目标利润的销售额。

【思路指导】

1. 目标销售量的计算公式：

$$目标销售量 = \frac{固定成本 + 目标利润}{单价 - 单位变动成本} = \frac{固定成本 + 目标利润}{单位边际贡献}$$

2. 目标销售额的计算公式：

$$目标销售额 = \frac{固定成本 + 目标利润}{1 - 变动成本率} = \frac{固定成本 + 目标利润}{边际贡献率}$$

（三）利润敏感性分析

【实训资料】

蓉汇公司上一年度销售丁产品10 000件，销售单价为100元，单位变动成本55元，相关固定成本200 000元，该年度的利润总额250 000元。

【实训要求】

根据上述资料，完成以下任务：

1. 计算蓉汇公司的利润受各相关因素影响的敏感系数。
2. 假设蓉汇公司今年的目标利润为295 000元，请问该公司如何通过改变以下因素达到目标利润：

（1）改变销售量；

（2）改变销售单价；

（3）改变单位变动成本；

（4）改变固定成本。

【思路指导】

1. 反映各因素对利润敏感程度的指标是利润的敏感系数，其计算公式为：

$$敏感系数=\frac{利润变动百分比}{因素变动百分比}$$

2. 销售量、销售单价、单位变动成本、固定成本等相关因素的变化都会引起利润的变化。需注意销售量和销售单价与利润呈同方向变化，单位变动成本和固定成本与利润呈反方向变化。

（四）多品种本量利分析

【实训资料】

蓉汇公司同时生产甲、乙、丙三种产品（假设产销平衡），计划期内产量、售价和成本数据如表 6-5 所示。

表 6-5　　蓉汇公司计划期内产量、售价和成本

项目	甲产品	乙产品	丙产品
产量（件）	500	1 000	1 250
销售单价（元）	25	7.5	4
单位变动成本（元）	20	4.5	3
固定成本总额（元）	21 600		

【实训要求】

根据上述资料，完成以下任务：

1. 采用加权平均法计算综合边际贡献率法，确定各产品的保本销售量。

2. 如果甲产品的实际销售量为 2 000 件，乙产品的实际销售量为 2 500 件，丙产品的实际销售量为 3 500 件。请问此时实际销售额是否大于综合保本销售额？企业是否盈利？

3. 如果甲产品的实际销售量为 1 200 件，乙产品的实际销售量为 4 000 件，丙产品的实际销售量为 3 800 件。请问此时实际销售额是否大于综合保本销售额？企业是否盈利？

4. 上述计算结果对我们有什么启示？

【思路指导】

1. 采用加权平均边际贡献率法计算保本销售额的一般步骤是：

（1）计算各产品的边际贡献率

$$边际贡献率 = \frac{单位边际贡献}{销售单价} \times 100\%$$

（2）计算各产品的销售比重

$$销售比重 = \frac{该产品的销售额}{销售总额} \times 100\%$$

（3）计算加权平均边际贡献率

$$加权平均边际贡献率 = \sum 各种产品的边际贡献率 \times 各种产品的销售比重$$

（4）计算综合保本销售额

$$综合保本销售额 = \frac{固定成本总额}{加权平均边际贡献率}$$

（5）计算各产品的保本销售额

某产品的保本销售额 = 综合保本销售额 × 该产品的销售比重

（6）计算各产品的保本销售量

$$某产品的保本销售量 = \frac{某产品的保本销售额}{该产品单位售价}$$

2. 不能仅通过比较实际销售额与综合保本销售额的大小判断企业是否盈利。

营业利润 = 边际贡献总额 - 固定成本总额

3. 在其他条件不变的前提下，企业应努力提高边际贡献率较高的产品的销售比重，以此提高综合边际贡献率，从而提升盈利水平。

项目四　股利理论实训

实验名称：股利理论

实验类型：验证型

实验目的与要求：

1. 理解股利无关论的主要内容。

2. 掌握股利相关论的代表性观点。

实验内容：

第六章　收益分配管理

【实训资料】

用友软件高额派现引发的争议①

2001年3月16日，股票发行改革为核准制，用友软件有幸成为第一家核准制下发行上市的企业，并于4月10日发布招股说明书。4月23日，用友软件以每股36.68元、市盈率64.35倍在上海证券交易所上网定价发行2 500万股A股，募集资金总额达91 700万元。5月18日，用友软件在上海证券交易所上市，当日开盘价就为76元，最高价达100元，并以92元报收，创出中国股市新股上市首日最高的收盘价。凭借上市，用友募集资金达8亿多元，净资产从2000年年底的8 384万元飙升了10倍。

2002年4月28日，用友软件再次吸引了人们的眼球——股东大会审议通过2001年度分配方案为10股派6元（含税），共计派发现金股利6 000万元。刚刚上市一年即大比例分红，一时之间市场上众说纷纭，董事长王文京更是由于其大股东的地位成为漩涡中心。因为，按照王文京对用友软件的持股比例推算，他可以从这次股利派现中分得3 312万元！

（一）公司简介

用友软件股份有限公司的前身可追溯至其创始人王文京、苏启强于1988年成立的北京市海淀区双榆树用友财务软件服务社。当时，这两个年轻人的全部资产只是1台电脑，最初的5万元注册资本来自于借款，工作场地是9平方米的租房。北京第一批私营企业的登记是在1989年，用友在1990年3月登记为私营企业，更名为北京市海淀区用友电子财务技术有限责任公司。经过1990年12月和1993年7月两次增资，资本规模扩大到500万元人民币。1995年1月18日，在原有限责任公司的基础上组建成立了用友集团公司，注册资本增加至2 000万元人民币。1997年11月，公司注册资本再次增加到5 000万元人民币。1999年12月经批准变更为股份有限公司，注册资本最终增加至7 500万元人民币。公司大楼为全智能大厦，占地1万平方米，可容纳500人，是当时中国最大的财务及管理软件研发基地。

用友软件股份有限公司自1988年成立以来，一直专注于自有知识产权软件产品的开发与推广，主要从事财务软件、管理软件和其他企业应用软件产品的研发、销售和服务。用友具有较完整的产品线，并拥有较为健全的全国销售服务网络，其财务及企业管理软件在国内广泛应用。

用友公司是中国最大的管理软件/ERP软件的供应商、最大的财务软件供应商和最大的独立软件供应商。2002年“用友”商标被认定为“中国驰名商标”。

---

① 参考朱盈盈等（2014）、用友网络科技股份有限公司（原用友软件股份有限公司，于2015年1月30日起正式更名，股票代码：600588）相关公告及其他公开资料，由笔者整理改编。

（二）用友软件股东情况

截至2001年年底，用友软件的股东情况如表6-6所示。

表6-6 用友软件前十大股东持股情况

（截至2001年12月31日）

股东名称	期初数		期末数		所持股份性质
	持股数量（股）	持股比例（%）	持股数量（股）	持股比例（%）	
北京用友科技有限公司	41 250 000	55	41 250 000	41.25	法人股
北京用友企业管理研究所有限公司	11 250 000	15	11 250 000	11.25	法人股
上海用友科技咨询有限公司	11 250 000	15	11 250 000	11.25	法人股
上海益倍管理咨询有限公司	7 500 000	10	7 500 000	7.50	法人股
上海优富信息咨询有限公司	3 750 000	5	3 750 000	3.75	法人股
西部证券	-	-	418 800	0.42	流通股
高明霞	-	-	105 760	0.11	流通股
国铁公司	-	-	102 875	0.10	流通股
国华实业	-	-	99 400	0.10	流通股
吴易	-	-	96 300	0.10	流通股

从表6-6可见，2001年发行上市后，用友软件是一家典型的"一股独大"的公司：流通股股东仅持有25%的股权，高达75%的股份仍然掌握在用友软件的五家发起人——北京用友科技有限公司（"用友科技"）、北京用友企业管理研究所有限公司（"用友研究所"）、上海用友科技咨询有限公司（"上海用友科技"）、上海益倍管理咨询有限公司（"上海益倍"）和上海优富信息咨询有限公司（"上海优富"）手中。而这五家公司存在关联关系，其实际控制人都是王文京，他在这几家公司持有的股份分别是73.6%、73.6%、90%、42.8%、86%。由此算来，王文京间接持有发行后公司股份的55.2%。

（三）对用友软件股利分配方案的争议

用友软件从一上市起就执行高现金分红的股利分配策略。2002年5月15日北京用友软件股份有限公司董事会公布了《北京用友软件股份有限公司2001年度分红派息实施公告》，公告中称："……二、分红派息方案……5. 对于流通股个人股东，公司按20%的税率代扣个人所得税后实际派发现金红利为每股0.48元；对于流通股机构投资者及法人股股东，实际派发现金红利为每股0.6元。"

对此，大多数分析人士指出，由于王文京的持股成本只有1元/股，通过高派现后能收回大量成本；而流通股股东只能通过二级市场购买，持股成本是他的数十倍，所以，分红实际上是有利于大股东，而有损小股东利益。

用友的小股东也对这项分红方案表达了不满情绪。只有7名中小股东出席了用友的股东大会，其中一位高先生坦言："我不同意这个方案，明显是对大股东有利，对小股东不利，为什么不考虑流通股的成本，不考虑小股东的利益。"他还建议，能否派现兼送股，"大股东要钱，小股东要股，相对平衡一下"。在投票表决时，高先生投了反对票。

为了缓解矛盾，董事长王文京特别让财务总监吴政平补充说明了高派现问题。吴政平解释说，首先，每股0.6元的分红方案不是"超分配"，是在保证有充足现金流的前提下制定的，并不是短期的炒作；其次，选择派现而没有选择送股，是为了响应管理层有关"现金分红的倡导"①；最后，吴特别说明："虽然发起人和流通股股东一样享受分红，但其实是两个概念，发起人只是法人公司拿到红利，具体某一个人拿多少，还要再作决定。"

一石激起千层浪，用友高派现的消息一传出，就引起了市场的广泛质疑。据不完全统计，从4月3日到4月5日短短的三天之内，数家各种类型的媒体就围绕用友软件的高派现刊发了近20篇文章。相关专家也纷纷就此事发表了自己的观点。现摘录部分媒体与专家评说如下：

北京标准咨询公司董事长刘纪鹏表示，一股独大的民营企业上市获取资金是在合理合法条件下，利用市场缺陷进行的。因此，应当限制一股独大的民营企业上市公司的持股比例，这个比例应该在20%以下，否则，市场会出现利用市场缺陷圈钱而冒出亿万或数亿万富翁的现象。一方面是用友软件上市获取的近10亿元资金无处可花；另一方面是许多企业缺钱，市场资源没有能够得到有效配置。

国泰君安证券分析师岳林继却认为，用友软件的做法虽广受指责，但它并没有违反相关法律和规定，并且，也不违反国际上通行的证券法规。"国际上也主张分红，提倡回报投资者。不过，'圈钱式'的分红派现是不可能的——尤其是在利润下滑的情况下。用友软件的这种做法，在国外根本不可能获得股东大会和独立董事通过"。该分析师进而指出，国际上也有坚持不分红的例子，比如，全球软件业老大——美国微软公司，"从1986年上市到现在，一分钱都没有分过，所有的收益都用于再投资。"

清华大学经济管理学院的朱武祥教授认为，用友软件的分红，按理是一种常规做法。所谓常规做法，是指当公司没有更好的投资机会的时候，把钱分配给股东，让股东自己决定再投资。这种常规做法是比较理性的。朱武祥在分析用友软件高比

① 2001年3月18日，中国证监会发布并施行《上市公司新股发行管理办法》，强调上市公司要重视对股东的回报，要求主承销商重点关注最近3年没有分红派息又未做出合理解释的上市公司，并在尽职调查报告中予以说明。

例派现原因时，认为可能是基于两个因素：一是王文京所持有股权的非流动性；二是公司后续再融资问题。对于前者，王文京作为股东，应该有投资收益要求的。如果王文京所持有的股票是全流通的，那么在股价非常高的情况下，抛出一些股权，王文京就很容易收回3 000多万元。对此，人们也不会产生任何异议。对于后者，在大量分红后，降低了公司的净资产规模，提高了每股净资产收益率，为后续融资创造了条件。对上市第一年就大量分红，朱武祥认为最根本的原因是公司没有寻找到更好的投资机会。用友在目前没有寻找到更好的投资机会的情况下，采取大量分红的做法是理性的。

中国社科院的研究员张承耀认为，如果用友软件不分红，势必驱使中小股东从股价波动中寻求投机差价，而这不利于市场的规范发展。用友软件注重当期回报的做法，是符合国际惯例的。从国际市场看，美国的企业一般是将税后利润的30%~40%进行分红。而日本企业，倾向于按照资本金的10%~15%进行分红，相当于股息化。因此，为了减少市场股价的投机波动，应该提倡多分红。

（四）用友软件相关财务资料和历年股利分配情况

1. 用友软件上市前、后主要财务指标（见表6-7）

表6-7　　用友软件1999—2005年主要财务指标

报告年度	2005	2004	2003	2002	2001	2000	1999
每股指标							
摊薄每股收益（元）	0.57	0.45	0.61	0.90	0.70	0.53	0.47
每股净资产（元）	6.98	7.97	9.28	10.34	10.02	1.12	1.03
每股经营性现金流量（元）	1.20	0.74	0.87	0.84	1.03	-	-
每股资本公积金（元）	4.81	5.92	7.24	8.83	8.83	-	-
每股未分配利润（元）	0.80	0.66	0.31	0.18	0.00	-	-
盈利能力							
总资产利润率（%）	6.65	4.80	5.75	7.40	6.00	24.60	27.06
主营业务利润率（%）	87.47	89.10	90.72	89.89	91.29	91.71	90.42
销售毛利率（%）	89.83	91.43	92.95	91.96	93.21	93.37	94.03
净资产收益率（%）	8.19	6.05	6.70	8.90	7.00	47.76	45.22
成长能力							
主营业务收入增长率（%）	37.87	20.66	23.22	46.40	56.65	14.98	43.81
净利润增长率（%）	54.78	-13.02	-18.21	28.69	75.28	13.92	60.64
净资产增长率（%）	6.21	2.63	8.73	3.27	1 094.93	8.19	-0.75
总资产增长率（%）	11.60	4.27	5.29	4.30	618.69	25.31	-3.98

表6-7(续)

报告年度	2005	2004	2003	2002	2001	2000	1999
营运能力							
应收账款周转率（次）	13.47	11.93	13.35	15.08	12.00	9.09	11.33
存货周转率（次）	31.36	18.41	16.15	15.39	9.74	7.20	7.85
固定资产周转率（次）	9.98	8.03	7.62	7.00	5.59	3.66	3.17
总资产周转率（次）	0.71	0.55	0.48	0.41	0.50	1.46	1.40
流动资产周转率（次）	1.04	0.76	0.60	0.46	0.58	2.91	2.84
股东权益周转率（次）	0.84	0.63	0.55	0.48	0.61	2.63	2.37
偿债及资本结构							
流动比率	4.01	5.63	6.38	5.96	6.60	1.13	1.12
速动比率	4.00	5.61	6.36	5.95	6.58	1.11	1.07
股东权益比率（%）	82.54	86.73	88.12	85.33	86.18	51.83	60.04
固定资产比率（%）	6.84	7.36	6.42	6.20	5.49	33.99	47.02
资产负债率（%）	17.46	13.27	11.88	14.67	13.82	48.17	39.96
现金流量							
经营现金净流量对销售收入比率（%）	0.21	0.15	0.17	0.17	0.31	0.22	-
经营现金净流量与净利润的比率（%）	2.09	1.66	1.42	0.93	1.47	1.19	-
经营现金净流量对负债比率（%）	0.80	0.60	0.69	0.47	0.64	0.61	-
现金流量比率（%）	84.98	63.87	69.41	47.43	64.41	60.88	-

2. 用友软件历年股利分配情况（见表6-8）

表6-8　**用友软件历年股利分配情况**

分红年度	公告日期	分红方案（每10股）			除权除息日	摊薄每股收益（元）	股利支付率
		送股（股）	转增（股）	派息（税前）（元）			
2015	2016/4/18	0	0	1.5	2016/4/25	0.235	63.83%
2014	2015/4/24	0	2	3	2015/4/30	0.489	61.35%
2013	2014/4/17	0	2	3	2014/4/23	0.592 8	50.61%
2012	2013/4/27	0	0	2	2013/5/7	0.395 4	50.58%
2011	2012/4/13	0	2	4	2012/4/19	0.675 1	59.25%

表6-8(续)

分红年度	公告日期	分红方案（每10股）			除权除息日	摊薄每股收益（元）	股利支付率
		送股（股）	转增（股）	派息（税前）（元）			
2010	2011/5/6	0	0	2.2	2011/5/12	0.424	51.89%
2009	2010/4/26	0	3	6	2010/4/30	0.977 9	61.36%
2008	2009/4/23	0	3	3	2009/4/29	0.873 7	34.34%
2007	2008/4/7	0	10	10	2008/4/11	1.554 4	64.33%
2006	2007/4/30	0	0	6.8	2007/5/11	0.758 8	89.62%
2005	2006/5/12	0	3	6.6	2006/5/18	0.574 7	114.84%
2004	2005/5/17	0	2	3.2	2005/5/23	0.445 5	71.83%
2003	2004/5/15	0	2	3.75	2004/5/20	0.614 7	61.01%
2002	2003/6/30	0	2	6	2003/7/4	0.901 8	66.53%
2001	2002/5/15	0	0	6	2002/5/22	0.700 8	85.62%

资料来源：笔者根据用友网络科技股份有限公司历年年报整理计算。

【实训要求】

根据上述资料，回答以下问题：

1. 哪些理论可以解释用友软件的高现金股利政策？

2. 你如何看待用友软件的高额派现方案？

【思路指导】

1. 用友软件的高派现股利政策可能是基于“在手之鸟”理论、信号传递理论和代理理论。

2. 首先，从用友软件上市前、后的财务数据看，用友公司的现金流充裕，财务状况良好，这构成了其高额派现方案的经济基础和有力支撑。其次，从股东结构来看，用友公司在制定股利政策时是以实际控制人——大股东的利益为导向。从用友软件上市后历年的股利分配情况来看，用友公司一直实施高额现金股利政策，这一做法虽然合法，但的确有利用中国资本市场的制度性缺陷之嫌。

项目五　股利政策决策实训

实验名称：股利政策决策

实验类型：综合型

实验目的与要求：

1. 熟悉不同类型的股利政策。

2. 掌握股利支付的方式和程序。

3. 能够结合企业实际分析股利政策的影响因素。

实验内容：

（一）股利政策的类型

【实训资料】

某公司成立于2014年1月1日，2014年度实现的净利润为1 800万元，分配现金股利1 000万元，提取公积金800万元（所提公积金均已指定用途）。2015年实现的净利润为1 500万元（不考虑计提法定公积金的因素）。2016年计划增加投资，所需资本为1 200万元。假定公司目标资本结构为权益资本占55%，长期借入资本占45%。

【实训要求】

根据上述资料，完成以下任务：

1. 在保持目标资本结构的前提下，计算2016年投资方案所需的权益资本和需要从外部借入的长期债务资本。

2. 在保持目标资本结构的前提下，如果公司执行剩余股利政策，计算2015年度应分配的现金股利。

3. 在不考虑目标资本结构的前提下，如果公司执行固定股利政策，计算2015年度应分配的现金股利、可用于2016年投资的留存收益和需要额外筹集的资本。

4. 在不考虑目标资本结构的前提下，如果公司执行固定股利支付率政策，计算该公司的股利支付率和2015年度应分配的现金股利。

5. 假定公司2016年面临着从外部融资的困难，只能从内部筹资，不考虑目标资本结构，计算在此情况下2015年度应分配的现金股利。

【思路指导】

此处涉及剩余股利政策、固定股利政策、固定股利支付率政策三种不同的股利政策之比较。公司在执行不同的股利政策时，其股利分配的步骤和计算方式是不同的。

1. 剩余股利政策

实施剩余股利政策时，公司应根据一定的目标资本结构测算出投资所需的权益资本额，先从税后净利润中留用，然后将剩余的净利润作为股利来分配。净利润首先满足公司的资金需求，如果还有剩余，就派发股利；如果没有，则不派发。具体步骤如下：

（1）根据选定的最佳投资方案，测算投资所需的资金数额；

（2）设定公司的目标资本结构；

（3）确定公司的最佳资本预算，预计资金需求中所需增加的股东权益资本数额；

（4）最大限度地使用留存收益来满足投资需要增加的股东权益资本数额；

（5）将满足投资需要后的剩余利润作为股利向股东分配。

2. 固定股利政策

公司将每年发放的股利额固定在某一特定水平，长期不变。

3. 固定股利支付率政策

公司将每年净利润的某一固定百分比作为股利分派给股东。这一百分比通常称为股利支付率，股利支付率一经确定，一般不得随意变更。

（二）股利支付的方式和程序

【实训资料】

资料 1

股票简称：迪康药业　股票代码：600466

四川迪康科技药业股份有限公司 2001 年度分红派息实施公告

重要内容提示：

· 每股派发现金红利 0.1 元（含税）；每 10 股派发现金红利 1 元（含税）

· 扣税前每股现金红利 0.1 元；扣税后每股现金红利 0.08 元

· 股权登记日：2002 年 6 月 12 日

· 除息日：2002 年 6 月 13 日

· 现金红利发放日：2002 年 6 月 19 日

一、四川迪康科技药业股份有限公司 2001 年度利润分配方案

（内容略）

二、分红派息方案

1. 本次分红派息以 2001 年年末总股本 127 400 000 股为基数，向全体股东每 10 股派发现金红利 1 元（含税），共计派发股利 12 740 000 元，剩余44 517 406.6元利润留待以后年度分配。

2. 发放年度：2001 年度。

3. 发放范围：2002 年 6 月 12 日下午上海证券交易所收市后，在中国证券登记结算有限责任公司上海分公司登记在册的全体股东。

4. 每股税前红利金额 0.1 元。

5. 对于流通股个人股东，本公司按 20% 的税率代扣个人所得税后，实际派发现金红利为每股 0.08 元；对于流通股机构投资者及法人股股东，实际派发现金红利为每股 0.1 元。

三、分红派息具体实施日期

1. 股权登记日：2002 年 6 月 12 日。

2. 除息日：2002 年 6 月 13 日。

3. 现金红利发放日：2002 年 6 月 19 日。

四、分红派息实施办法

1. 持有非流通股的法人股股东的现金红利由本公司直接发放。

2. 社会公众股的现金红利委托中国证券登记结算公司上海分公司通过其资金清算系统向股权登记日登记在册并在上海证券交易所各会员单位办理了指定交易的股东派发。已办理全面指定交易的投资者可于红利发放日在其指定的证券营业部领取现金红利，未办理指定交易的股东红利暂由中国证券登记结算公司上海分公司保管，待办理指定交易后再进行派发。

五、咨询联系办法

联系单位：本公司董事会办公室

联系电话：028-85195555-8300

联系传真：028-85184149

六、备查文件

公司 2001 年年度股东大会决议及公告。

资料 2

证券代码：600466　股票简称：迪康药业　编号：临 2011—009 号

四川迪康科技药业股份有限公司 2010 年度资本公积金转增股本实施公告

本公司及董事会全体成员保证公告内容不存在虚假记载、误导性陈述或者重大遗漏，并对其内容的真实、准确和完整承担个别及连带责任。

重要内容提示：

·资本公积金每股转增 1.5 股，每 10 股转增 15 股

·股权登记日：2011 年 4 月 7 日。

·除权日：2011 年 4 月 8 日。

·新增无限售条件流通股份上市流通日：2011 年 4 月 11 日。

一、资本公积金转增股本方案的股东大会届次和日期

公司《2010 年度利润分配及资本公积转增股本预案》已经 2011 年 3 月 23 日召开的公司 2010 年度股东大会审议通过，股东大会决议公告刊登于 2011 年 3 月 24 日的《中国证券报》《证券日报》及上海证券交易所网站。

二、资本公积金转增股本方案

2010 年度，公司不进行利润分配。经天健正信会计师事务所有限公司审计，截至 2010 年 12 月 31 日公司资本公积为 406 797 228.08 元，公司决定以 2010 年末总股本 175 602 342 股为基数，以资本公积金每 10 股转增 15 股，共计转增

263 403 513股，转增后公司总股本为439 005 855股。

三、资本公积转增股本实施日期

1. 股权登记日：2011年4月7日。

2. 除权日：2011年4月8日。

3. 新增无限售条件流通股份上市日：2011年4月11日。

四、资本公积转增股本的分派对象

截至2011年4月7日下午上海证券交易所收市后，在中国证券登记结算有限责任公司上海分公司登记在册的全体股东。

五、资本公积转增股本实施办法

转增股由中国证券登记结算有限责任公司上海分公司通过计算机网络，根据股权登记日登记在册的持股数，按比例自动计入账户。每位股东按送转股比例计算后不足1股的部分，按小数点后尾数大小排序向股东依次送1股，直至实际送股总数与本次送股总数一致，如果尾数相同者多于余股数，则由电脑抽签派送。新增股份于股权登记日后一天自动计入投资者账户。

六、股本变动结构表

单位：股

股份类别	变动前股本	本次转增股本	变动后股本	股份比例（%）
有限售条件的流通股	–	–	–	–
无限售条件的流通股	175 602 342	263 403 513	439 005 855	100
股份合计	175 602 342	263 403 513	439 005 855	100

七、实施本次每10股转增15股的资本公积金转增股本方案后，按新股本总数439 005 855股全面摊薄计算的2010年度每股收益为0.071元/股。

八、有关咨询办法

咨询机构：四川迪康科技药业股份有限公司董事会办公室

咨询电话：028-87838250

联系地址：成都市高新区西部园区迪康大道一号

邮政编码：611731

九、备查文件

公司2010年度股东大会决议及其公告。

【实训要求】

根据上述资料，回答以下问题：

1. 股利支付可以采取哪几种方式？迪康药业2001年度和2010年度的股利支付分别采用了哪种股利支付方式？

2. 迪康药业2010年度的股利宣告日、股权登记日、除息（权）日和股利支付日分别为哪一天?

【思路指导】

1. 股利支付一般有现金股利、股票股利、财产股利和负债股利等方式。

2. 迪康药业2010年度的股利宣告日是2011年3月31日，股权登记日是2011年4月7日，除息除权日是2011年4月8日，股利支付日是2011年4月11日。

（三）股利政策的影响因素

【实训资料】

资料1

中华人民共和国公司法（节选）

（2013年12月28日第三次修正）

第一百六十六条 公司分配当年税后利润时，应当提取利润的百分之十列入公司法定公积金。公司法定公积金累计额为公司注册资本的百分之五十以上的，可以不再提取。

公司的法定公积金不足以弥补以前年度亏损的，在依照前款规定提取法定公积金之前，应当先用当年利润弥补亏损。

公司从税后利润中提取法定公积金后，经股东会或者股东大会决议，还可以从税后利润中提取任意公积金。

公司弥补亏损和提取公积金后所余税后利润，有限责任公司依照本法第三十四条的规定分配；股份有限公司按照股东持有的股份比例分配，但股份有限公司章程规定不按持股比例分配的除外。

股东会、股东大会或者董事会违反前款规定，在公司弥补亏损和提取法定公积金之前向股东分配利润的，股东必须将违反规定分配的利润退还公司。

公司持有的本公司股份不得分配利润。

第一百六十八条 公司的公积金用于弥补公司的亏损、扩大公司生产经营或者转为增加公司资本。但是，资本公积金不得用于弥补公司的亏损。

法定公积金转为资本时，所留存的该项公积金不得少于转增前公司注册资本的百分之二十五。

资料 2

迪康药业 2010 年度高送转股利分配方案①

（一）公司简介

四川迪康科技药业股份有限公司前身系成都迪康制药公司，公司成立于 1993 年 5 月，后经 1997 年 7 月和 1999 年 5 月两次股权转让、1998 年 9 月增资扩股后更名为成都迪康制药有限公司。1999 年 12 月 17 日，经四川省体改委确认，成都迪康制药有限公司整体变更设立为四川迪康科技药业股份有限公司。2001 年 2 月，经中国证监会审核批准，公司 5 000 万股人民币流通股获准在上海证券交易所挂牌上市交易。

迪康药业主要经营批发中药材、中成药、中药饮片、化学原料药等。近年来，公司以务实态度经营医药制造主业，保持企业稳定发展，以利润增长为根本目标，谋求公司价值和股东利益的最大化。2010 年，通过加大市场开发、调整产品结构、委托理财等经营策略，迪康药业改善了销售收入的结构，实现了利润总额的翻番，实现净利润 3 亿元，比上年同期增加 110.80%。

（二）迪康药业股东情况

截至 2010 年年末，迪康药业的前十大股东持股情况如表 6-9 所示。

表 6-9　　迪康药业前十大股东持股情况

（截至 2010 年 12 月 31 日）

编号	股东名称	持股数量（股）	持股比例（%）	所持股份性质
1	四川蓝光实业集团有限公司	52 510 000	29.9	境内非国有法人
2	徐开东	8 770 000	4.99	境内自然人
3	杨建波	1 575 500	0.90	境内自然人
4	曾云安	1 467 100	0.84	境内自然人
5	杨娟	816 888	0.47	境内自然人
6	吴玉华	702 299	0.40	境内自然人
7	刘康林	620 100	0.35	境内自然人
8	姜丽萍	497 010	0.28	境内自然人
9	贺剑峰	479 800	0.27	境内自然人
10	蒋超	470 168	0.27	境内自然人

① 参见汤谷良等（2012）、四川蓝光发展股份有限公司（原迪康药业股份有限公司，于 2015 年 4 月 16 日更名，股票代码：600466）相关公告及其他公开资料，由笔者整理改编。

迪康药业的实际控制人为杨铿，其通过持有四川蓝光实业集团有限公司95%的股权间接控制迪康药业股份有限公司。

（三）迪康药业相关财务指标和历年股利分配情况

1. 迪康药业2005—2010年主要财务指标（见表6-10）

表6-10 迪康药业2005—2010年主要财务指标

会计年度	2010	2009	2008	2007	2006	2005
营业收入（万元）	32 215. 36	31 435. 04	23 811. 22	20 661. 57	16 316. 71	16 584. 99
利润总额（万元）	3 594. 85	1 839. 34	1 313. 71	706. 76	-13 650. 15	-7 436. 57
净利润（万元）	3 096. 66	1 468. 97	1 015. 76	551. 15	-13 743. 38	-7 528. 32
扣除非经常性损益后的净利润（元）	1 542. 28	1 080. 80	845. 76	-1 301. 46	-7 279. 69	-7 752. 97
总资产（万元）	58 046. 67	54 885. 14	53 022. 06	54 154. 81	70 791. 18	82 787. 94
股东权益（万元）	51 802. 51	48 699. 68	47 230. 70	46 214. 94	45 841. 49	59 583. 65
经营活动产生的现金流量净额（万元）	3 320. 51	2 913. 55	-611. 32	2 330. 95	1 323. 32	1 254. 83
投资活动产生的现金流量净额（万元）	-14 305. 10	-775. 82	3 879. 01	13 756. 06	-665. 24	717. 15
现金及现金等价物净增加额（万元）	-11 004. 64	2 127. 73	3 267. 69	9 947. 99	-36. 35	-13 917. 87
基本每股收益（元）	0. 18	0. 08	0. 06	0. 03	-1. 08	-0. 59
净资产收益率（摊薄）(%)	5. 98	3. 02	2. 15	1. 19	-29. 98	-12. 63
每股经营活动产生的现金流量净额（元）	0. 19	0. 17	-0. 03	0. 13	0. 1	0. 1
每股净资产（元）	2. 95	2. 77	2. 69	2. 63	3. 6	4. 68
扣除非经常性损益后的每股收益（元）	0. 09	0. 06	0. 05	-0. 07	-0. 57	-0. 61

资料来源：笔者根据迪康药业股份有限公司历年年报整理。

2. 迪康药业历年股利分配情况（见表6-11）

表6-11 迪康药业历年股利分配方案

分红年度	公告日期[1]	分红方案（每10股）			进度	除权除息日
		送股（股）	转增（股）	派息（税前）（元）		
2014	2015/6/11	0	0	0. 1	实施	2015/6/18
2013	2014/4/5	0	0	0	不分配	—

表6-11(续)

分红年度	公告日期[1]	分红方案（每10股）			进度	除权除息日
		送股（股）	转增（股）	派息（税前）（元）		
2012	2013/5/16	0	0	0	不分配	—
2011	2012/4/14	0	0	0	不分配	—
2010	2011/3/31	0	15	0	实施	2011/4/8
2009	2010/5/20	0	0	0	不分配	—
2008	2009/5/14	0	0	0	不分配	—
2007	2008/5/28	0	0	0	不分配	—
2006	2007/6/29	0	0	0	不分配	—
股改[2]	2007/1/16	0	6.694	0	实施	2007/1/18
2005	2006/6/27	0	0	0	不分配	—
2004	2005/5/21	0	0	0	不分配	—
2003	2004/5/29	0	0	0	不分配	—
2002	2003/5/27	0	0	1	实施	2003/6/19
2001	2002/6/7	0	0	1	实施	2002/6/13

资料来源：笔者根据迪康药业股份有限公司历年相关公告整理。

注1：以股东大会决议公告的日期为准。

注2：迪康药业于2007年1月16日股权分置改革实施公告，其股权分置改革方案是以公司现有流通股本50 000 000股为基数，用资本公积金向流通股股东转增股本，流通股股东每持有10股流通股获得6.694股的转增股份，非流通股股东以此获得上市流通权。

（四）迪康药业2010年度高转增方案及其市场反应

从表6-11可见，自上市以来，迪康药业除了在2001—2002年曾有少量现金分红之外，2003—2009年度都没有进行股利分配。特别是该公司于2005—2006年出现巨额亏损，更是直接动摇了股利分配的基础。尽管迪康药业从2007年开始扭亏为盈，但由于历史上的累计亏损过高，直到2010年年末，公司的账面未分配利润仍然为负。

基于迪康药业的财务状况，其持续多年实行既不分红也不进行公积金转增股本的股利政策也在情理之中。然而，迪康药业2011年3月3日公告的一项股利分配预案却让人大跌眼镜。该公司第四届董事会第十五次会议决议公告称："经天健正信会计师事务所有限公司审计，公司2010年归属于上市公司股东的净利润30 966 585.38元，公司累计可供股东分配利润-81 106 030.96元，年末公司资本公积为406 797 228.08元。由于截至2010年年末公司可供投资者分配的利润为负，公司利润将全部用于弥补以前年度的亏损，不进行利润分配。但综合考虑公司的长远发展、回报公司股东等因素，公司拟以2010年年末总股本175 602 342股为基数，以资本公积金每10股转增15股，共计转增263 403 513股。”

在迪康药业2011年3月3日公告分配预案当天，即以涨停板报收。公告后的两周，股价从15元一直涨至22元左右。事实上，在迪康药业公告此次高转增方案之前，其股票价格就已经出现上涨，从1月末的10元左右。涨至公告时的15元，涨幅已经达到50%。考虑到公告后股价的继续上涨，此次高转增方案在一个半月的时间里实现的累计收益率达到120%。

2011年3月21日，迪康药业发布公告称，公司于3月18日收到大股东蓝光集团通知，在3月3日至3月18日，蓝光集团通过二级市场减持迪康药业166.82万股，并通过大宗交易方式减持684.18万股，合计减持851万股，占公司总股本的4.85%。此次减持后，蓝光集团仍持有4 400万股，占总股本的25.06%。但是，大股东的减持并未就此停止。公开资料显示，至2011年11月2日，大股东蓝光集团累计减持达到5 299万股，持股比例减至总股本的14.92%，在8个月时间里抛售了其持有迪康药业股权的一半。

【实训要求】

根据上述资料，结合迪康药业的具体案例，分析哪些因素会影响公司的股利政策。

【思路指导】

公司的股利政策涉及相关各方的切身利益，受众多不确定因素的影响，主要包括法律因素、公司因素、股东因素及其他因素。

项目六 股票分割与回购实训

实验名称：股票分割与回购

实验类型：验证型

实验目的与要求：

1. 理解股票分割与股票股利的区别。

2. 理解股票回购的方式和动机。

实验内容：

（一）股票分割

【实训资料】

蓉汇公司现行股票市价为35元，每股收益为3.5元。上一年末利润分配前的股东权益项目资料如表6-12。

表 6-12　　蓉汇公司上一年末股东权益账户　　单位：万元

股本-普通股（每股面值 2 元，发行在外 2 000 万股）	4 000
资本公积	1 600
盈余公积	1 600
未分配利润	8 400
股东权益合计	15 600

【实训要求】

根据上述资料，完成以下任务：

1. 假设蓉汇公司计划按每 10 股送 1 股的方案发放股票股利，股票股利的金额按现行市价计算（市价超过面值的部分计入资本公积）。计算完成这一分配方案的股东权益各项目数额。

2. 如果蓉汇公司按 1 股分为 2 股的比例进行股票分割，计算股东权益各项目数额、普通股股数。

3. 根据你的计算结果，对股票分割与股票股利进行比较。

【思路指导】

股票分割与股票股利的相同之处在于：①都会导致普通股股数增加；②都会导致每股收益和每股市价下降；③都不会改变股东持股比例；④都不会改变资产总额、负债总额、股东权益总额。

股票分割与股票股利的不同之处在于：股票分割不会改变股东权益结构，但会使股票的面值变小；股票股利不会改变股票面值，但会改变股东权益结构。

（二）股票回购

【实训资料】

证券简称：天音控股　证券代码：000829　公告编号：临〔2008〕36

天音通信控股股份有限公司回购社会公众股份报告书

本公司及董事会全体成员保证信息披露内容的真实、准确、完整，没有虚假记载、误导性陈述或重大遗漏。

特别声明：

本回购报告书依据《中华人民共和国公司法》《中华人民共和国证券法》《中华人民共和国上市公司回购社会公众股管理办法（试行）》及《关于上市公司以集中竞价交易方式回购股份的补充规定》等相关的法律法规编写而成。

一、股份回购方案

（一）股份回购的目的

天音通信控股股份有限公司（以下简称“天音控股”或“公司”）自2002年实行重大资产重组以来，一直保持快速发展的势头，公司已成为国内领先的移动电话销售商。2006年9月6日公司顺利完成股权分置改革，实现了全流通，公司全体股东的利益诉求一致，有利于公司的规范运作和长远发展。

2008以来，全球金融危机及国内A股市场深度调整，公司股价持续下跌。此次股份回购的主要目的如下：

1. 体现了公司对未来发展充满信心；

2. 以新的分配形式回报股东；

3. 尝试用新的国际通行的分配形式维护资本市场稳定。

（二）回购股份的方式

通过深圳证券交易所以集中竞价交易方式回购本公司社会公众股份。

（三）回购价格及定价原则

参照国内外证券市场上市公司平均市盈率水平，结合公司经营状况，公司确定本次回购价格不超过每股元3.5元，对应2007年12.8倍的市盈率和0.23倍的市销率，对应2008年第三季度2.19倍的市净率。

公司在回购期内送股、转增股本或现金分红，自股价除权除息之日起，相应调整回购价格上限。

（四）拟回购股份的种类、数量和占总股本的比例

回购股份的种类：社会公众股份。

回购数量：在遵循回购价格限定的前提下，拟回购不超过2 000万股。回购分两期进行，第一期在股东大会决议生效日起1个月内拟回购不超过1 000万股的社会公众股；第二期由股东大会授权董事会在半年内根据市场情况拟回购不超过1 000万股的社会公众股（价格为不超过3.5元/每股）。

公司在回购期内送股或转增股本则自股价除权之日起，相应调整回购数量上限。

回购比例：以回购2 000万股计算，回购比例为目前总股本的2.11%，占实际流通股本的2.21%。

（五）回购资金总额及来源

回购资金总额：预计不超过7 000万元。

回购资金来源：自有资金。

（六）回购股份期限

第一期回购期限为股东大会决议生效日之日起1个月内完成。即2008年11月18日—2008年12月17日。第二期回购期限为股东大会决议生效日之日起6个月内，即2008年11月18日—2009年5月17日，公司董事会根据市场情况完成。公司将根据股东大会和董事会授权，在回购期限内根据市场情况自主决定购买时机。

（七）预计回购后股权结构的变化

如以最高回购数量 2 000 万股计算，回购完成后公司股本结构变化情况如下：

股份回购前后股权结构的变化　　单位：股

	回购前		回购后	
	数量	百分比	数量	百分比
限售流通股	46 011 943	4.841%	46 011 943	4.945%
流通股	904 478 049	95.159%	884 478 049	95.055%
总股本	950 489 992	100%	930 489 992	100%

（八）本次回购对公司经营、财务和未来发展的影响分析

公司经过多年的持续健康发展，盈利能力和市场竞争力不断提高，抗风险能力不断得到加强。截至 2008 年第三季度，公司总资产为 69.71 亿元，所有者权益为 15.26 亿元，公司经营活动产生的净现金流为 4.97 亿元，公司货币资金余额 20.91 亿元。

预计此次回购资金将不超过 7 000 万元，假设为 7 000 万元，则约占货币资金比重的 3.35%，占流动资产的比重为 1.09%。因此，董事会认为本次回购资金的使用将不会影响公司经营活动的现金需求，回购完成后公司的现金流仍可以满足正常的生产经营活动。

本次回购完成后每股收益提高约 1.06%，净资产收益率提高约 1.33%。回购后速动比率约 1 倍，仍能保持良好的流动性和偿债能力，对公司债权人利益不会造成损害。

本次回购股份比例为不超过公司目前总股本的 2.11%，因此，回购后不会改变公司上市的地位。

通过本次回购，有利于保护投资者特别是社会公众股东的利益，增强投资者投资信心，树立公司负责任的形象，为公司持续发展创造良好的条件。

二、债权安排

公司已就本次回购债权通知履行了必要的法律程序，并做出了必要的安排：

公司董事会于 2008 年第三次临时股东大会决议做出后的 10 日内（2008 年 11 月 25 日）在《中国证券报》及巨潮资讯网对公司所有债权人进行公告通知，并通过电话、传真方式通知了主要债权人。截至 2008 年 11 月 28 日，未有公司债权人要求向本公司清偿债务或者要求本公司提供担保。

三、回购安排

根据《上市公司回购社会公众股管理办法（试行）》及其补充规定的规定，公司已在中国证券登记结算有限责任公司深圳分公司开立了股票回购专用账户，所有的股票回购将在专用账户进行。专用账户接受证券交易所和登记结算公司的监督，

只能买进不能卖出。

公司委托国盛证券有限责任公司为本次回购的经纪券商，实施本次回购事宜。

公司将在回购期届满或者回购方案实施完毕后撤销回购专用账户。

四、信息披露

根据《上市公司回购社会公众股管理办法（试行）》及其补充规定的规定，公司将及时履行回购期间的信息披露义务方面。具体如下：

公司将在首次回购股份事实发生的次日予以公告；

公司回购股份占上市公司总股本的比例每增加1%的，将在事实发生之日起3日内予以公告；

公司将在每个月的前3个交易日内公告截至上月末的股票回购的进展情况，包括已回购股份总数、购买的最高价和最低价、支付的总金额等；

公司将在回购期间的定期报告中公告回购进展情况，包括已回购股份的数量和比例、购买的最高价和最低价、支付的总金额等；

回购期届满或者回购方案已实施完毕后，公司将在3日内公告股份回购情况以及公司股份变动报告，包括已回购股份总额、购买的最高价和最低价、支付的总金额等内容。

五、公司董事、监事、高级管理人员买卖上市公司股票的情况

根据中国证券登记结算有限责任公司的核查结果，截至股东大会回购决议公告日（2008年11月18日）前六个月，公司董事、监事、高级管理人员不存在买卖公司股票的行为；公司董事、监事、高级管理人员均不存在单独或者与他人联合进行内幕交易及市场操纵的行为。

六、备查文件

1. 天音控股第五届董事会第三次会议决议
2. 天音控股2008年第三次临时股东大会决议
3. 天音控股关于回购社会公众股份减少注册资本事宜的债权人公告
4. 天音控股关于回购社会公众股份的预案

天音通信控股股份有限公司董事会

二〇〇八年十二月二日

【实训要求】

根据上述资料，回答以下问题：

1. 股票回购有哪几种方式？天音控股拟采用什么方式回购股票？
2. 股票回购的动机有哪些？天音控股实施股票回购是出于什么动机？

【思路指导】

1. 股票回购的方式主要有三种：公开市场回购、要约回购和议价回购。天音控

股拟采用公开市场回购的方式。

2. 公司采用股票回购方式主要出于以下动机：①分配公司的超额现金；②改善公司的资本结构；③提高公司的股票价格；④巩固控制权，防止敌意收购。

第七章　财务预算

第一节　主要知识点回顾

一、弹性预算

弹性预算法是克服固定预算法的缺点而出现的一种方法，它能够反映预算期内各种可能的业务量水平下相关预算项目的预算结果，便于企业从不同的业务量水平的角度去了解其生产经营活动的量化过程和结果，能更为准确地反映企业的实际情况。

（一）弹性预算法的特点

弹性预算法将所有预算项目划分为变动项目和固定项目。变动项目是指预算期内业务量可能会发生较大变动的那些预算项目，比如销量、产量、变动成本、变动制造费用、变动销售及管理费用。固定项目是指预算期内业务量不会发生较大变动的那些预算项目，比如固定制造费用、固定销售及管理费用。通常，变动项目采用弹性预算法，固定项目采用固定预算法。

弹性预算法的特点是在编制预算时，首先需要考虑预算期内业务量水平出现多种结果的可能性，然后根据各种不同的业务量水平来编制与之相对应的预算。这样编制出来的预算已不再是只适应一个业务量水平的一个预算，而是能够适应多个业务量水平的一组预算。

（二）弹性预算法的编制原理

弹性预算法的关键在于把所有的成本按其性态划分为变动本与固定成本两大部分。在编制预算时，变动成本随业务量的变动而予以增减，固定成本则在相关的业务量范围内稳定不变，分别按一系列可能达到的预计业务量水平编制能适应企业在预算期内任何生产经营水平的预算。由于这种预算是随着业务量的变动做机动调整，适用面广，具有弹性，故称为弹性预算。

编制弹性预算所依据的业务量可以是产量、销售量、直接人工工时、机器工时、材料消耗量和直接人工工资等。弹性预算可以采用下列公式计算：

某项目弹性预算 = 固定成本预算数 + $\sum$（单位成本预算数 × 预计业务量）

比如，在编制某种产品的销售预算时，假设该产品预测的销售量有 40 000 件、50 000 件、60 000 件这三种比较可靠的结果，就以 40 000 件、50 000 件、60 000 件作为可能的销售量来编制出三个方案的销售预算以及与这三个方案的销售预算所对应的成本费用预算、利润预算、现金流量预算等。

确定了需要采用弹性预算法的预算项目以后，就需要确定这些项目的弹性范围和业务量可能值。弹性预算法一般以正常业务量水平的上下一定幅度作为弹性范围的上下限，每隔 10 个或若干个百分点取一个业务量可能值来编制一个预算，共编制出一组若干个预算。比如，在正常业务量的 80%和 120%之间取 5 个可能值，每隔 10 个百分点取一个，就可以取得正常业务量 80%、90%、100%、110%、120%这 5 个可能值，然后根据这 5 个可能值分别编制出 5 个预算，就得到了业务量分别为正常业务量的 80%、90%、100%、110%、120%时的一组共 5 个预算。

二、零基预算

与增量预算法相比，零基预算法不受上期发生数的约束，可以根据预算期的实际需要对预算项目进行重新评价，从零开始对预算项目的可能发生数进行观察、分析和确定，有助于增强员工的投入产出意识和成本效益观念，避免由于采用增量预算法而有可能出现的随意增减一个数作为预算数的现象，使预算更加切合预算期的实际需要，从而有助于提高预算管理的水平和效率。

（一）零基预算法的特点

零基预算法的特点就是“以零为基数编制预算”，一般不考虑基期的发生数，只考虑预算期的实际需要和现实的可行性。与增量预算法相比，零基预算法的编制基数是零，而增量预算法的编制基数则是基期的发生数。零基预算法需要逐项分析、逐项估计，然后把各项的估计数汇总起来作为预算数，能克服增量预算中原有不合理费用的继续发生。零基预算法在编制和形成中具有下列特点：

1. 动员与讨论

即动员企业内部所有部门，在充分讨论的基础上提出本部门在预算期内应发生的费用项目，并确定其预算数额，而不考虑这些费用项目以往是否发生以及发生额多少。

2. 划分不可避免项目和可避免项目

即将全部费用划分为不可避免项目和可避免项目。前者是指在预算期内必须发生的费用项目，后者是指在预算期内通过采取措施可以不发生的费用项目。在预算编制过程中，对不可避免项目必须保证资金供应；对可避免项目则需要进行成本—效益分析，按照各项目开支必要性的大小确定各项费用预算的优先顺序。

3. 划分不可延缓项目和可延缓项目

即将纳入预算的各项费用进一步划分为不可延缓项目和可延缓项目。前者是指必须在预算期内足额支付的费用项目，后者是指可以在预算期内分期支付或延缓支付的费用项目。在编制预算的过程中，必须根据预算期内可供支配的资金数额在各费用项目之间进行分配。应优先保证满足不可延缓项目的开支，然后根据需要和可能，按照项目的轻重缓急确定可延缓项目的开支标准。

（二）零基预算法的编制原理

零基预算的方法全称为“以零为基础编制计划和预算的方法”，简称零基预算法。这种方法在编制成本费用预算时，不考虑以往会计期间所发生的费用项目或费用数额，而是所有的预算支出均以零为出发点，一切从实际需要与现实的可行性出发，逐项审议预算期内各项费用的内容及开支标准是否合理，在综合平衡的基础上编制费用预算。

这种方法对于所有的预算支出均以零为基础，不考虑其以往情况如何，从实际需要与可能出发，研究分析各项预算费用开支是否必要合理，进行综合平衡，从而确定预算费用。

例如，企业在编制本年度管理费用中办公费的预算，假设上年度的发生数为 20 万元，在 20 万元的基础上增加 4 万元，由此得出本年办公费预算为 24 万元，这是增量预算法。但如果不考虑基期的发生数，完全根据预算期的实际需要和现实的可行性，对构成办公费的各项开支逐项进行估计之后再将它们汇总起来，把汇总所得到的数作为办公费的预算数，这就是零基预算法。假设办公费主要由办公材料费用、报刊费用和打印复印费用三个项目构成，根据预算期的实际需要和现实的可行性，估计办公材料费用 15 万元、报刊费用 3 万元、打印复印费用 3 万元，合计 21 万元，将 21 万元作为本年度办公费的预算数，这种编制预算的方法就是零基预算法。

三、滚动预算

滚动预算法需要在预算执行一个会计期间（1 个月或 1 个季度）之后，就根据新的情况进行调整、修订和增补后续期间的预算，从而逐期向后滚动，连续不断地以预算形式规划未来经营活动，并结合各种因素的变动及时调整和修订近期预算，从而使预算更加切合实际。这就使得原来较为粗糙的、准确度不太高的预算，随着时间的推移，经过每个月或季度的调整修正后会逐渐变得细致和准确，从而提高预算的准确性。

（一）滚动预算法的特点

滚动预算法具有预算期的连续性、时间跨度的固定性、预算调整的动态性、预算编制期的追加性等特点。即预算期是连续不断的，始终保持在12个月或4个季度时间跨度上，预算每执行完1个月或1个季度后都要全面分析实际执行结果和预算发生偏差的程度和原因，并结合执行过程中出现的新情况、新问题和未来可以预知的生产经营环境的变化情况，动态地调整和修正剩余预算期的预算值，然后再追加相应预算期（如月、季度）的预算，如此逐期向后滚动，使预算连续不断地规划未来12个月或4个季度的生产经营活动。

（二）滚动预算法的编制原理

混合滚动方式是逐季分月滚动，指先按年、分季度编制预算，然后再在执行预算的那个季度把本季度的预算细分为月份预算并按月份预算来付诸执行，预算执行每隔1个季度（3个月份）就要定期调整和修正剩余3个季度的预算并同时追加编制第4个季的预算的方式。逐季分月滚动方式的示意图如图7-1所示。

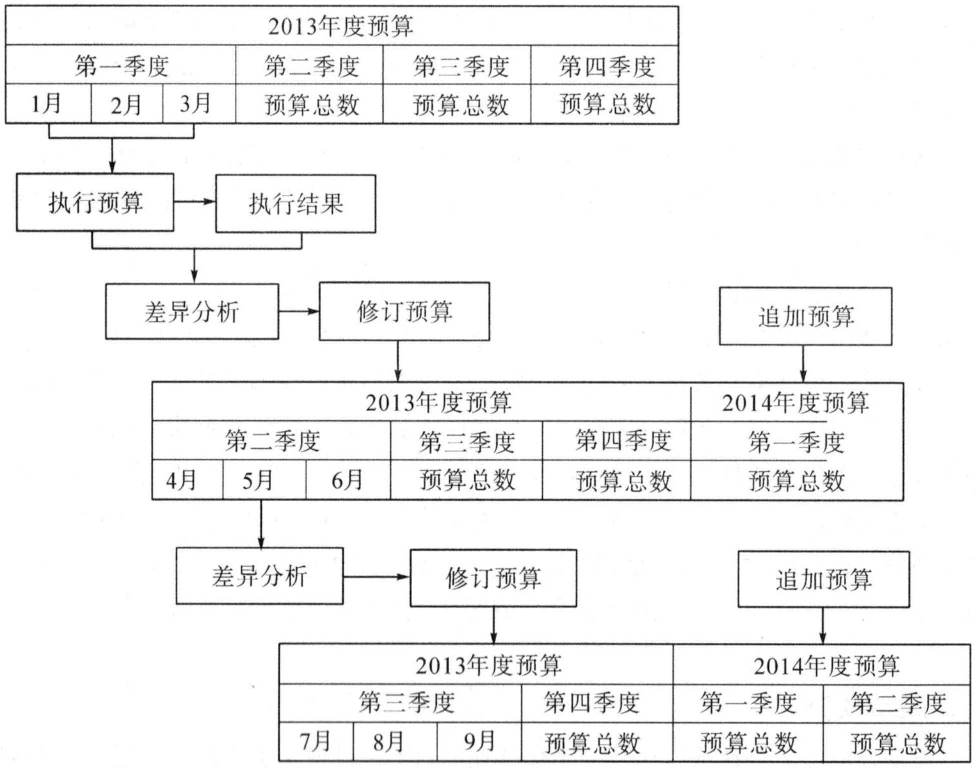

图7-1　逐季分月滚动方式示意图

图7-1表明，假设某单位从2013年起采用滚动预算法，编制了2013年1~4季度共4个季度的预算，同时把第1季度的预算细分为月份预算并付诸执行。1季度

末，根据该季度3个月预算的实际执行情况进行差异分析，并根据执行中出现的新情况、新问题和未来生产经营环境可能发生的变化，重新调整和修订2~4季度的预算，并将2季度的预算细分为月份预算，同时追加编制2014年1季度的预算。如此连续不断地逐季分月执行、逐季调整修订、逐季追加预算，这就是混合（逐季分月）滚动方式。

混合滚动方式是“远略近详”的预算管理方式，它既可以克服逐月滚动方式的工作量较大、繁杂程度较高的缺点，又可以克服逐季滚动方式的预算精确度较低的缺点，是一种介于逐月滚动方式和逐季滚动方式之间的折中方式。

四、全面预算

（一）全面预算构成

全面预算是以货币形式反映的有关企业未来一段时间内全部经营活动的行动计划与相应措施的数量说明，包括专门决策预算、日常业务预算与财务预算三大类内容。

日常业务预算是指与企业日常经营活动直接相关的经营业务的各种预算。它具体包括销售预算、生产预算、直接材料消耗及采购预算、直接工资及其他直接支出预算、制造费用预算、产品生产成本预算、销售及管理费用预算等。这些预算前后衔接，相互勾稽，既有实物量指标，又有价值量指标。

专门决策预算是指企业不经常发生的如资本支出预算和筹资预算。它们在企业经营活动中发生的频率远远低于日常业务预算，带有偶发性。

财务预算是企业计划期内反映有关预计现金收支、财务状况和经营成果的预算。

（二）全面预算的编制

1. 销售预算表

销售预算是全面预算的起点，是企业根据历史数据资料的基础上运用一定的科学方法对各月、各季度可能实现的销售量或业务量的预算，主要依据目标利润预测市场销售量，它是建立在市场预测和销售预测的基础上。同时，企业为了扩大销售会采用应收账款形式，因而企业的现金收入会低于企业的销售额。

2. 生产预算

企业的销售预算确定后，根据“以需定产”，为实现和取得销售收入，企业应组织相应的产品生产以满足销售的需要，因而生产预算是根据销售预算编制的。

但企业在组织生产过程中，由于期初拥有一定的存货数量，预算期期末也可能拥有一定数量的存货，并且期初和期末存货数量可能不一致，因而企业的预计销售量和预计生产量就存在一定的差异。预计生产量可用下列公式计算：

预计生产量 = 预计销售量+预计期末存货量-预计期初存货量

3. 直接材料预算

确定产品生产预算数量后，企业应组织相应生产。按照现代产品制造成本法，产品成本包括三大组成内容，其中之一是直接材料耗费。因而，在生产预算的基础上，需编制直接材料预算。

和前面生产预算一样，原材料也需要考虑期初、期末存货的水平，并且期初和期末不一致，使得预计采购数量和预计生产耗用量出现差额。直接材料生产上的需要量同预计采购量之间的关系可按下列公式计算：

某材料采购量 = 生产耗用量+期末库存量-期初库存量

某材料生产耗用量 = 预计生产量×单位产品材料耗用量

4. 直接人工预算

产品的制造成本中包括直接人工费用。直接人工费用的编制基础也是依据生产预算而编制，人工费用一般是当期全部用现金支付。

5. 制造费用预算

现代制造成本法中，制造费用也是成本的组成内容。制造费用按其成本性态又分为变动制造费用和固定制造费用。因此，制造费用预算表由变动制造费用和固定制造费用两大部分组成，其中变动制造费用以生产预算为基础来编制，固定制造费用与本期的生产量无关。

同时，制造费用中的折旧是作为企业的费用，但当期无须用现金支付，应在制造费用预算中扣除非付现的折旧。

6. 产品生产成本预算

产品生产成本预算是在生产预算、直接材料预算、直接人工预算和制造费用预算的基础上编制而成的。其重点是单位生产成本计算，产品生产成本预算表的编制为利润表编制奠定基础。

7. 销售及管理费用预算

管理费用是企业行政部门为组织管理生产而发生的费用（如厂部管理人员工资、办公费用等），销售费用是企业为销售产品而发生的相关费用（如产品运杂费、包装费等），它作为期间费用直接抵减利润，它是以销售预算为基础，按照成本的性态分为变动销售及管理费用和固定销售及管理费用，其编制方法与制造费用预算相同。

五、现金预算

现金预算是在销售预算、生产预算、直接材料预算、直接人工预算、制造费用预算、产品成本预算、销售费用预算、管理费用预算等基础上编制而成的。

（一）现金预算的构成

现金预算描述预算期企业所有营业活动所产生全部现金收入和全部现金支出的

汇总，它通常包括现金收入、现金支出、现金结余或短缺、资金的筹集与运用四个组成部分。

通过现金预算，确保企业有充足的资金保证企业生产的正常进行，在预计企业现金多余时，企业可适当进行投资活动，减少现金持有成本。而现金预计不足时，可提前安排融资渠道。因而，现金预算是全面财务管理的一个很重要的环节，其综合性最强，能提供管理层决策的相关信息。

（二）现金预算的方法

现金预算编制内容复杂，综合性强。其基本方法步骤如下：

1. 根据业务预算和相关专门预算中与现金收支有关的预算数进行汇总

现金预算是在业务预算和专门预算提供的资料基础上编制的。现金预算表主要包括了四大部分，其中现金收入和现金支出又是现金预算表形成的基础。

（1）现金收入

现金预算表中的现金主要指由经营业务活动所形成的现金收入来源，它不是按权责发生制确定的，而是按收付实现制确认。现金收入主要由现金余额和产品销售现金收入两部分组成。

（2）现金支出

现金预算表中现金支出主要来自于业务预算表中直接材料、直接人工、制造费用和销售及管理费用、应交税费等方面的经营性以及专门预算表相关的现金支出数额汇总而成。

2. 根据现金收支差额决定现金的筹集与运用

现金收支差额是现金收入合计与现金支出合计之间的差额，资金的筹集和运用主要反映了预算期内向银行借款还款、支付利息以及进行短期投资及投资收回等内容。其关系如下：

期初现金余额+现金收入=当期可用现金

当期可用现金-现金支出=现金余缺

差额为正说明现金有多余，可用于偿还过去向银行取得的借款，或用于购买短期证券；差额为负，说明现金不足，要向银行取得新的借款。

值得注意的是，如果企业有最低库存现金持有量设定的标准，现金筹集与运用还需考虑最低库存现金数量。

3. 计算现金期末余额

根据现金余缺与相应的现金筹集与运用的数额，计算预算期内的各期及年末现金余额。其计算方法如下：

现金余缺+现金筹集与运用=现金期末余额

第二节　拓展阅读——战略预算管理[①]

哈佛大学管理学教授 Robert S. Kaplan 和 David P. Norton 在《战略导向的组织》一文中提出:“60%的企业组织并没有将预算与战略联系起来。”我国企业预算管理问题的相关调查研究结果显示:实施传统预算管理的企业,预算目标往往与战略目标不一致。同时,在预算执行过程中,容易出现目标置换问题,即以责任部门预算目标取代企业总目标。究其原因,主要是预算指标与企业战略之间缺乏直接明确的关联,各责任部门无法看到自身行为对企业目标实施的影响和作用。

企业战略与全面预算管理和绩效考核被统称为现代企业管理的“三驾马车”,企业战略确定了企业未来发展的方向和总体目标;全面预算管理明确了企业在年度内所要实现的具体目标及实现这种目标的具体措施,它是实现企业战略的具体行动方案。战略预算管理是以企业战略为导向,以战略目标为起点,来保证战略目标得以实现。现代战略预算管理已进入全面发展时代。

一、战略预算管理的内涵与特征

目前业界对战略预算管理有不同的认识。

张熙庭在《战略预算——管理界的工业革命》一文中提出:“战略预算管理是以企业战略为导向,以战略目标为起点,通过优化配置企业资源以及实行滚动、灵活的过程预算控制程序,以及结合平衡计分卡和博弈体系的运用,来保证战略目标得以实现的管理体系。”

中国人民大学宋常教授根据平衡计分卡提出了战略全面预算管理的概念,他认为战略全面预算管理就是指以企业价值最大化为目标,运用多种分析手段和技术方法,提供并分析有关企业财务、学习和成长,内部经营过程、顾客等综合信息,通过运用财务和非财务信息体现和发展企业战略方针,利用更为合理的全面预算编制方法构筑较完善的全面预算管理体系。

一般认为,战略预算管理是指以企业价值最大化目标,以战略为指导,以企业的关键成功要素为重点,运用多种方式方法。使企业更具灵活性,员工更具积极性和创造性,使企业能不断适应环境的变化并具有核心竞争力和持续发展能力的一种对企业的各种资源进行协调和控制的管理方式。

与传统的预算管理相比较,战略预算管理具有以下特征:

(一)战略导向性

企业战略是为实现企业使命或长远目标而确定的整体行动规划,是企业处理重

---

① 作者根据公开资料整理。

大而复杂事务的纲领性策略。全面预算管理体系是一种以一系列预算、控制、协调、考核为内容建立的一套完整的科学体系，它自始至终地将各个经济单位经营目标同企业发展战略目标联系起来，对其分工负责的经营活动全过程进行控制和管理，并对实现的业绩进行考核与评价的管理系统。

由此可见，企业全面预算管理体系的构建是以战略为导向，它决定了企业全面预算管理的中心内容与形式。全面预算编制与实施的目的是执行并保证企业战略贯彻落实，对企业战略起着全方位的支持作用，是与企业发展战略相配合的战略保障体系。如果没有战略导向，或战略导向性不强，就很难确定预算目标与预算起点。

（二）财务指标与非财务指标相结合

传统预算主要通过财务指标来诠释企业的战略目标和经营规划，而财务指标大多与追求利润的目标直接相关，不能将企业的长期战略目标和短期行动结合起来，不能将资源分配与长期战略结合起来，从而给战略目标的制定和实施之间留下了缺口，阻碍了预算与战略的联系。战略预算管理在财务指标的基础上，通过引入非财务指标如客户、内部过程、员工等指标弥补了缺口，构筑了从预算管理到战略管理的桥梁。战略预算管理不仅注重财务指标，而且注重如顾客满意率、员工满意率、员工的技能水平、企业的创新能力、企业的声誉、形象等这些对企业发展具有重要作用的非财务指标。

（三）内部评价与市场化评价相结合

传统预算仅注重企业内部的生存空间，往往忽视了企业与外部环境的联系。战略预算管理则跳出了传统预算的内部约束，通过对内外环境的分析，根据企业的战略加以制定。战略预算管理拓宽了视野，并通过季度或年度战略执行分析会议，对企业的内外部环境的变化及时进行反馈，密切关注整个市场和竞争对手的动向。它提供了一些譬如相对成本、相对市场份额等超越本会计主体范围的更广泛、更有价值的信息。

（四）关注企业的长期和短期发展

通过对企业战略的关键成功要素的分析，和把关键成功要素进一步明确为可以量化的关键绩效指标并落实到各职能部门和责任人员的具体行动，可以使企业的长期发展目标与企业的日常经营活动相结合。企业战略目标的实现能具体落实到员工的行动中，使员工关注企业的长期发展。同时，战略预算通过年度预算和滚动预测，使企业更具灵活性，能根据环境的变化，及时调整各项生产经营活动，对环境的变化做出快速的反应。

（五）具有动态性的特征

首先，企业战略目标的确定是和特定的内外部环境相适应的，在环境发生变化时还要相应地做出调整。战略预算管理可以更为准确、及时地反映企业战略方针，通过多指标业绩考评促使企业经营和管理措施的调整。

其次，战略预算管理是按月或按季进行滚动性编制，并不是静态的一年一次的过程。并且可根据企业发展的实际情况编制临时预算或项目预算。因此，与传统全面预算管理相比，战略全面预算管理更具有动态控制的特征。

（六）全过程的互动性预算管理

传统的预算管理大多是“自上而下”的预算程序，没有保持企业、员工、过程上的一致性，预算管理对于企业员工来说其实就是来自上层管理的“预算控制”。而战略预算管理则是将企业战略目标、长期计划、实际执行和员工个人目标联系起来的全过程、互动性的管理。战略预算管理不仅仅停留在全面预算的制定、执行和考核评价层面上，更为重要的是，在编制预算之前还必须对企业的现状和未来发展进行诊断和分析，制定出企业战略。据此确定预算目标和战略实施方案，进一步通过具体预算实现企业战略到战术的转化。

战略全面预算管理能够从企业战略高度出发，正确评价企业经营的是非、得失与功过，力求高屋建瓴地确立企业在市场竞争中的战略优势地位。

二、预算与战略管理的互动关系

哈佛商学院教授钱德勒（A. D. Chandler）认为，战略是一个企业长期目标的决策，以及为实现这些目标所采取行动的路线和资源的配置。该定义体现了战略对企业中长期经营方向的指导作用和对企业经营资源配置的约束作用。

战略预算管理是企业战略管理的一部分，以企业战略为核心，以谋求企业价值最大化为最终目标，通过对企业所处竞争环境和企业自身战略资源及能力的评估，运用多种分析手段和技术方法提供并分析企业财务、顾客、内部业务流程、学习和成长等综合信息，制订出企业长期、中期、短期发展计划及相应的资源配置计划，以此保持企业的长期竞争优势。

战略管理是为了实现企业的生存和长远利益，全面预算管理是为了实现企业某一时期的经营活动目标。战略管理与全面预算管理是一种互动的关系，公司战略决定全面预算，全面预算又支持和修正公司战略。战略管理和全面预算管理的对立统一，相互促进的关系主要体现在：

（一）战略管理为全面预算管理提供了长期发展方向的路径

战略管理着眼于宏观的发展方向，为企业的未来做出预测和规划。企业战略决定预算目标，预算是对企业战略重点与管理方针的基本描述。在规模导向型企业，它在战略上是以追求规模扩张为主的，预算的重点也就侧重销售的增长；而以收益为导向的企业，在战略上则是以追求收益的最大化为导向，预算的重点就是成本或者税前利润及其增长率。可见，预算的编制总是以企业的战略为起点的。

企业战略虽然明确了未来的具体目标，但战略的执行需要通过预算保证资源的落实和对执行的财务结果实施控制。企业战略是企业长期经营的总括方针，应该体现在年度预算中，而预算作为一种行动的安排，使得日常的经营活动和企业的战略部署得以沟通，形成具有良好循环的预算系统。企业战略如果没有预算作为支撑，就不具备操作性；而没有战略做引导的企业预算将是没有目标的预算，难以提升企业价值。以企业战略为基础的全面预算管理将推动企业提升核心竞争力，使企业在一个更高的水平下发展。

（二）战略管理是全面预算管理的起点及导向

企业战略决定了全面预算管理的导向，要求企业立足于自身战略规划及公司所处的发展周期和市场环境来选择适合自己的预算管理模式，如创新期和成长期的企业一般选择规模导向下的预算管理模式，因为其一定时期内的战略为增加市场占有额及扩大公司规模；而成熟期的企业宜选择收益导向下的预算管理模式，在相对有限的发展空间下通过降低成本等形式提高利润。

企业战略的不同决定了企业的发展思路与方针的差异，所以不同类型的企业和同一企业不同发展阶段的预算管理目标与重点是不一样的，因此预算的编制必须适应和体现企业战略的变化。不同的战略对预算的要求不同，从这个意义上说，预算也必须以战略为导向才能对战略起到支持。

（三）全面预算管理是企业实现战略目标的基石

战略的本质就是企业如何对所拥有的资源进行有效的配置，从而获取持久的超额利润的能力。战略目标仅仅为管理者提供了一个奋斗的目标，但没有具体的实施计划，因此，必须把日常的预算管理作为企业实现战略目标的基石。通过全面预算的编制，不仅可以使员工的责任分工明确，加深对于企业的整体的战略目标的认识，而且有利于形成企业的文化，加深纵向和横向的沟通，有利于相互配合与协作。

（四）全面预算管理是对战略管理目标的程序化和可度量化

由于战略目标是一个长远的方向性目标，因而在企业的具体生产经营和运转过程中难以把握，难以落实到具体的执行流程及考核。通过全面预算管理，使预算的执行与企业战略目标的实现成为同一过程，将相对抽象的战略管理细化为生产预算管理、销售预算管理、筹资预算管理等可操作可控制可考核的预算管理模块，这样的战略管理才更有实际意义。

（五）预算监控有利于企业战略管理的调整和优化

通过预算监控可以发现企业未能预知的机遇和挑战，这些信息通过预算汇报体系反映到决策机构，可以帮助企业动态地调整战略规划，提升企业战略管理的应变能力。企业战略必须适应客观现状，在发现战略管理的弊病或者找到更优的战略管理途径时可以根据具体情况做相应的调整。

战略是为实现企业使命或长远目标而确定的整体行动规划，战略目标的实现需要有与之相应的管理手段作为后盾。而全面预算管理就是一种集系统化、战略化、人本化理念为一体的现代管理模式。它通过业务、资金、信息的整合，明确又适度的分权和授权，战略驱动的业绩评价等，来实现资源合理配置、作业协同和战略的有效贯彻、经营活动改善、价值增加的目标。

由此可见，引入战略预算管理可以促使企业以核心竞争能力和持续发展能力为重点，关注长期和短期发展目标，快速敏捷地适应内外环境的变化，不断提高管理效率，激发员工的积极性和创造性。战略预算管理不仅关注企业的财务目标，而且更关注企业的关键成功要素，以保证企业在日益激烈的市场竞争中立于不败之地。

三、战略预算管理与传统预算管理的区别和联系

企业战略预算管理是适应环境变化的需要，克服传统预算管理的缺陷而发展起来的一种管理方式，是对传统预算管理的一种继承和发扬。战略预算管理继承了预算管理的功能，它们都具有规划、控制、协调、沟通与激励的功能，在预算编制的组织方式上也基本相同。但是，与传统预算管理方式相比，战略预算管理较传统预算管理已有了很大的改进。

（一）目标不同

战略预算以企业的战略目标为指导，通过平衡计分卡等方式把企业战略分解为关键性成功要素及关键绩效指标和各种行动方案，并以此为依据制定企业的预算，确保预算与企业的战略目标相一致。而传统预算以企业的年度计划为依据，把年度计划目标作为预算目标。

（二）对员工的激励方式不同

战略预算以包括财务指标及非财务指标的关键绩效指标以及竞争对手、行业领先者等标杆作为对员工的奖励依据，而关键绩效指标是以企业的关键成功要素为依据。传统预算以固定的企业年度预算财务目标作为员工的奖励依据。

（三）所包括的内容不一样

战略预算包括中长期预算，年度预算及滚动预算在预算中不仅包括财务指标也包括非财务指标，而传统预算只是包括年度固定财务预算。

（四）预算中所包含指标的细节不同

在战略预算的中长期预算及年度预算中只是包括一些对企业发展有重要影响的关键绩效指标，只在月度或季度滚动预算中包括一些细节性项目，而传统预算中包括许多复杂的、详细的项目。

（五）预算所依据的假设不一样

以滚动预测为特点的战略预算所依据的假设为当时的内外环境如市场、竞争对手、企业的经营状况，并经过商业预测模型对各种假设进行模拟。而传统预算所依据的是过去的财务或企业内部经营情况，在历史数据的基础上进行一定的增减。

（六）所运用的编制手段不一样

战略预算管理通常运用信息一体化及商业预测模型等手段，而传统预算多以Excel表格作为编制工具。

（七）企业文化上也存在一定的差异

战略预算管理关注的是企业如何创造性地完成战略目标，激励员工的创造性，

关注的是行动和价值创造，以价值最大化为目的。而传统预算管理所激励的是员工如何去完成预算目标，关注预算差异分析，是博弈性的文化。

四、战略预算管理步骤

（一）制定企业战略目标

企业的战略目标是全面预算管理目标的起点，因此，在战略预算的编制过程中应该首先关注战略目标。在战略预算的编制过程中，应当根据企业的战略目标，结合企业自身条件和外部市场环境的需要，编制出一套以企业战略为导向的总体预算草案。

企业应通过对外部市场环境和资源能力的分析，结合企业自身条件，进行准确的战略定位，并做出 3~5 年的发展规划。基于企业的战略目标，从各个方面将企业战略目标转化为具体的目标，并制订具体的战略行动方案。

（二）将企业战略目标细化为预算目标

在战略预算的编制过程中，应当根据企业的战略目标，结合企业自身条件和外部市场环境的需要，编制出一套以企业战略为导向的总体预算草案。战略预算的编制要求在贯彻企业战略目标的同时，把企业的各种内部资源（包括人力资源、生产资料资源、财务资源、技术管理资源等）纳入预算的范围，同时也要全面考虑一些隐含的因素如市场开拓、结构调整、规模要素等。

企业依据发展规划，确定本年应达到的目标值。这实际上是把企业宏观上的目标落实到具体的目标值上，年底时通过对企业实际指标值进行绩效考核，实现企业对于日常经营活动的管理。在上述思路中，主要的难点在于如何将战略目标进行细化，进而确定合理、可行的预算指标体系。平衡计分卡（Balanced Score Card, BSC）可以解决这一难题。平衡计分卡以企业战略为核心，从财务、客户、内部业务流程、学习与成长四个方面就如何把企业的愿景与战略相联系，以及如何在企业中实施和评价战略都进行了详细的阐述。它体现了财务指标与非财务指标、长期目标与短期目标、内部与外部、结果与过程、管理业绩与经营业绩关系的平衡。因此，战略预算的编制一般以平衡计分卡为依据。通过平衡计分卡，能够清楚地明确影响企业战略实现的关键因素，并在预算中对这些因素予以重点关注。

（三）编制战略预算

战略预算管理目标的确定为企业发展指明了方向，短期的财务计划则如一级级阶梯，为通往这一方向铺就了一条道路。企业长期战略目标的基础上，可以将财务目标分解成短期财务目标并制订短期财务计划，围绕各个阶段的财务计划进行全面预算。

各个责任中心可以根据已经制订的短期财务计划，编制责任中心年度预算，各中心在战略的基础上结合自身资源情况制订出切实可行的具体方案。成本中心没有收入只对成本负责，所以应从降低生产成本的角度考虑购货渠道、生产配置等问题；利润中心不仅要对成本负责，还要对企业所获利润情况负责，要在降低成本的同时，顾及产品质量、销售数量、销售费用等因素，进而核算出企业的利润；投资中心经理所拥有的自主权不仅包括制定价格、确定产品和生产方法等短期经营决策权，而且还应包括投资规模和投资类型等投资决策权。投资公司经理能够控制除公司分摊管理费用外的全部成本和收入，并且能控制占用的资产，因此，在衡量其利润的同时，还要衡量其资产并把利润与其所占用的资产联系起来。

在成本中心、利润中心和投资中心编制的预算基础上，财务部门汇总资产、负债、所有者权益、收入、费用、利润等要素，编制出预算资产负债表、预算损益表和预算的现金流量表。此外，在编制短期财务预算的同时，要兼顾企业制定的非财务预算指标，保证企业成功实现长期战略预算目标。

(四) 战略预算的执行与实施

战略预算的执行是指战略预算要有组织、有领导的实施，它在战略预算管理中处于核心阶段，连接着战略预算编制和战略预算考评，为评价和考评提供依据。

预算方案经集团董事会批准后，由战略预算管理机构下发给各单位，各单位依据各自的职责组织实施。战略预算归口部门（如财务部、会计部、投资部、经营管理部、审计部）依据平衡记分卡的财务指标和非财务指标，对预算的执行过程进行监督、检查并进行实时控制、分析，并定期向战略预算管理机构反馈有关预算执行的实际数据。预算管理机构根据归口部门提交的有关预算执行情况的资料，定期向公司提交预算执行分析报告，同时根据预算实际执行情况与预算指标的差异、未来环境的变化等相关因素，提出下期预算执行的修正方案，对预算执行过程实行动态控制和管理。对于预算执行过程中出现的异常情况，预算管理机构应及时指出并上报公司总经理、董事会，同时提出相应的对策，供公司决策时参考。

(五) 预算方案的控制和业绩评价

1. 预算方案的控制

对预算执行中出现的异常情况，企业有关部门应及时查明原因，提出解决办法。对预算执行中可能出现的问题，及时提出预警，包括预算指标设立的合理性，预算能否体现企业的战略意图，预算执行过程中存在的问题，员工对预算的了解程度，预算管理中出现的意外情况等，企业必须加以严密注意。对企业预算完成情况的评价主要是对企业实际业绩完成情况与预算、上年、企业的战略目标、竞争对手、行业领先者的业绩等进行比较，寻找差距和不足，发现企业的优、劣势，并对内外环境进行分析，分析存在的机遇和威胁。通过分析，寻找预算完成好坏的原因，如果完成得不好是否为外部环境变化、企业战略不当、目标过高、执行不力的原因，并相应采取应对措施。如果预算完成得好，需注意与同行业企业相比，企业的预算目标是否过低，企业是否过分注重短期目标的完成，如果是，则应相应地对预算加以调整。如果企业确实完成得好，则应在企业加以推广和利用。

预算评价不仅为企业的业绩完成情况提供了依据，也是企业制定下一轮战略目标和战略的基础。企业应当建立月度和季度预算报告制度，月度预算主要对企业的生产经营性预算管理的完成情况和对月度的重大的战略性事项进行报告。对于预算执行中发生的新情况、新问题及出现偏差较大的重大项目，企业管理部门以及预算委员会应当责成有关预算执行单位查找原因。提出改进经营管理的措施和建议。一旦出现与企业战略假设存在较大的差异时，企业必须采取相应的措施，确保企业战略目标的实现。

2. 战略预算考评

战略预算考评是用来激励和监督各级管理者的有效手段，通过建立统一的、公平的绩效考核制度，不仅有助于员工对公司战略的关心，而且有助于提高员工的积极性，更是战略预算管理信息系统的一个重要信息反馈机制。

为支持战略预算管理，战略预算考评指标应该包括财务指标和非财务指标。财务指标又可以细化为盈利指标和现金流指标，非财务指标由客户指标、内部过程指标和员工指标构成。企业应当致力于建立财务指标与非财务指标相结合、结果静态评价与过程实时动态评价相结合、有形业绩与无形业绩评价指标相结合、所有者利益与市场顾客导向评价相结合等四个结合的战略预算考评指标体系。

战略预算考评是公司目标得以实现的保障。根据行为理论，激励具有行为导向，绩效考核指标的设立必须是以战略为导向，必须通过对战略目标的层层具有因果关系的分解，才能促使企业战略目标的实现。

第三节　实训项目

项目一　全面预算编制实训

实验名称：全面预算编制

实验类型：验证型

实验目的与要求：

1. 掌握全面预算编制的基本方法。

2. 对业务预算进行编制、应用。

实验内容：

（一）销售预算编制

【实训资料】

蓉汇公司生产和销售A种产品，计划期2015年四个季度预计销售数量分别为1 000件、1 500件、2 000件和1 800件；A种产品预计单位售价为100元。假设每季度销售收入中，本季度收到现金60%，另外40%要到下季度才能收回，上年末应收账款余额为62 000元。

【实训要求】

根据上述实训资料，完成以下要求：

1. 分析计算后将有关数据填入表7-1中。

表7-1　　　　2015年度销售预算　　　　单位：元

项目	第一季度	第二季度	第三季度	第四季度	全年
预计销量（件）					
单价（元）					
预计销售收入					
应收账款期初					
第一季度现金流入					
第二季度现金流入					
第三季度现金流入					
第四季度现金流入					
现金流入合计					

2. 在表7-1中编制填列2015年销售预算。

3. 确定2015年年末应收账款余额。

【思路指导】

销售预算是全面预算的起点。编制销售预算时应注意每期应收账款的收现率，也即注意应收账款当期收到现金的比率，其他期收到现金的比率。

（二）材料采购预算编制

【实训资料】

蓉通公司只产销一种甲产品，甲产品只消耗乙材料。2015年第四季度按定期预算法编制2016年的企业预算，部分预算资料如下：

1. 乙材料2016年年初的预计结存量为2 000千克，各季度末乙材料的预计结存量数据如表7-2所示。

表 7-2　　2016 年各季度末乙材料预计结存量

季度	1	2	3	4
乙材料（千克）	1 000	1 200	1 200	1 300

2. 生产部门预计甲产品每季生产数量见表 7-3。

表 7-3　　预计甲产品每季生产数量预算

项目	第一季度	第二季度	第三季度	第四季度	全年
预计甲产品生产数量（件）	3 200	3 200	3 600	4 000	14 000

3. 每季度乙材料的购货款于当季支付 40%，剩余 60%于下一个季度支付；2011 年年初的预计应付账款余额为 80 000 元。

【实训要求】

根据上述资料，完成下列任务：

1. 分析计算编制蓉通公司乙材料采购预算表，将有关数据编入表 7-4 中。

表 7-4　　乙材料采购预算表

项目	第一季度	第二季度	第三季度	第四季度	全年
预计甲产品量（件）	3 200	3 200	3 600	4 000	14 000
材料定额单耗（千克/件）	5	5	5	5	
预计生产需要量（千克）					
加：期末结存量（千克）					
预计需要量合计（千克）					
减：期初结存量（千克）					
预计材料采购量（千克）					
材料计划单价（元/千克）	10	10	10	10	
预计采购金额（元）					

注："材料定额单耗"是指在现有生产技术条件下，生产单位产品所需要的材料数量，全年乙材料计划单价不变。

2. 分析计算编制蓉通公司直接材料预算现金支出表，将有关数据编入表 7-5 中。

表 7-5　　蓉通公司直接材料预算现金支出表　　单位：元

项目	第一季度	第二季度	第三季度	第四季度	合计
应付账款期初					
第一季度采购付现					
第二季度采购付现					
第三季度采购付现					
第四季度采购付现					
合计					

【思路指导】

1. 材料预算需要考虑期初、期末存货的水平，并且期初和期末不一致，使得预计采购数量和预计生产耗用量出现差额。直接材料生产上的需要量同预计采购量之间的关系可按下列公式计算：

某材料采购量=生产耗用量+期末库存量-期初库存量

某材料生产耗用量=预计生产量×单位产品材料耗用量

2. 与材料相联系的现金在预算时应注意每期应付账款的付现率，也即注意应收账款当期支付现金的比率，其他期支付现金的比率。

（三）销售收入预算编制

【实训资料】

蓉汇公司预算 2016 年度的简略销售情况见表 7-6。

表 7-6　　公司销售预算

季度	第一季度	第二季度	第三季度	第四季度	合计
预计销售量（件）	2 500	3 750	4 500	3 000	13 750
销售单价（元）	20	20	20	20	20

若销售当季度收回货款 60%，次季度收款 35%，第三季度收款 5%，预算年度期初应收账款金额为 22 000 元，其中包括上年第三季度销售的应收账款 4 000 元、第四季度销售的应收账款 18 000 元。

【实训要求】

根据上述资料，编制预算年度销售预算（不考虑流转税），将有关数据编入下

表 7-7 中。

表 7-7　　**现金收入预算**　　单位：元

项目	第一季度	第二季度	第三季度	第四季度	合计
销售量（件）					
单价					
销售收入					
现销收入					
回收上季度应收账款					
回收上上季度应收账款					
现金收入					

【思路指导】

编制销售预算时应注意每期应收账款的收现率，该实训题目收现率是分三次在不同的季度里，应特别注意应收账款当期收到现金的比率、第二期收到现金的比率以及第三期收到现金的比率。

项目二　现金预算表编制实训

实验名称：现金预算表编制

实验类型：验证型

实验目的与要求：

1. 了解现金预算表的结构。
2. 理解现金预算表的指标及相关关系。
3. 掌握现金预算表的编制。

实验内容：

（一）现金预算

【实训资料】

蓉汇公司 2015 年的现金预算简表如 7-8 所示，假定企业没有其他现金收支业务，也没有其他负债。预计 2015 年年末的现金余额为 7 000 万元。

表 7-8　　**现金预算简表**　　单位：万元

项目	第一季度	第二季度	第三季	第四季度
期初现金余额	6 000			

表7-8(续)

项目	第一季度	第二季度	第三季	第四季度
本期现金流入	45 000	48 000	E	50 000
本期现金支出	A	50 400	40 000	41 000
现金余缺	90 00	C	- 1 800	G
资金筹措与运用	- 2 000	1 800	6 000	H
取得借款		1 800	6 000	
归还借款	- 2 000			
期末现金余额	B	D	F	I

【实训要求】

根据上述实训资料，填写表 7-8 中用字母表示的部分。

【思路指导】

1. 现金预算描述预算期企业所有营业活动所产生全部现金收入和全部现金支出的汇总，它通常包括现金收入、现金支出、现金结余或短缺、资金的筹集与运用四个组成部分。

2. 特别注意根据现金收支差额决定现金的筹集与运用。

现金收支差额是现金收入合计与现金支出合计之间的差额，资金的筹集和运用主要是反映了预算期内向银行借款还款、支付利息以及进行短期投资及投资收回等内容。其关系如下：

期初现金余额+现金收入=当期可用现金

当期可用现金-现金支出=现金余缺

差额为正，说明现金有多余，可用于偿还过去向银行取得的借款，或用于购买短期证券；差额为负，说明现金不足，要向银行取得新的借款。

（二）现金预算编制

【实训资料】

蓉汇公司 2016 年度设定的每季末预算现金余额的额定范围为 50 万~60 万元，其中，年末余额已预定为 60 万元。假定当前银行约定的单笔短期借款必须为 10 万元的倍数，年利息率为 6%，借款发生在相关季度的期初，每季末计算并支付借款利息，还款发生在相关季度的期末。2016 年该公司无其他融资计划。蓉汇公司编制的 2016 年度现金预算的部分数据见表 7-9。

表 7-9　　2016 年度蓉汇公司现金预算　　金额单位：万元

项目	第一季度	第二季度	第三季度	第四季度	全年
①期初现金余额	40				
②经营现金收入	1 010				
③可运用现金合计		1 396. 30	1 549		
④经营现金支出	800			1 302	4 353. 3
⑤资本性现金支出		300	400	300	1 200
⑥现金支出合计	1 000	1 365		1 602	5 553. 3
⑦现金余缺		31. 3	- 37. 3	132. 2	
⑧资金筹措及运用	0	19. 7		- 72. 3	
加：短期借款	0		0	- 20	0
减：支付短期借款利息	0		0. 3	0. 3	
购买有价证券	0	0	- 90		
⑨期末现金余额				60	

【实训要求】

根据上述资料，利用现金预算数据相关关系计算分析填列表 7-9 中的空格部分。

（三）现金预算编制

【思路指导】

同上。

【实训资料】

蓉汇公司有关资料如下：

（1）该企业 2016 年 3~7 月份的销售量分别为 10 000 件、11 000 件、12 000 件、13 000件、12 000 件，单价（不含税）为 10 元，每月含税销售收入中，当月收到现金 60%，下月收到现金 40%，增值税税率为 17%。

（2）各月商品采购成本按下一个月含税的销售收入的 80%计算，所购货款于当月支付现金 40%，下月支付现金 60%。

（3）该企业 4~6 月份的制造费用分别为 10 000 元、11 000 元、12 000 元，每月制造费用中包括折旧费 5 000 元。

（4）该企业 4 月份购置固定资产，需要现金 20 000 元。

（5）该企业在现金不足时，向银行借款（为 1 000 元的倍数），短期借款利率为 6%；现金有多余时，归还短期借款（为 1 000 元的倍数）。借款在期初，还款在期末，3 月末的长期借款余额为 20 000 元，借款年利率 12%，短期借款余额为 0。假设短期借款和长期借款均为每季度末支付利息。

（6）该企业规定的现金余额的额定范围为 7 000~8 000 元，假设该企业消费税率为 8%，城市维护建设税税率为 7%，教育费附加征收率为 3%，其他资料见表 7-9。

【实训要求】

根据上述资料，完成蓉汇公司 4~6 月份现金预算的编制工作，将有关数据填入表 7-10 中。

表 7-10　　现金预算表　　单位：元

项目	4 月	5 月	6 月
期初现金余额	15 000		
经营现金收入			
可运用现金合计：			
直接材料采购支出			
直接工资支出	5 000	5 500	5 500
制造费用支出			
其他付现费用	500	400	600
应交税金及附加支出			
预交所得税			10 000
购置固定资产	20 000		
现金支出合计：			
现金余缺			
加：短期借款			
减：归还短期借款			
支付借款利息			
期末现金余额			

【思路指导】

同上。

【实训资料】

蓉汇公司现着手编制 2016 年 6 月份的现金收支计划。预计 2016 年 6 月月初现金余额为8 000元；月初应收账款4 000元，预计月内可收回80%；本月销货50 000元，预计月内收款比例为50%；本月采购材料8 000元，预计月内付款70%；月初应付账款余额5 000元需在月内全部付清；月内以现金支付工资8 400元；本月制造费用等间接费用付现16 000元；其他经营性现金支出900元；购买设备支付现金10 000元。企业现金不足时，可向银行借款，借款金额为1 000元的倍数；现金多余时可购买有价证券。要求月末现金余额不低于5 000元。

【实训要求】

1. 计算经营现金收入。
2. 计算经营现金支出。
3. 计算现金余缺。
4. 确定最佳资金筹措或运用数额。
5. 确定月末现金余额。

【思路指导】

同上。

项目三　弹性预算表编制实训

实验名称：弹性预算表编制

实验类型：验证型

实验目的与要求：

1. 了解弹性预算表的特点。
2. 掌握弹性预算表的编制。

实验内容：

弹性预算表的编制。

【实训资料】

蓉汇公司第一车间201×年1月份的人工工时正常为50 000工时，弹性范围为40 000~60 000工时，该月各项固定性制造费用和变动性制造费用的相关资料见表7-11。

表 7-11　　第一生产车间 201×年 1 月制造费用情况表　　单位：元

业务量（人工工时）	正常 50 000，变动范围 40 000~60 000	
费用项目	固定性制造费用总额（元）	单位变动性制造费用（元/工时）
辅助材料		0.30
辅助人员工资		0.45
检验员工资		0.25
维修费	6 000	0.20
水电费	1 500	0.15
管理人员工资	15 000	
保险费	5 000	
折旧费	9 000	
设备租金	12 000	
合计	48 500	1.35

【实训要求】

试根据上述资料编制该车间 1 月份人工工时分别为正常水平的 80%、90%、100%、110%、120%时的制造费用预算填入表 7-12 中。

表 7-12　　第一生产车间 201×年 1 月制造费用预算表　　单位：元

人工工时的弹性范围（%）	80	90	100	110	120
人工工时的可能值					
变动成本项目 辅助材料 辅助工人工资 检验员工资					
混合成本项目 维修费 水电费					
固定成本项目 管理人员工资 保险费 折旧费 设备租金					
制造费用总额					

【思路指导】

1. 弹性预算法的关键在于把所有的成本按其性态划分为变动成本与固定成本两大部分。

2. 注意变动的幅度范围。

3. 编制弹性预算所依据的业务量可以是产量、销售量、直接人工工时、机器工时、材料消耗量和直接人工工资等。弹性预算可以采用下列公式计算：

某项目弹性预算=固定成本预算数+Σ（单位成本预算数×预计业务量）

项目四　零基预算表编制实训

实验名称：零基预算表编制

实验类型：验证型

实验目的与要求：

1. 了解零基预算表的特点。

2. 掌握零基预算表的编制。

实验内容：

零基预算表的编制。

【实训资料】

蓉汇公司拟采用零基预算法对历年严重超支的业务招待费、劳动保护费、办公费、广告费、保险费等间接费用项目编制销售及管理费用预算，以有效地降低费用开支水平。经过自下而上又自上而下多次反复讨论研究，预算人员确定上述费用在预算年度开支水平如表7-13所示。

表7-13　　**蓉汇公司某年度预计销售及管理费用开支表**　　单位：元

费用项目	开支金额
1. 业务招待费	175 000
2. 劳动保护费	125 000
3. 职工培训费 4. 办公费	80 000 100 000
5. 广告费	300 000
6. 保险费	150 000
合计	930 000

经过充分论证，上述费用中，劳动保护费、办公费和保险费属于不可避免的重点项目，必须全额保证；业务招待费、职工培训费和广告费属于不可避免的非重点项目，需进行成本效益分析后再酌情安排，分析情况如表7-14所示。

表 7-14　　蓉汇公司某年度有关预算项目成本效益分析表　　单位：元

费用项目	费用金额	收益金额
职工培训费	100	200
业务招待费	100	400
广告费	100	400

【实训要求】

假定蓉汇公司上述六项费用可安排的资金只有 800 000 元，根据实训资料试编制这六项费用的预算，将数据填入表 7-15 中。

表 7-15　　蓉汇公司某年度销售及管理费用预算表　　单位：元

<table>
<tr><td colspan="2" rowspan="2">费用项目</td><td>初步预算数</td><td>调整后的预算数</td></tr>
<tr><td></td><td></td></tr>
<tr><td rowspan="4">重点项目</td><td>劳动保护费</td><td></td><td></td></tr>
<tr><td>办公费</td><td></td><td></td></tr>
<tr><td>保险费</td><td></td><td></td></tr>
<tr><td>小计</td><td></td><td></td></tr>
<tr><td colspan="2">剩余可供安排的资金</td><td></td><td></td></tr>
<tr><td rowspan="4">非重点项目</td><td>职工培训费</td><td></td><td></td></tr>
<tr><td>业务招待费</td><td></td><td></td></tr>
<tr><td>广告费</td><td></td><td></td></tr>
<tr><td>小计</td><td></td><td></td></tr>
<tr><td>总计</td><td></td><td></td><td></td></tr>
</table>

【思路指导】

1. 划分不可避免的重点项目和可避免的非重点项目。

2. 可避免的项目，需进行成本效益分析后再酌情安排，根据可避免的项目之间的投入产出效益比例来计算分配每一项费用应安排的预算金额。

项目五　滚动预算表编制实训

实验名称：滚动预算表编制

实验类型：验证型

实验目的与要求：

1. 了解滚动预算表的特点。

2. 掌握滚动预算表的编制。

实验内容：

滚动预算表的编制。

【实训资料】

蓉汇公司甲车间采用滚动预算方法编制制造费用预算。已知 2015 年分季度的制造费用预算如表 7-16（其中间接材料费用忽略不计）所示。

表 7-16　　甲车间 2015 年全年制造费用预算　　单位：元

项目	2015 年度				合计
	第一季度	第二季度	第三季度	第四季度	
直接人工总工时（小时）	11 400	12 060	12 360	12 600	48 420
变动制造费用					
间接人工费用	50 160	53 064	54 384	55 440	213 048
水电与维修费用	41 040	43 416	44 496	45 360	174 312
小计	91 200	96 480	98 880	100 800	387 360
固定制造费用					
设备租金	38 600	38 600	38 600	38 600	154 400
管理人员工资	17 400	17 400	17 400	17 400	69 600
小计	56 000	56 000	56 000	56 000	224 000
制造费用合计	147 200	152 480	154 880	156 880	611 360

2015 年 3 月 31 日公司在编制 2015 年第二季度至 2016 年第一季度滚动预算时发现未来的四个季度中将出现以下情况：

（1）间接人工费用预算工时分配率将上涨 50%；

（2）原设备租赁合同到期，公司新签订的租赁合同中设备年租金将降低 20%；

（3）预计直接人工总工时见“2015 年第二季度至 2016 年第一季度制造费用预算”表（见表 7-17）。

假定水电与维修费用预算工时分配率等其他条件不变。

【实训要求】

根据上述实训资料，完成下列任务：

1. 以直接人工工时为分配标准，计算下一滚动期间的如下指标：

（1）间接人工费用预算工时分配率；

（2）水电与维修费用预算工时分配率。

2. 根据有关资料计算下一滚动期间的如下指标：

（1）间接人工费用总预算额；

（2）每季度设备租金预算额。

3. 计算填列表 7-17 中用字母表示的项目。

表 7-17　　甲车间 2015 年第二季度至 2016 年第一季度制造费用预算　　单位：元

项目	2008 年度			2009 年度	合计
	第二季度	第三季度	第四季度	第一季度	
直接人工总工时（小时）	12 100	（略）	（略）	11 720	48 420
变动制造费用					
间接人工费用	A	（略）	（略）	B	（略）
水电与维修费用	C	（略）	（略）	D	（略）
小计	（略）	（略）	（略）	（略）	493 884
固定制造费用					
设备租金	E	（略）	（略）	（略）	（略）
管理人员工资	F	（略）	（略）	（略）	（略）
小计	（略）	（略）	（略）	（略）	（略）
制造费用合计	171 700	（略）	（略）	（略）	687 004

【思路指导】

1. 滚动是一种随着时间的推移，逐月或逐季地调整、修正现有预算，随着预算的执行而不断延伸补充新的预算。滚动预算编制时应注意滚动的周期是月还是季。

2. 注意分析影响生产经营环境的变化情况，动态地调整和修正剩余预算期的预算值。

项目六　企业预算执行与考核实训

实验名称：企业预算执行与考核

实验类型：研究型

实验目的与要求：

1. 了解企业预算执行的要求与流程。

2. 了解企业预算考核的要求与流程。

实验内容：

第七章　财务预算

【实训资料】

万丰企业集团预算执行与考核①

1993年7月，浙江万丰企业集团公司作为全省供销社系统第一家省批县（区）级企业集团，依托萧山区供销联社应运而生。集团在创立初期，对萧山供销社这样一家有着50年计划经济沉淀的老企业进行了一定的机制革新。

2002年1月，万丰集团实施“集团化”战略决策，以集团公司为龙头、主要专业公司为主体，以传统服务网络为基础，以低成本扩张为手段，以医药、石油、农资、再生资源、日用消费品现代连锁经营为载体，组成万丰航母编队，搏击市场风浪，打造经济支柱。

2003年1月，万丰集团做出了实施“以强化流通为基础的为农服务”战略决策，确立了培育主业、区基联合、连锁经营、创新业态和打造核心竞争力的总体思路，大力构建现代农产品加工示范体系，积极推动现代农业产业化发展；大力构建农业生产资料和日用消费品体系等新型业态发展，致力于打造高效、畅通、有序的现代流通网络，不断增强集团在城乡市场中的竞争力。近年来，集团各企业认真贯彻落实预算目标管理责任制，把着眼点放在加快发展上，把着力点放在开拓创新上，把落脚点放在预算目标执行与控制上，有效地促进了集团各项目标任务的完成，推动了经营规模与经济效益的又好又快发展。

“十二五”时期公司提出“强基固本、双跨发展”总战略，在这些战略引领下，通过预算目标管理，把总目标细化到各子公司、各主要领导，并通过层层目标管理，实现由小目标到完成大目标的飞跃，保障大目标的全面实现与年年攀升，通过对集团各子公司主要领导的绩效考核，保障集团战略目标始终沿着正确的方向前进，并通过绩效挂钩，不断创新与修正经营行为。万丰集团的预算目标管理系统是个不断完善的过程，2002年萧山供销社就对所属资产管理中心率先试行预算目标管理，2003年出台了《浙江万丰企业集团公司2004年经济目标责任制考核办法》，首次对集团公司主要成员企事业单位实施预算目标指标考核，从2005年起基本确定了“三年一轮”的预算目标管理及考核机制。

万丰集团目前的预算指标体系由主要指标、辅助指标和综合指标三大部分构成。主要指标包括重点挂钩考核的综合经济效益指标；辅助指标主要包括营业收入、利润、毛利率、自营业务收入、三项费用（经营费用、管理费用、财务费用）、业务招待费、折旧费、修理费、工资费、利息支出等；综合指标包括综合考评指标和年度重点工作任务两部分。

---

① 参考李成良等（2012）、浙江万丰企业集团公司官方网站及其他公开资料，由笔者整理改编。

(一) 万丰集团预算管理控制体系

预算是基础，执行是关键。只有预算，而不去严格执行，其预算管理就失去其目标导向作用。万丰集团特别注重预算的执行效果，建立较为完善的预算管理控制体系，主要由以下三部分构成：

1. 预算额度使用审批控制

为保证纳入全面预算内的各项生产经营业务的高效运行，集团对全面预算额度的使用审批实行“分工负责、分级管理”的办法，每一项业务的发生都要与相应的预算项目联系起来。集团公司根据战略目标分别与各成员企业签订预算目标协议，按协议指标进行考核兑现，协议指标内的预算控制分别由各成员企业控制，超预算部分需要经过集团公司相关业务对口部门签批。

2. 预算执行信息反馈控制

为保证全面预算目标的顺利执行，在预算执行过程中加强了预算反馈控制。各单位每月上报预算目标执行情况报表，集团战略管理与审计全面预算管理过程进行跟踪及信息反馈。

3. 预算执行调整控制

严格控制预算的调整或追加，只有出现不可控制的例外因素变化情况时，才允许对预算进行调整或追加。预算调整或追加实行“逐项申报、统一审批”制度，如果预算调整、追加项目对年度全面预算目标产生重大影响的，必须召开预算领导小组会议进行审议，报董事会通过后才能执行。

(二) 预算目标考核

1. 绩效考核的范围设定

与集团的预算目标管理体系接轨，集团绩效考核范围为下属成员企业的领导班子（含委派财务主管）。其中公司总经理（主要负责人）是集团绩效考核的主要对象，其他班子成员根据工作业绩与总经理的年终绩效奖金按一定比例挂钩，经公司董事长、总经理考核后兑现。同时，区分各企事业单位经营性和相对经营性企业性质，对经营性企业又兼顾工业制造类、贸易流通类、餐饮娱乐类、农产品经营类的不同特点；对相对经营性企业兼顾教育类、资产管理类和基层社的不同特点，按企业规模大小分别设定具体的考核指标。

2. 绩效考核的指标设定

万丰集团绩效考核指标主要由经济考核指标和综合考核指标两大类组成。考核指标的设定主要体现“效益优先”原则，注重以经营实绩考核企业领导班子，在考核权重上经济考核指标占很大的比重。

(1) 全资控股企业预算指标考核

全资、控股企业的年度绩效考核主要以双方签订的预算月标责任协议书为依据，把考核指标完成情况和综合考评单项奖罚情况直接与薪酬挂钩。具体又分为经济指标考核和综合指标考核。

①经济指标考核。主要以双方签订的预算目标责任协议书为依据，以“定率、定量考核为主”，考核预算目标规定的主要考核指标（综合经济效益）和辅助考核指标中的定量经济指标部分（收入类、费用类、效益类指标）。采用直接与薪酬挂钩的方式，即未完成核定指标或超额完成核定指标的按协议书的约定进行扣罚和奖励。

②综合类指标考核。主要以年度各企业重点工作任务文件为依据，以“定性、定量考核为主”，主要包括集团产业发展的导向、预算目标的分解落实、集团制度的执行、团队建设及人才培养、财务风险控制、商业模式创新、公司治理和股权管理、员工满意度和信访稳定、资产管理和法务建设等。采用直接与薪酬挂钩的办法，根据企业对该类指标完成的档次确定不同的扣减金额。

其他规定：预算目标指标以当年有效的目标责任协议书为依据，凡连续两年完不成预算目标指标，除不可抗力原因外，一律对企业主要经营者做降职调配处理。

（2）参股企业预算指标考核

对参股企业的考核，集团公司鼓励各参股企业借鉴集团公司对全资控股企业的绩效考核办法，以现代公司治理体系约束企业行为，并按股东的意愿发展。鼓励各参股企业细化考核指标，强化激励与约束力度，经年终绩效考核后，考核分值作为集团公司对公司总经理（主要负责人）的年度绩效奖金意见上报股东会执行，同时作为评比集团先进和嘉奖的主要依据。

参股企业的考核，采用“先计分后算值”的方法计算出主要领导的“参考年薪”予以激励。其预算指标分为经济指标和综合指标两个部分，设计经济指标、综合指标各占权重的80%和20%。在经济指标中包括综合经济效益50分、销售收入30分、资本积累率20分，采用实际完成数与年度预算数相对比计算得分。综合指标包括党建及基础工作200分、专业管理200分、财务管理100分。

制定预算时，根据各参股企业规模、性质的不同，事先制定一套参股企业负责人年薪分值表，最后根据当年“企业考核实际综合得分”乘以对应的“分值”得出该企业负责人的绩效年薪数字。

此外还采用其他考核。本着体现集团对成员企业的战略导向和行业创新等方面的引导，集团在完善预算目标考核的基础上，另设立了单项奖和项目嘉奖两种重要考核办法。同时，为了保障企业股东权益和防范企业决策风险，本轮预算目标考核中集团公司列示了10条违规责任否决和扣罚绩效薪酬的情形。

（三）绩效考核的组织管理

根据“统一集中管理、分级分层负责”的管理模式，构建了由集团绩效考评领导小组、绩效考核职能部门和企业绩效考核班子组成的三级组织体系，按“横向到边、纵向到底”的原则，把集团内各成员单位的主要经济活动纳入绩效管理系统内。

集团绩效考评领导小组由集团一把手负总责，分管绩效考核的领导具体抓，由绩效考核职能部门集团战略管理与审计部负责组织实施。具体又分为年初、年中、年末三个阶段。

1. 年初考核指标下达阶段

年初，集团战略管理与审计部根据预算目标和各职能部门下达的年度重点工作任务，经综合整理、分解细化后，针对各企事业单位经营的特殊性，下达具体的年度绩效考核文件，使企事业单位年初工作任务早知道。

2. 年中考核监督阶段

绩效考核文件下达后，战略管理与审计部从三个层次监督考核的执行情况。一是每月收集汇总各单位预算目标完成情况报表，对各单位预算执行进度表，洞察各企业的经济增长情况，通过经济增长实绩与预算考核指标的对比，了解企业目标完成情况。二是通过企业每月上报的财务分析报告和企业经营报告，了解企业目前的经营现状，以确保集团公司考核目标是否得到及时分解和落实。三是集团战略管理与审计部每年抽取一定数量的企业开展审计监督。经过多年的实践，集团的审计体系日趋完善，目前有全面经营审计、比价审计、制度审计、项目审计、离任审计、绩效审计，今年又开始了盈利突破口审计。通过“剖解麻雀”，全面了解企业的经营能力、盈利水平、内控制度、创新能力，在增加绩效考核监督的同时，也为集团商业模式的创新、企业经营理念的拓宽提供了参考。

3. 年末考核评比阶段

年终，在次年1月上旬开始集中实施年度绩效审计。在集团绩效考评领导小组的带领下，分两组对各企事业单位进行绩效综合考评，一队由集团战略管理与审计部组织，主要是对企业经济考核指标的完成情况进行审计；另一队由分管领导带领，主要是对企业综合考核指标的完成情况进行考评。最后经集团战略管理与审计部综合后，向集团绩效考评领导小组汇报年度绩效考核情况。

（四）绩效考核的激励控制

在万丰集团的绩效管理体系中，激励效应起着非常重要的作用，绩效考核直接与企事业单位领导班子的年终绩效奖金挂钩，真正做到“考核指标直接与薪酬挂钩，奖罚直接与薪酬挂钩”。

企业负责人的薪酬架构为“基本薪酬+绩效薪酬+绩效奖扣”。“基本薪酬”即按企业经营性质、规模大小分别设定各企事业单位主要负责人月薪定额档次，实行按核定标准的80%按月预发，年终完成目标后，经审计核实后清算兑现，完不成目标的则相应用于赔补。“绩效薪酬+绩效奖扣”是根据责、权、利相结合的原则，将绩效与薪酬挂钩，在企业完成各项绩效考核指标后，企业主要负责人获得的绩效报酬。作为主要经济指标的“综合效益指标”，综合效益奖扣办法是当年经审计认定的综合效益，超过当年目标数部分按20%进行奖励；超过当年基数低于目标数部分，按15%进行奖励；低于当年目标数部分，按7.5%进行扣罚；完不成当年基数部分，经审计认定后，按30%进行扣罚，直至绩效薪酬及预留的20%基本薪酬扣完为止。

同时，集团按现代公司治理体制，配合预算目标管理与绩效考核建立了经营风险保障体系，以经营风险押金和公司股权质押与企业的经营绩效直接挂钩。如果出现亏损或经审计核定的潜亏额，按责任制协议规定比例扣减绩效薪酬，不足时，按以下三种情况处理：①基本薪酬当年每月扣除20%部分；②绩效薪酬上年度预留20%部分；③质押的股权清算予以赔补。此外，还实施了单项工作创新奖和重点项目（包括开发与拆迁）提成奖，是股东的经营者还再加一份年度红利。

以列入第二轮预算目标责任制范围的14家可比全资、控股企业为例：2010年年末总资产为7.12亿元（尚未资产评估数字），较第二轮预算前的2007年年末总资产3.99亿元增长了78.30%；2010年实现销售（租金）收入12.54亿元，同口径比2007年的6.28亿元增长了99.68%（将近翻一番）；2010年工资总额为2 983万元，比2007年的2 151万元增长38.68%（正好控制在综合经济效益增长率的50%以内）。预算期内18家重点企业2010年综合经济效益实绩为8 524万元，比2007年的3 471万元增长了145.58%。

【实训要求】

根据上述资料，回答以下问题：

1. 万丰集团的预算执行与考核有什么特点？

2. 万丰集团通过对预算的严格执行与考核产生了什么效果？

【思路指导】

1. 预算执行是指经法定程序经预算委员会审批后具体实施过程，是把预算由计划变为现实的具体实施步骤，分析可以从财务预算执行责任体系、授权审批程序执行程序等方面结合案例企业进行分析。

2. 预算考评是对企业内部各级责任部门或责任中心预算执行结果进行的考核和评价，是管理者对执行者实行的一种有效的激励和约束形式。分析可以从目标性、时效性、激励性、公平性等方面着手分析。

3. 预算的严格执行与考核的效果可以对企业战略的保证、企业预算目标的实现、企业的主要经营指标及员工的积极性等方面进行分析。

第八章　财务分析

第一节　主要知识点回顾

一、财务分析的作用与方法

财务分析是根据企业财务报表等信息资料，采用专门方法，系统分析和评价企业财务状况、经营成果以及未来发展趋势的过程。

（一）财务分析的主要作用

（1）是评价企业财务状况、衡量企业经营业绩的重要依据。

（2）是企业经营管理者实现理财目标和经营目标的重要手段。

（3）有利于企业加强和改善内部管理。

（4）有利于报表使用者做出正确的决策。

（5）有利于国家行政机构加强宏观管理和调控。

（二）财务分析的内容

企业财务报表的使用者主要有七类人，即投资人、债权人、经营管理者、供应商、政府、雇员和工会、注册会计师。由于不同主体的利益倾向不同，在进行财务分析时，其分析的内容和重点也有所不同。

为了满足不同需求者的需求，财务分析一般应包括偿债能力分析、营运能力分析、盈利能力分析、发展能力分析和现金流量分析等。

（三）财务分析的方法

1. 比较分析法

比较分析法是指对两个或两个以上的可比数据进行对比，找出企业财务状况、经营成果中存在的差异与问题。

根据比较对象的不同，比较分析法可分为趋势分析法、横向比较法和预算差异分析法。其中趋势分析法最为常用。

比较分析法的具体运用方式主要有重要财务指标的比较、会计报表的比较和会计报表项目构成的比较三种。

2. 比率分析法

比率分析法是指通过计算各种比率指标来确定财务活动变动程度的方法。比率指标的类型主要有构成比率、效率比率和相关比率三类。

（1）构成比率，是某项财务指标的各组成部分数值占总体数值的百分比，反映部分与总体的关系。

（2）效率比率，是某项财务活动中所费与所得的比率，反映投入与产出的关系。

（3）相关比率，是以某个项目和与其有关但又不同的项目加以对比所得的比率，反映经济活动的相互关系。

3. 因素分析法

因素分析法是依据分析指标与其影响因素的关系，从数量上确定各因素对分析指标影响方向和影响程度的一种方法。因素分析法具体有连环替代法和差额分析法两种。

二、基本的财务报表分析

（一）偿债能力分析

偿债能力是指企业偿还本身所欠债务的能力，包括偿还短期债务的能力和偿还长期债务的能力。

1. 短期偿债能力分析

短期偿债能力衡量的是企业对流动负债的清偿能力，其大小取决于企业短期内产生现金的能力，即流动资产的流动性。衡量企业短期偿债能力的财务指标主要有营运资金、流动比率、速动比率和现金比率。

2. 长期偿债能力分析

长期偿债能力衡量的是企业对所有负债的清偿能力，其大小取决于企业的总资产水平。衡量企业长期偿债能力的财务指标主要有资产负债率、产权比率、权益乘数和利息保障倍数。

3. 影响偿债能力的其他因素

（1）可动用的银行贷款指标或授信额度；

（2）资产质量；

（3）或有事项和承诺事项；

(4) 经营租赁。

(二) 营运能力分析

营运能力主要指资产运用、循环的效率高低。一般而言，资金周转速度越快，说明企业的资金管理水平越高，资金使用效率越高，企业可以以较少的投入取得较大的收益。因此，营运能力反映了企业投入和产出的关系。

企业营运能力分析主要包括流动资产营运能力分析、固定资产营运能力分析和总资产营运能力分析三个方面。

1. 流动资产营运能力分析

反映流动资产营运能力的指标主要有应收账款周转率（次数）、存货周转率（次数）和流动资产周转率（次数）。

2. 固定资产营运能力分析

反映固定资产营运能力的指标是固定资产周转率。

3. 总资产营运能力分析

反映总资产营运能力的指标是总资产周转率。总资产周转率是综合评价企业全部资产的经营质量和利用效率的重要指标。

(三) 盈利能力分析

盈利能力是指企业赚取利润，实现资金增值的能力。企业会计报表的使用者都非常关心企业的盈利能力。反映企业盈利能力的指标主要有销售毛利率、销售净利率、总资产净利率和净资产收益率。

1. 销售毛利率

销售毛利率是销售毛利与销售收入之比。销售毛利率越高，表明产品的盈利能力越强。将销售毛利率与行业水平进行比较，可以反映企业产品的市场竞争地位。

2. 销售净利率

销售净利率是净利润与营业收入之比。销售净利率反映每1元销售收入最终赚取了多少利润，用于反映产品最终的盈利能力。

3. 总资产净利率

总资产净利率是净利润与平均总资产的比率，反映每1元资产创造的净利润。总资产净利率越高，表明企业资产的利用效果越好。影响总资产净利率的因素是销售净利率和总资产周转率。

4. 净资产收益率

净资产收益率又叫权益净利率或权益报酬率，是净利润与平均所有者权益的比值，表示每1元所有者权益资本赚取的净利润，反映企业资本经营的综合效益。

净资产收益率是评价企业经营业绩的重要指标，也是杜邦财务指标体系的核心，更是投资者关注的重点。一般来说，净资产收益率越高，股东和债权人的利益保障程度越高。如果企业的净资产收益率在一段时期内持续增长，说明资本盈利能力稳定上升。

（四）发展能力分析

企业发展能力是指企业扩大规模、壮大实力的潜在能力。衡量企业发展能力的指标主要有：销售收入增长率、总资产增长率、营业利润增长率、资本保值增值率和资本积累率等。

1. 销售收入增长率

销售收入增长率反映相对化的销售收入增长情况，是衡量企业经营状况和市场占有能力、预测企业经营业务拓展趋势的重要指标。在实际分析时应考虑企业历年的销售水平、市场占有情况、行业未来发展及其他影响企业发展的潜在因素，或结合企业前三年的销售收入增长率进行趋势性分析。

2. 总资产增长率

总资产增长率反映企业本期资产规模的增长情况，总资产增长率越高，表明企业经营规模扩张的速度越快。

3. 营业利润增长率

营业利润增长率反映企业营业利润的增减变动情况。

4. 资本保值增值率

资本保值增值率反映企业资本的运营效益与安全状况，是评价企业盈利能力的辅助指标。资本保值增值率指标越高，表明企业的资本保值状况越好，发展后劲越强。

5. 资本积累率

资本积累率反映企业当年资本的积累能力。资本积累率越高，企业应对风险、持续发展的能力越强。

（五）现金流量分析

1. 获取现金的能力分析

获取现金的能力，可以通过经营活动现金流量净额与投入资源之比来反映。投入资源可以是销售收入、资产总额、营运资金、净资产或普通股股数等。

（1）销售现金比率

该指标反映每 1 元销售收入得到的现金流量净额。该比值越大，表明企业的收入越高。

（2）每股营业现金净流量

该指标反映了企业最大的派发现金股利的能力。超过此限度，企业可能就需要借款分红。

（3）全部资产现金回收率

该指标反映企业全部资产产生现金的能力。该比值越大，说明企业获取现金的能力越强，资产利用效果越好。

2. 收益质量分析

收益质量分析是通过分析会计收益与公司业绩之间的相关性来评价收益质量。衡量收益质量的主要指标包括净收益营运指数和现金营运指数。

（1）净收益营运指数

该比值越小，说明非经营收益所占比重越大，收益质量越差。

（2）现金营运指数

现金营运指数小于1，说明收益质量不够好。该比值越小，收益质量越差。

三、上市公司财务分析

（一）上市公司特殊财务指标

1. 每股收益

每股收益是综合反映企业盈利能力的重要指标，可以用来判断和评价管理层的经营业绩。

每股收益有基本每股收益和稀释每股收益。企业存在稀释性潜在普通股的，应当计算稀释每股收益。计算稀释每股收益时，作为分子的净利润金额一般不变；分母的调整项目为增加的普通股股数，同时还应考虑时间权数。

每股收益是一个综合性的盈利概念，每股收益越大，说明公司的盈利能力越强。由于这一指标在不同行业、不同规模的上市公司之间具有相当大的可比性，因而在上市公司的业绩比较中得到了广泛的运用。

2. 每股股利

每股股利反映普通股股东每持有上市公司1股普通股获取的股利大小。

3. 股利支付率

股利支付率表示每1元净利润有多少用于普通股股东的现金股利发放，反映普通股股东的当期收益水平。

4. 市盈率

市盈率反映普通股股东为获取1元净利润所愿意支付的股票价格。

市盈率是股票市场上反映股票投资价值的重要指标，也是投资者进行中长期股票投资的重要决策指标。市盈率的高低反映了投资者对股票的未来收益和投资风险的预期，相当于每股收益的资本化。

5. 每股净资产

每股净资产反映发行在外的每一普通股股份所能分配的企业账面净资产，在理论上代表股票的最低价值。

6. 市净率

市净率反映普通股股东愿意为每1元净资产支付的股票价格，说明市场对公司资产质量的评价。

市净率是投资者用以衡量、分析个股是否具有投资价值的工具之一。

（二）管理层讨论与分析

管理层讨论与分析是上市公司定期报告中管理层对于本企业过去经营状况的评价分析以及对企业和未来发展趋势的前瞻性判断，是对企业财务报表中所描述的财务状况和经营成果的解释，是对经营中固有风险和不确定性的揭示，同时也是对企业未来发展前景的预期。

管理层讨论与分析信息大多是“软信息”，在财务报表及附注中没有得到充分揭示，但对投资者的投资决策相当重要。

上市公司“管理层讨论与分析”主要包括两部分：①报告期间经营业绩变动的解释；②企业未来发展的前瞻性信息。

四、财务综合分析

（一）企业财务综合分析的传统方法

1. 杜邦分析法

杜邦分析法，又称杜邦财务分析体系，是利用各主要财务比率指标间的内在联系，对企业财务状况及经济效益进行综合系统分析评价的方法。因其最初由美国杜邦公司成功应用，故得名。

该体系是以净资产收益率为起点，以总资产净利率和权益乘数为核心，重点揭示企业获利能力及权益乘数对净资产收益率的影响，以及各相关指标间的相互影响作用关系。其分析关系式为：

净资产收益率 = 销售净利率×总资产周转率×权益乘数

2. 沃尔评分法

沃尔评分法得名于企业财务综合分析的先驱者——亚历山大·沃尔。他把若干个财务比率用线性关系结合起来，以此来评价企业的信用水平，被称为沃尔评分法。

（二）经济增加值法

经济增加值法即采用经济增加值（EVA）指标评价企业业绩的方法，最早由美国思腾思特咨询公司于 1982 年提出并实施，目的是克服传统指标的缺陷，准确反映公司为股东创造的价值。

经济增加值又称经济利润，是一定时期的企业税后营业净利润与投入资本的资金成本的差额。经济增加值的计算公式为：

EVA =税后净营业利润-加权平均资本成本×全部资本经济价值

如果 EVA 的值为正，表明公司获得的收益高于为获得此项收益而投入的资本成本，即公司为股东创造了新价值；相反，如果 EVA 的值为负，则表明股东的财富在减少。

第二节　拓展阅读——刘姝威质疑乐视事件[①]

一、刘姝威的质疑

中央财经大学中国企业研究中心主任刘姝威教授在国内财务学界是一位传奇人物，她于2001年发表在《金融内参》上的一篇简短有力的600字短文，质疑蓝田股份造假，并最终成为终结蓝田神话的“最后一根稻草”。刘姝威也因此被评为2002年度十大经济人物。

2015年6月17日，刘姝威发表《严格控制上市公司实际控制人减持套现》一文，以乐视网实际控制人贾跃亭三天之内两次减持套现25亿元为例，指出“上市公司的实际控制人、董事长、总经理减持套现将对投资者造成很大的风险”。建议证监会规定上市公司实际控制人、董事长、总经理减持套现应该提前一个月公示。此文一出，立即引起轩然大波，支持的、反对的，众说纷纭。作为回应，6月23日晚，刘姝威在其微博发布了《乐视网分析报告》（以下简称《报告》）的文章，进一步说明了她对乐视网的看法，并附上了详细的分析。

《报告》第一部分分析乐视网的董事会成员结构和高管人员结构，认为乐视网的优势是在传媒领域尤其是网络视频。

《报告》第二部分对乐视网的主营业务进行了分析。根据乐视网2014年度报告，2014年乐视网实现营业收入约为68亿元，比2013年增长近2倍；2014年乐视网的营业利润约为4 787万元，2013年营业利润为2.37亿元，营业利润同比下降80%；2014年营业利润率为0.7%，2013年营业利润率为10.02%（见表8-1）。

表8-1　　乐视网2013—2014年营业收入和营业利润比较

	2014年	2013年	同比变动
营业收入（万元）	681 893.86	236 124.47	188.79%
营业利润（万元）	4 786.65	23 670.76	-79.78%
营业利润率（%）	0.7	10.02	

数据来源：乐视网年度报告

乐视网2014年度报告披露了主营业务收入结构，但是没有像其他上市公司那样，披露各项业务的盈利情况（见表8-2）。

① 笔者根据公开资料整理。

表 8-2　　乐视网 2014 年主营业务收入结构

业务名称	营业收入（万元）	收入比例（%）	营业成本（万元）	成本比例	利润比例	毛利率
终端业务收入	274 004. 70	40. 18	-	-	-	-
会员及发行业务收入	242 191. 62	35. 52	-	-	-	-
广告业务收入	157 206. 18	23. 05	-	-	-	-
其他业务收入	8 491. 36	1. 25	-	-	-	-

数据来源：乐视网年度报告

2014 年乐视网的“销售商品、提供劳务收到的现金”是 58. 29 亿元，比 2013 年增长了 3 倍，相当于当期营业收入的 85. 5%。这么高的“销售商品、提供劳务收到的现金”比例在上市公司中是不多见的，这说明乐视网的现金流量非常充足。

根据乐视网 2015 年第一季度报告，报告期内，乐视网实现营业收入 21. 33 亿元，比上年同比增加 108%；实现营业利润 2 310. 80 万元，比上年同期降低 47%（见表 8-3）。

表 8-3　乐视网 2014 年第一季度和 2015 年第一季度营业收入和营业利润比较

	2015 年第一季度	2014 年第一季度	同比变动
营业收入（万元）	213 345. 77	102 694. 77	107. 75%
营业成本（万元）	2 310. 80	4 377. 13	-47. 21%
营业利润率（%）	1. 08	4. 26	

数据来源：乐视网年度报告

根据乐视网公开披露的财务数据，我们可以明显看出，乐视网的营业收入大幅度提高，而盈利能力却大幅度下降。什么原因造成乐视网如此的财务状况呢？

据乐视网 2014 年度报告披露，乐视网持股 58. 55 %的子公司——乐视致新电子科技（天津）有限公司 2014 年实现营业收入 41 亿元，营业亏损 5 亿元。据乐视网 2013 年度报告，2013 年乐视致新实现营业收入 7. 2 亿元，营业亏损 6 816 万元（见表 8-4）。

表 8-4　　乐视致新的营业收入和营业利润

	2014 年	2013 年	同比变动
营业收入（元）	4 107 196 586. 15	723 927 044. 17	467. 35%
营业成本（元）	-502 783 389. 93	-68 160 024. 26	
营业利润率			

数据来源：乐视网年度报告

乐视网 2014 年度报告解释乐视致新亏损较大的原因是“乐视 TV 超级电视销量大规模增长所致”。2014 年乐视网销售乐视电视机 150 万台。2014 年乐视网的 70%

主营业务成本是终端成本。可见，销售乐视 TV 是乐视网盈利能力下降的重要原因之一。

乐视网的盈利能力下降已经持续到 2015 年。

《报告》的第三部分刘姝威阐述了她为什么认为乐视网的经营状况出现了问题。她提出质疑：如果乐视网继续实施“通过销售乐视电视机，扩大用户规模”的策略，那么，这种“烧钱”模式能够持续多久？乐视网的投资者们愿意为乐视网“烧钱”继续提供资金吗？在国内外，被“烧钱”模式烧死的公司已经不少了。

《报告》的第四部分分析乐视网的优势在哪里，指出内容产品才是扩大用户规模的撒手锏。

《报告》的第五部分刘姝威指出，创业板上市公司的“故事”“概念”，以及“想象空间”很多，但“故事”和“概念”并不一定能够变成现实。

总结刘姝威的《报告》，对乐视网的质疑主要集中在以下 5 个方面：

质疑 1：刘教授对比了乐视网和华为的董事会和高管结构，但并没有进一步说明其与乐视网是否可持续有何关系，只是说“乐视的优势是在传媒领域，尤其是网络视频”“华为的董事会是由信息与通信技术专家组成的，所以华为能够成为信息与通信领域的国际强者”。

质疑 2：乐视网的盈利在下降，而且盈利能力下降已经持续到 2015 年。

质疑 3：乐视网的经营状况出现了问题：乐视网能够通过销售乐视电视机，增加用户规模吗？

质疑 4：乐视网购买影视作品版权后，能够从影视作品的使用中收回成本和创造利润吗？与其将资金用于硬件，不如投入内容制作更赚钱。

质疑 5：当一个证券市场充斥了“故事”和“概念”的想象空间，根本不提投资者的收益回报，这个证券市场还能运转下去吗？

二、乐视网的回应和股价表现

（一）乐视网对刘姝威的回应

在《报告》发布两个小时后，“乐视网投资者关系”官方微博通过微博道谢。与此同时，贾跃亭通过福布斯的一篇文章也向刘姝威递上橄榄枝。他说：“我们很希望刘姝威教授能来乐视调研，体验我们的创新。我们也希望商界、学界能真正进行一次大辩论、大讨论。”针对市场的担心，乐视会不会成为下一个蓝田，贾跃亭的回答是“不可能”。他认为，对于创新企业，应该更多关注商业模式、公司改变行业的能力和对全人类的贡献。乐视网回应称，刘教授对乐视网的创新和努力视而不见，“用传统古老落后的研究方法来对互联网企业进行分析和估值，已经远远落后时代，犯了刻舟求剑的错。”

（二）乐视网的股价表现

就在《报告》发布的第二天，很多网友难掩失望之情，业内还出现对其不专业的质疑声。中国手机联盟秘书长王艳辉表示，虽然“烧钱”的公司死了不少，但是活着的更多。甚至目前资本界支持“烧钱”模式的声势远远大于传统的企业运营模式。在更多的业内人士看来，这篇报告杀伤力远非昔日的蓝田案，没有硬伤，更多是对乐视网盈利模式的质疑，而这已经是老生常谈了。因此，乐视网在股市也一改低迷，截至收盘，乐视网（300104）上涨 3.52%、收盘于 56.21 元。而在刘姝威之前对贾跃亭减持套现提出质疑时，乐视网股价曾连续两天跌停。

三、业内人士的评价

清华大学教授李江涛也发表文章《乐视不是蓝田》。他认为，刘姝威作为一个学者拥有一份良知是值得尊敬的，但是乐视不是蓝田。“贾跃亭减持股票是道德问题还是经济问题？如果是经济问题，那乐视就惨了，命运可想而知。如果是道德问题，那就另当别论。”李江涛认为，这不是一个经济问题。乐视在企业运作上没有问题，是合法的。至于贾跃亭的减持是一个公司股东的资本行为，无可厚非。况且，减持的目的是支持乐视的发展，这似乎是明智之举。用股权变现推动公司的发展，这也是中国股东能够想出的招数，值得肯定。

投资界业内人士认为，刘姝威是个好学者，但是其观点暴露了两个缺陷：一是不懂互联网与智能硬件；二是不考虑乐视企业特殊情况：创业板上市（再融资受限），去年一度陷入危机，乐视影业并入与乐视体育、手机、电视融资均缓解资本紧张。用互联网的思维看，短期的财报亏损不一定是问题，只要有清晰的盈利模式，短期甚至中期的烧钱都是可以接受的，滴滴、优步能燃起“烧钱”大战，就是投资者看到，互联网租车未来是可以抽成的，这种盈利模式也是非常清晰的。这也是看短期财报无法看到的。

易观国际研究终端业务方面的分析师扬帆表示，“虽然前期成本高，但是要看未来衍生服务的空间才能评判。对于互联网公司的一个产品，不能去判断其短期盈利，毕竟做一款产品，前期需要研发及投入，需要用较低的利润去推广它，所以这存在一个悖论，是需要多数的用户还是高额的利润。”通过大量销售，能够扩大用户规模，如果产品足够优秀，用户还会向身边亲朋好友去推荐，这样口碑就出来了，销量也就起来了。杨帆同时认为，“高科技‘烧钱’很正常，特定阶段‘烧钱’是可以的，但长久烧则不好说，股东给你钱不是给你烧的，是要长期兑现业绩的。”如何评断终端业务发展的好与不好？杨帆认为，主要看用户量。“乐视网现在主要抓超级电视这方面的用户，有多少用户，能打开多大的市场。”

四、传统的财务分析方法展望

刘姝威强调“上市公司的持续经营能力和盈利能力是我国证券市场健康发展的基础，也是保护投资者利益的基础”，这个出发点没有什么问题，但我们不得不说，她似乎没有写得足够明白，对于一家互联网公司，持续经营能力和盈利能力具体意味着什么。

如果不弄清楚这个问题，就很容易将通常用于评估传统行业的模式用来评估互联网公司，而这往往会给那些恶意炒作者以机会，因为只需要包装一个好看的短期报表，就能引诱投资者。而为了包装短期业绩，它只需减少对未来的必要投资，同时在业务组合中增加一些传统业务模块，这样它就既能获得可观的盈利指标，又能享受互联网概念的高估值。

实际上，在过去的几年，乐视最引人注目的就是它是国内几家视频网站中唯一盈利的，而它的盈利在很大程度上又与之前贾跃亭有先见之明，在互联网版权很便宜时购买了大量版权有关。众所周知，拖累视频网站盈利的正是高昂的内容支出。因此，仔细研究这些老版权的使用期限，以及乐视新内容获取成本的变化，也许对判断乐视的中短期盈利能力更为有用。

使用传统的财务分析方法，我们可以看出乐视网在快速发展中被投资者过度追捧，以至于价格出现泡沫。不过，分析评估一家互联网企业，在传统的财务分析框架内，我们还应该增加一些新的评价标准，比如评估这家公司的用户数量、变现能力、未来的行业地位以及维持这一地位的能力等，这是完善传统财务分析方法的发展方向。

第三节　实训项目

项目一　基本财务报表分析实训

实验名称：基本财务报表分析

实验类型：综合型

实验目的与要求：

1. 掌握比较分析法、比率分析法等财务分析方法。

2. 掌握偿债能力分析、营运能力分析、盈利能力分析、发展能力分析和现金流量分析。

实验内容：

（一）比较分析法的运用

【实训资料】

表 8-5　　天原集团（002386）2014 年度合并资产负债表

编制单位：宜宾天原集团股份有限公司　2014 年 12 月 31 日　　单位：元

项目	2014 年	2013 年
流动资产：		
货币资金	3 062 784 015.72	2 075 821 583.21
以公允价值计量且其变动计入当期损益的金融资产	37 620.00	0
应收票据	529 779 672.70	453 082 841.26
应收账款	168 962 357.22	127 968 293.54
预付款项	339 729 595.38	506 153 243.71
其他应收款	467 769 007.77	92 023 903.91
存货	579 365 925.28	609 482 421.14
流动资产合计	5 148 428 194.07	3 864 532 286.77
非流动资产：		
可供出售金融资产	107 469 600.00	0
长期股权投资	18 306 864.95	135 601 982.17
固定资产	6 814 567 424.79	7 426 419 580.80
在建工程	1 360 811 372.21	1 273 176 201.96
工程物资	17 403 255.63	17 412 271.55
无形资产	597 607 567.95	702 025 378.00
商誉	115 153 675.66	115 153 675.66
长期待摊费用	5 293 928.03	3 764 242.28
递延所得税资产	66 335 492.50	46 750 327.14
其他非流动资产	845 914 311.57	432 372 227.21
非流动资产合计	9 948 863 493.29	10 152 675 886.77
资产总计	15 097 291 687.36	14 017 208 173.54
流动负债：		
短期借款	4 181 952 692.77	3 825 800 000.00
应付票据	656 060 989.83	1 006 732 121.35
应付账款	910 018 510.10	1 022 461 120.44

表8-5(续)

项目	2014 年	2013 年
预收款项	172 227 421.71	111 292 414.40
应付职工薪酬	51 155 944.52	20 396 435.21
应交税费	-18 224 928.83	1 170 362.58
应付利息	120 278 654.08	90 151 920.11
其他应付款	80 892 503.08	111 091 507.08
一年内到期的非流动负债	1 259 969 592.39	1 615 480 992.89
其他流动负债	1 601 908 342.75	1 603 869.46
流动负债合计	9 016 239 722.40	7 806 180 743.52
非流动负债:		
长期借款	101 700 000.00	491 670 000.00
应付债券	794 157 013.07	797 324 925.33
长期应付款	253 935 665.56	216 273 255.53
长期应付职工薪酬	110 673 001.80	
专项应付款	200 240 000.00	200 240 000.00
递延收益	61 525 455.28	
递延所得税负债	176 511 310.93	93 959 107.06
其他非流动负债		45 004 799.11
非流动负债合计	1 698 742 446.64	1 844 472 087.03
负债合计	10 714 982 169.04	9 650 652 830.55
所有者权益:		
股本	479 771 290.00	479 771 290.00
资本公积	2 045 570 871.53	2 045 570 871.53
专项储备	2 412 355.89	1 577 352.39
盈余公积	243 327 355.67	230 957 814.66
未分配利润	1 223 879 089.63	1 199 626 933.64
归属于母公司所有者权益合计	3 994 960 962.72	3 957 504 262.22
少数股东权益	387 348 555.60	409 051 080.77
所有者权益合计	4 382 309 518.32	4 366 555 342.99
负债和所有者权益总计	15 097 291 687.36	14 017 208 173.54

【实训要求】

根据表 8-5 中的资料，完成以下要求：

1. 运用比较分析法对天原集团的资产负债表进行分析。

2. 找出引起当期资产总额发生变动的主要原因。

【思路指导】

1. 以上一年度的数据为基期，计算每一项资产、负债或所有者权益科目增减变动的绝对值和百分比（环比动态比率）。

2. 计算每一项资产科目的增减变动额占总资产变动额的百分比。

（二）财务比率分析

【实训资料】

资料 1

表 8-6　　沱牌舍得（600702）2014 年度合并资产负债表

编制单位：四川沱牌舍得酒业股份有限公司　2014 年 12 月 31 日　单位：元　币种：人民币

项目	期末余额	期初余额
流动资产：		
货币资金	285 755 530. 13	145 032 231. 10
应收票据	101 274 632. 76	40 837 667. 81
应收账款	42 027 943. 35	31 022 136. 04
预付款项	448 126. 45	4 221 660. 00
其他应收款	15 143 847. 00	10 488 586. 58
存货	2 061 288 732. 88	2 026 890 951. 87
其他流动资产	875 225. 54	0
流动资产合计	2 506 814 038. 11	2 258 493 233. 40
非流动资产：		
长期股权投资	213 978 069. 67	194 793 289. 06
投资性房地产	76 148 473. 30	76 064 026. 45
固定资产	593 516 298. 77	622 825 115. 50
在建工程	93 935 459. 07	52 245 769. 15
工程物资	5 266 215. 12	6 156 026. 98
无形资产	173 792 627. 02	179 227 741. 63

表8-6(续)

项目	期末余额	期初余额
长期待摊费用	2 287 486.77	4 782 927.21
递延所得税资产	12 449 659.01	12 576 095.73
其他非流动资产	647 583.32	731 583.32
非流动资产合计	1 172 021 872.05	1 149 402 575.03
资产总计	3 678 835 910.16	3 407 895 808.43
流动负债:		
短期借款	570 800 000.00	390 000 000.00
以公允价值计量且其变动计入当期损益的金融负债	201 337 777.77	0
应付票据	54 900 000.00	52 800 000.00
应付账款	305 199 769.83	295 915 079.89
预收款项	131 460 586.32	231 700 101.62
应付职工薪酬	107 218 866.56	80 258 622.37
应交税费	-42 104 802.00	12 216 933.24
应付股利	15 920.96	15 503.96
其他应付款	101 311 290.25	103 657 531.71
流动负债合计	1 430 139 409.69	1 166 563 772.79
非流动负债:		
递延收益	3 000 000.00	2 300 000.00
递延所得税负债	245 824.28	224 712.56
非流动负债合计	3 245 824.28	2 524 712.56
负债合计	1 433 385 233.97	1 169 088 485.35
所有者权益		
股本	337 300 000.00	337 300 000.00
资本公积	799 310 437.98	799 310 437.98
盈余公积	245 661 793.43	245 661 793.43
未分配利润	863 178 444.78	856 535 091.67
归属于母公司所有者权益合计	2 245 450 676.19	2 238 807 323.08
所有者权益合计	2 245 450 676.19	2 238 807 323.08
负债和所有者权益总计	3 678 835 910.16	3 407 895 808.43

资料 2

表 8-7　　沱牌舍得（600702）2014 年度合并利润表

编制单位：四川沱牌舍得酒业股份有限公司　2014 年 1- 12 月　　单位：元　币种：人民币

项目	本期发生额	上期发生额
一、营业总收入	1 444 983 261. 78	1 418 591 744. 29
其中：营业收入	1 444 983 261. 78	1 418 591 744. 29
二、营业总成本	1 432 073 213. 25	1 375 377 316. 06
其中：营业成本	712 974 515. 53	561 644 340. 46
营业税金及附加	164 633 475. 16	160 971 453. 95
销售费用	352 286 461. 10	443 730 253. 03
管理费用	167 847 193. 99	192 613 229. 32
财务费用	32 745 410. 86	19 454 646. 58
资产减值损失	1 586 156. 61	-3 036 607. 28
加：公允价值变动收益（损失以“-”号填列）	84 446. 85	115 513. 59
投资收益（损失以“-”号填列）	19 184 780. 61	4 770 942. 67
其中：对联营企业和合营企业的投资收益	19 184 780. 61	4 770 942. 67
三、营业利润（亏损以“-”号填列）	32 179 275. 99	48 100 884. 49
加：营业外收入	3 797 733. 75	2 651 509. 99
其中：非流动资产处置利得	4 410. 24	0
减：营业外支出	932 051. 78	1 278 413. 46
其中：非流动资产处置损失	480 006. 85	1 044 005. 93
四、利润总额（亏损总额以“-”号填列）	35 044 957. 96	49 473 981. 02
减：所得税费用	21 655 604. 85	37 699 787. 22
五、净利润（净亏损以“-”号填列）	13 389 353. 11	11 774 193. 80

资料 3

表 8-8　　沱牌舍得（600702）2014 年度合并现金流量表

编制单位：四川沱牌舍得酒业股份有限公司　2014 年 1-12 月　　单位：元　币种：人民币

项目	本期发生额	上期发生额
一、经营活动产生的现金流量：		
销售商品、提供劳务收到的现金	1 387 748 861. 03	1 952 265 122. 24
收到其他与经营活动有关的现金	9 533 217. 01	13 808 129. 28
经营活动现金流入小计	1 397 282 078. 04	1 966 073 251. 52

表8-8(续)

项目	本期发生额	上期发生额
购买商品、接受劳务支付的现金	673 005 528.84	753 499 804.42
支付给职工以及为职工支付的现金	234 998 383.74	258 936 435.55
支付的各项税费	322 221 217.75	409 770 239.44
支付其他与经营活动有关的现金	315 031 574.09	439 745 658.90
经营活动现金流出小计	1 545 256 704.42	1 861 952 138.31
经营活动产生的现金流量净额	-147 974 626.38	104 121 113.21
二、投资活动产生的现金流量:		
收回投资收到的现金	0	0
取得投资收益收到的现金	0	0
处置固定资产、无形资产和其他长期资产收回的现金净额	4 400.00	160 000.00
收到其他与投资活动有关的现金	3 706 802.34	3 778 784.99
投资活动现金流入小计	3 711 202.34	3 938 784.99
购建固定资产、无形资产和其他长期资产支付的现金	48 525 152.12	42 768 317.60
投资活动现金流出小计	48 525 152.12	42 768 317.60
投资活动产生的现金流量净额	-44 813 949.78	-38 829 532.61
三、筹资活动产生的现金流量:		
吸收投资收到的现金	0	0
取得借款收到的现金	841 800 000.00	540 000 000.00
收到其他与筹资活动有关的现金	200 000 000.00	
筹资活动现金流入小计	1 041 800 000.00	540 000 000.00
偿还债务支付的现金	661 000 000.00	350 000 000.00
分配股利、利润或偿付利息支付的现金	41 288 124.81	136 033 272.38
支付其他与筹资活动有关的现金	6 000 000.00	198 305 562.50
筹资活动现金流出小计	708 288 124.81	684 338 834.88
筹资活动产生的现金流量净额	333 511 875.19	-144 338 834.88
四、汇率变动对现金及现金等价物的影响	0	0
五、现金及现金等价物净增加额	140 723 299.03	-79 047 254.28
加：期初现金及现金等价物余额	145 032 231.10	224 079 485.38
六、期末现金及现金等价物余额	285 755 530.13	145 032 231.10

【实训要求】

根据上述资料，对四川沱牌舍得酒业股份有限公司的偿债能力、营运能力、盈利能力、发展能力和现金流量进行分析。

【思路指导】

1. 偿债能力分析

（1）短期偿债能力分析

营运资金 = 流动资产 − 流动负债

$$流动比率 = \frac{流动资产}{流动负债}$$

$$速动比率 = \frac{速动资产}{流动负债}$$

$$现金比率 = \frac{货币资金 + 交易性金融资产}{流动负债}$$

（2）长期偿债能力分析

$$资产负债率 = \frac{负债总额}{资产总额} \times 100\%$$

$$产权比率 = \frac{负债总额}{所有者权益} \times 100\%$$

$$权益乘数 = \frac{资产总额}{股东权益} \times 100\%$$

$$利息保障倍数 = \frac{息税前利润}{全部利息费用} = \frac{净利润 + 利润表中的利息费用 + 所得税}{全部利息费用}$$

2. 营运能力分析

（1）流动资产营运能力分析

$$应收账款周转率 = \frac{销售收入净额}{应收账款平均余额}$$

$$= \frac{销售收入}{期初应收账款 + 期末应收账款} \times 2$$

$$存货周转率 = \frac{销售成本}{存货平均余额}$$

$$= \frac{销售成本}{期初存货 + 期末存货} \times 2$$

$$流动资产周转次数 = \frac{销售收入净额}{流动资产平均余额}$$

（2）固定资产营运能力分析

$$固定资产周转率 = \frac{销售收入净额}{固定资产平均净值}$$

（3）总资产营运能力分析

$$总资产周转率 = \frac{销售收入净额}{平均资产总额}$$

3. 盈利能力分析

$$销售毛利率 = \frac{销售毛利}{销售收入} \times 100\% = \frac{销售收入 - 销售成本}{销售收入} \times 100\%$$

$$销售净利率 = \frac{净利润}{销售收入} \times 100\%$$

$$总资产净利率 = \frac{净利润}{平均资产总额} \times 100\%$$

$$净资产收益率 = \frac{净利润}{平均所有者权益} \times 100\%$$

4. 发展能力分析

$$销售收入增长率 = \frac{本年销售收入增长额}{上年销售收入} \times 100\%$$

$$总资产增长率 = \frac{本年总资产增长额}{年初资产总额} \times 100\%$$

$$营业利润增长率 = \frac{本年营业利润增长额}{上年营业利润总额} \times 100\%$$

$$资本保值增值率 = \frac{年末所有者权益}{年初所有者权益} \times 100\%$$

$$资本积累率 = \frac{本年所有者权益增长额}{年初所有者权益} \times 100\%$$

5. 现金流量分析

（1）获取现金的能力分析

$$销售现金比率 = \frac{经营活动现金流量净额}{销售收入}$$

$$每股营业现金净流量 = \frac{经营活动现金流量净额}{普通股股数}$$

$$全部资产现金回收率 = \frac{经营活动现金流量净额}{平均资产总额} \times 100\%$$

（2）收益质量分析

净收益营运指数 = 经营净收益／净利润

$$现金营运指数 = \frac{经营活动现金流量净额}{经营所得现金}$$

项目二 上市公司财务分析实训

实验名称：上市公司财务分析

实验类型：综合型

实验目的与要求：

1. 掌握上市公司特殊财务指标及其计算。

2. 了解“管理层讨论与分析”。

实验内容：

（一）上市公司特殊财务指标分析

【实训资料】

四川沱牌舍得酒业股份有限公司（600702）公司于2015年4月11日（周六）披露2014年年度报告，2015年4月13日（年报后第一个交易日）的收盘价为20.59元。

沱牌舍得公司无优先股，未发行可转换公司债券和认股权证，也未授予董事和高管股权激励。2014年度沱牌舍得公司的股份总数及股本结构未发生变化。

2015年4月11日，沱牌舍得公司第八届董事会第四次会议决议公告称“公司拟以年末股份总数337 300 000股为基数，每10股派发现金0.20元（含税）向全体股东分配股利6 746 000.00元，结余的未分配利润856 432 444.78元全部结转至下年度。公司本年度不进行资本公积金转增股本”。该分配预案于5月19日经沱牌舍得公司2014年年度股东大会审议通过并最终实施。

【实训要求】

根据上述资料，以及沱牌舍得公司2014年度合并资产负债表、合并利润表（见表8-6、表8-7），完成以下任务：

1. 计算沱牌舍得公司的基本每股收益、稀释每股收益和市盈率。

2. 计算沱牌舍得公司的每股股利和股利支付率。

3. 计算沱牌舍得公司的每股净资产和市净率。

【思路指导】

1.（1）基本每股收益

$$\text{基本每股收益}=\frac{\text{归属于公司普通股股东的净利润}}{\text{发行在外的普通股加权平均数}}$$

其中：

发行在外的普通股加权平均数=期初发行在外普通股股数+当期新发普通股股数×已发行时间÷报告期时间-当期回购普通股股数×已回购时间÷报告期时间

（2）稀释性潜在普通股是指假设当期转换为普通股会减少每股收益的潜在普通

股，主要包括可转换公司债券、认股权证和股份期权等。

（3）市盈率

$$市盈率=\frac{每股市价}{每股收益}$$

2.（1）每股股利

$$每股股利=\frac{现金股利总额}{期末发行在外的普通股股数}$$

（2）股利支付率

$$股利支付率=\frac{每股股利}{每股收益}$$

3.（1）每股净资产

$$每股净资产=\frac{期末净资产}{期末发行在外的普通股股数}$$

（2）市净率

$$市净率=\frac{每股市价}{每股净资产}$$

（二）管理层讨论与分析

【实训资料】

证券代码：002386　证券简称：天原集团

宜宾天原集团股份有限公司 2014 年年度报告（节选）。

第三节　会计数据和财务指标摘要

一、主要会计数据和财务指标

表 8-9

	2014 年	2013 年	本年比上年增减	2012 年
营业收入（元）	9 183 984 600. 10	9 152 048 013. 07	0. 35%	5 828 007 522. 72
归属于上市公司股东的净利润（元）	60 610 261. 50	56 419 502. 23	7. 43%	65 282 898. 84
归属于上市公司股东的扣除非经常性损益的净利润（元）	-227 415 985. 20	31 785 654. 18	-815. 47%	-139 009 406. 73
经营活动产生的现金流量净额（元）	90 174 444. 73	512 420 913. 52	-82. 40%	534 971 502. 89
基本每股收益（元/股）	0. 126 3	0. 117 6	7. 40%	0. 14
稀释每股收益（元/股）	0. 126 3	0. 117 6	7. 40%	0. 14

表8-9(续)

	2014 年	2013 年	本年比上年增减	2012 年
加权平均净资产收益率	1.52%	1.43%	0.09%	1.67%
	2014 年末	2013 年末	本年末比上年末增减	2012 年末
总资产（元）	15 097 291 687.36	14 017 208 173.54	7.71%	13 277 028 677.15
归属于上市公司股东的净资产（元）	3 994 960 962.72	3 957 504 262.22	0.95%	3 929 916 192.84

第四节　董事会报告

一、概述

2014 年国际政治经济形势错综复杂，国内经济更加严峻。一方面，国际政治更加动荡，大国及利益集团博弈更趋白热化，原油价格持续大幅度暴跌；另一方面，国内经济受房地产及产业结构调整和转型升级步伐的影响始终处于较低增长水平，经济持续低迷、实体经营更为严峻，经济增长将面临长期严重的下行危机，国内经济已步入低增长阶段的“新常态”。此外，国家出台了一系列经济改革的措施，逐步形成了改革的倒逼机制，经济发展已经从过去的数量型向质量型的转变，经济发展处于转型期和换档期，预计在未来的较长时期内仍然会保持这一态势。

(内容略)

二、主营业务分析

1. 概述

公司主营业务为聚氯乙烯树脂、离子膜烧碱、水合肼、三氯乙烯、水泥及三聚磷酸钠的生产和销售。报告期内公司主营业务构成未发生重大变化。报告期公司营业收入 91.84 亿元，较去年同期上升 0.35%，营业利润为-2.54 亿元，较去年同期下降 567.36%。营业利润下降的主要原因是：一是主导产品 PVC、烧碱价格下跌，销售毛利率下降；二是云南原料基地开工负荷较低，电石、煤炭供应不足，使得成本增加；公司利润总额 1.42 亿元，较去年同期上升 49.46%，公司利润总额增长主要是公司收到土地收储及地面上下建（构）筑物征收补偿款，处置资产收入增加所致；归属于母公司所有者的净利润 6 061.03 万元，较去年同期上升 7.43%，基本每股收益 0.126 3 元，较去年同期上升 7.40%。

(内容略)

八、公司未来发展的展望

(一) 外部形势及公司发展

(内容略)

（二）行业竞争格局和发展趋势

1. 行业竞争格局

2014年，受国内经济增速放缓影响，行业又逢结构调整关键转型时期，烧碱、PVC两大氯碱产品面对下游需求乏力、市场供过于求的现状，总体运行持续疲软，企业盈利能力减弱，同时也促使企业加快了转型升级、改变盈利模式步伐。受行业整体环境低迷的影响，2014年以来氯碱新开工及扩建项目减少，烧碱产能增幅明显减缓，PVC产能规模减小。近三年来氯碱行业处于全行业亏损状态，企业经营困难。尤其是近期原油及乙烯价格大幅下跌，更加大了我国以电石法为主的聚氯乙烯企业运营压力。

第一，产能明显过剩。

2014年国内聚氯乙烯总产能已超过2 500万吨/年，其中80%为电石法装置。2014全年PVC产量在1 629万吨左右。按照聚氯乙烯行业发展趋势和在建聚氯乙烯规模情况，预计2015年我国聚氯乙烯产能将达到2 710万吨，而国内下游需求量约为1 630万吨，产能过剩量近1 000万吨。

第二，需求持续低迷。

随着中国经济步入新常态，PVC需求仍处于低迷状态，与房地产市场紧密相关的管材、型材等销售前景不乐观，下游制品企业维持低负荷开工，需求长期低迷，供大于求的局面困扰国内PVC发展。

第三，开工率仍然偏低。

在建筑领域消费量占PVC产品消费总量的2/3，在整个下游消费结构中占据十分重要位置。近几年国家陆续出台了一系列针对房地产业调控政策，下游用户普遍由于资金短缺而开工不足，很大程度上抑制了PVC需求增长。2014年国内PVC装置有效利用率依然处于偏低水平，行业平均开工率在65%。PVC行业正走在结构调整道路上，区域开工率差别大、行业装置有效利用率不足问题将会表现得尤为突出。

第四，价格严重下跌。

2014年第四季度国际原油价格直线下降，本就低迷的乙烯行情更是雪上加霜。全年乙烯价格下跌幅度也接近30%，市场供应逐渐增多，成交稀少导致乙烯市场价格不断走低。国际油价下跌直接反应到PVC行业的结果是：乙烯法PVC成本降低，产品价格下调，产品差价减小，对电石料的销售造成极大的影响。从2014年第四季度电石料价格走势可以明显看出，在原料电石价格下调并不明显的情况下，受国际原油价格走低的影响，电石法产品行情大幅下跌。国际油价连创新低，中国电石法PVC持续受其影响，价格直线下跌，销售价格低于PVC生产刚性成本。

2. 行业发展趋势

第一，发展重点向西部转移。

近年来，具有自然资源优势的西部地区氯碱产能发展更加明显，随着青海、内蒙古、新疆等一批大型电石法PVC装置陆续投产，国内西部地区氯碱生产能力和占比逐年提高。

第二，向规模化方向发展。

随着中西部地区大型氯碱项目的投建以及小型装置的升级改造和转产淘汰，国内氯碱行业企业产能规模正在逐渐提高。我国氯碱行业正向规模化、集约化方向发展，拥有百万吨级别的氯碱化工集团已经形成。

第三，产品精细化发展趋势持续。

氯碱化工作为基础产业，国内有机氯、精细氯加工等附加值高、市场需求量大的精细化工产品生产严重不足。国内氯碱企业积极寻求差异化的产品，规避无序竞争造成的利润率下降，生产其他特种树脂、高附加值有机氯产品成为必然选择。特种树脂和 PVC 专用料的品种和产量出现明显增长，沿长江地区以氯碱为基础的精细化工产业带也逐步形成。

第四，向下游延伸产业链。

氯碱化工作为基础产业，必须采用装置规模化、产品多样化和精细化的发展路线。目前国内有机氯、精细氯加工等附加值高、市场需求量大的精细化工产品生产严重不足。今后一段时期，受能源、环保和运输等因素的影响，生产 PVC 的竞争力降低，生产高附加值氯产品，并向材料加工等下游产业链延伸将成为必然选择。

（三）公司发展战略

加快公司搬迁的进度，尽快明确搬迁补偿标准，盘活搬迁的存量资产，为转型升级整合好资源创造条件；加快战略转型和结构调整，确定现有氯碱产能的基础上向其他产业延伸，实现氯碱资源的转化；加大新材料和精细化工产业的投入，做好新品种和新项目的选择，改善公司的经营；加大对资产结构的优化调整，按照“四法协同”要求推进公司的资产结构调整；深化公司的各项改革，完善公司的治理，激发公司的活力；加大公司文化宣传，增强攻坚克难的信心和勇气。

【实训要求】

根据上述资料，回答以下问题：

1. 天原集团 2014 年度的主要会计数据相比 2013 年有什么重大变化？对此，管理层是如何解释的？

2. 基于董事会报告中的相关信息，你对天原集团未来一段时间的经营业绩有什么预期？

【思路指导】

1. 天原集团 2014 年度的扣除非经常性损益的净利润和经营活动产生的现金流量净额均出现了大幅下降。对此，管理层的解释有两点：一是销售毛利率下降，二是成本增加。

2. 天原集团未来一段时间面临较大的经营压力，短期内经营业绩难有明显改善。

项目三　财务综合分析实训

实验名称：财务综合分析

实验类型：验证型

实验目的与要求：

1. 熟悉杜邦分析法的基本原理。

2. 能够运用杜邦财务分析体系对企业进行财务综合分析。

实验内容：

【实训资料】

资料 1

表 8-10　　　　生意宝（002095）2014 年度合并资产负债表（部分）

编制单位：浙江网盛生意宝股份有限公司　2014 年 12 月 31 日　　　　单位：元

项目	期末余额	期初余额
流动资产：		
货币资金	458 033 812.83	466 338 612.7
以公允价值计量且其变动计入当期损益的金融资产	240 800.00	284 245.50
应收票据	2 887 907.50	2 636 200.00
应收账款	5 670 552.65	3 342 061.89
预付款项	1 855 319.03	2 273 453.05
其他应收款	1 593 985.53	1 693 165.52
其他流动资产	754 962.50	0
流动资产合计	471 037 340	476 567 738.66
非流动资产：		
可供出售金融资产	414 956.27	0
长期股权投资	11 316 694.34	6 595 644.25
投资性房地产	16 793 384.99	23 265 533.02
固定资产净额	73 571 399.44	71 041 998.92
在建工程	0	150 000.00
商誉	15 034 337.10	15 034 337.10
递延所得税资产	1 092 478.04	915 731.26
非流动资产合计	118 223 250.18	117 003 244.55
资产总计	589 260 590.22	593 570 983.21
流动负债合计	86 465 530.35	95 785 627.88
负债合计	90 150 543.04	99 069 972.57

资料 2

表 8-11　　　　生意宝（002095）2014 年度合并利润表（部分）

编制单位：浙江网盛生意宝股份有限公司　2014 年 1- 12 月　　　　单位：元

项目	本期发生额	上期发生额
一、营业总收入	159 688 913. 81	199 105 619. 26
其中：营业收入	159 688 913. 81	199 105 619. 26
二、营业总成本	120 547 947. 25	159 187 069. 68
其中：营业成本	30 710 297. 52	66 109 729. 40
营业税金及附加	2 208 742. 08	2 513 189. 37
销售费用	62 013 284. 39	62 336 646. 00
管理费用	37 067 026. 99	36 216 707. 94
财务费用	-11 981 670. 40	-8 102 571. 78
资产减值损失	530 266. 67	113 368. 75
加：公允价值变动收益	55 272. 00	-6 695. 50
投资收益	663 096. 51	-111 914. 52
其中：对联营企业和合营企业的投资收益	536 006. 36	-113 920. 88
三、营业利润	39 859 335. 07	39 799 939. 56
加：营业外收入	197 704. 44	1 094 173. 62
减：营业外支出	86 593. 90	447 754. 02
四、利润总额	39 970 445. 61	40 446 359. 16
减：所得税费用	6 123 498. 81	6 540 654. 37
五、净利润	33 846 946. 80	33 905 704. 79

资料 3

生意宝公司 2012 年年末的资产总额为 565 746 866. 35 元，负债总额为 88 933 971. 47元。

【实训要求】

根据上述资料，运用杜邦财务分析体系对浙江网盛生意宝股份有限公司的财务状况进行综合分析与评价。

【思路指导】

杜邦财务分析体系的基本结构如图 8-1 所示。

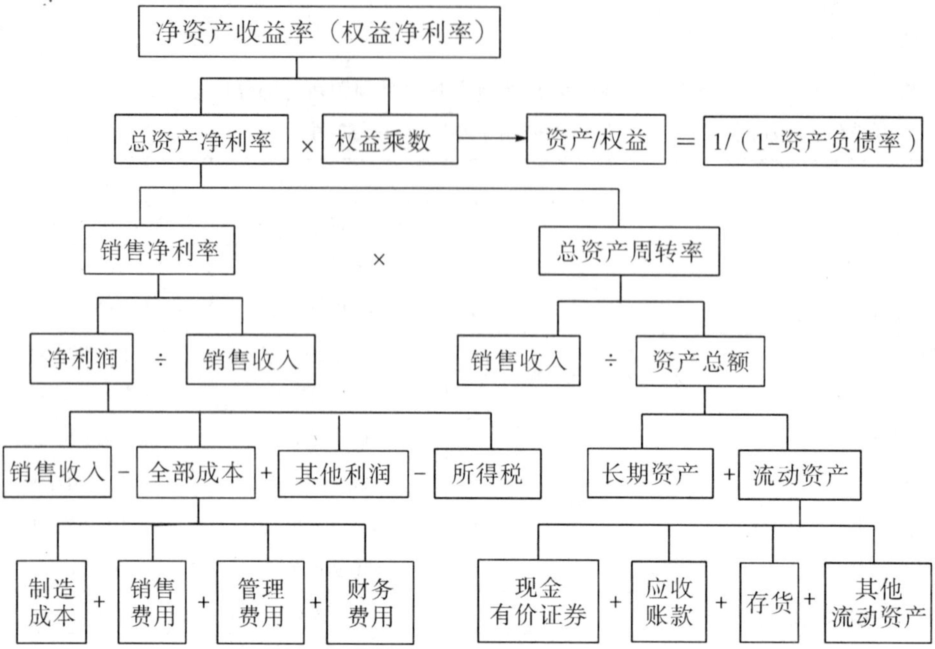

图 8-1　杜邦财务分析体系

运用杜邦分析法的几个关键点：

（1）净资产收益率是综合性最强的财务指标，是整个杜邦分析体系的核心和起点。

（2）销售净利率反映了企业净利润与销售收入的关系，它的高低取决于销售收入与成本总额的高低。

（3）总资产周转率反映企业资产实现销售收入的综合能力。资产总额是影响总资产周转率的一个重要因素。

（4）权益乘数主要受资产负债率指标的影响。

参考文献

[1] 尤金·F. 布里格姆，乔尔·休斯敦. 财务管理［M］. 12 版，佟岩，译. 北京：中国人民大学出版社，2014.

[2] 詹姆斯·C. 范霍恩. 财务管理与政策［M］. 12 版. 刘志远，译. 大连：东北财经大学出版社，2011.

[3] 斯蒂芬·A. 罗斯，伦道夫·W. 威斯特菲尔德，杰弗利·F. 杰富. 公司理财［M］. 9 版. 吴世农，沈艺峰，王志强，等，译. 北京：机械工业出版社，2012.

[4] 财政部会计资格评价中心. 财务管理［M］. 北京：中国财政经济出版社，2015.

[5] 陈宇强. 某民营企业国内创业板成功上市的案例研究［D］. 杭州：浙江工业大学，2010.

[6] 戴天柱. 多层次资本市场的结构研究［J］. 财经论丛，2006（1）.

[7] 丁延岩. 企业投资决策中的实物期权法和净现值法比较分析［J］. 社会科学家，2005（5）.

[8] 段世霞. 项目投资决策的实物期权方法分析［J］. 经济纵横，2012（7）.

[9] 冯洁. 初创期高科技企业融资问题研究［D］. 成都：西南财经大学，2004.

[10] 郭海芳. 低碳经济对企业理财环境的影响及对策［J］. 会计之友（上旬刊），2010（3）.

[11] 胡世强. 财务管理学［M］. 3 版. 成都：西南财经大学出版社，2013.

[12] 黄佑军. 财务管理项目实训［M］. 北京：经济科学出版社，2010.

[13] 荆新，王化成，刘俊彦. 财务管理学［M］. 7 版. 北京：中国人民大学出版社，2015.

[14] 李成良，方贤满，王太平. 以集团战略为导向的预算目标与绩效管理的实践和探索［J］. 企业管理，2012（S1）.

[15] 梁国萍，许小青，徐新华. 财务管理——实务与案例［M］. 上海：上海财经大学出版社，2008.

[16] 梁浩. 低碳经济对我国企业财务的影响——基于财务环境起点论的分析 [J]. 财会研究，2010 (15).

[17] 刘淑华. 关于绿色财务管理理念的探讨 [J]. 内蒙古财经学院学报，2005 (3).

[18] 刘岩，丁宁. 美日多层次资本市场的发展、现状及启示 [J]. 财贸经济，2007 (10).

[19] 陆正飞，朱凯，童盼. 高级财务管理 [M]. 2 版. 北京：北京大学出版社，2013.

[20] 吕长江，郑慧莲，严明珠，等. 上市公司股权激励制度设计：是激励还是福利？[J]. 管理世界，2009 (9).

[21] 马元驹. 财务管理学模拟实验教程 [M]. 北京：中国人民大学出版社，2015.

[22] 聂志红. 股权激励的理论基础及其性质探析 [J]. 现代管理科学，2008 (10).

[23] 卿文洁. 中国绿色财务管理研究综述 [J]. 湘潭大学学报：哲学社会科学版，2011 (3).

[24] 石赛燕. 中小企业之新融资渠道——应收账款保理 [J]. 现代经济信息，2011 (18).

[25] 孙米强，完世伟. 实物期权理论在风险投资决策中的应用探析 [J]. 生产力研究，2006 (2).

[26] 汤谷良，韩慧博，祝继高. 财务管理案例 [M]. 2 版. 北京：北京大学出版社，2012.

[27] 夏明. 行为财务学发展路径探析 [J]. 会计研究，2010 (2).

[28] 肖钢. 健全多层次资本市场体系 [N]. 人民日报，2014-01-22.

[29] 肖侠. 我国企业实施绿色财务管理模式的问题与对策 [J]. 学术论坛，2011 (12).

[30] 谢作渺，薛冬雪，董菁. 股权激励理论研究综述 [J]. 工业技术经济，2007 (3).

[31] 王冬年，王瑜. 可转换债券在公司连续融资中作用机理的研究 [J]. 会计研究，2007 (2).

[32] 王闵，杨萍，屠怡文. 行为财务理论基础研究综述 [J]. 生产力研究，2010 (3).

[33] 王晓莉，韩立岩，曹慧. 实物期权方法研究综述 [J]. 生产力研究，2008 (3).

[34] 韦勤，韦鹏飞. 财务管理学模拟实验教程 [M]. 北京：机械工业出版社，2015.

[35] 吴金波. 企业绿色财务管理内容体系设计及推进机制研究 [D]. 济南：山东农业大学，2007.

[36] 颜节礼，朱和平. 行为财务理论研究综述 [J]. 财会通讯，2011 (9).

[37] 袁振兴. 经典财务管理案例分析教程 [M]. 上海: 立信会计出版社, 2009.

[38] 张经强, 夏恩军. 实物期权定价理论研究综述 [J]. 生产力研究, 2009 (3).

[39] 张晓建. 应收账款保理融资业务探析 [J]. 现代管理科学, 2012 (2).

[40] 中国注册会计师协会. 财务成本管理 [M]. 北京: 中国财政经济出版社, 2016.

[41] 朱盈盈, 冯文龙. 中级财务管理 [M]. 成都: 西南财经大学出版社, 2014.